Eyewitness

**SELECTIONS
FROM RUSSIAN MEMOIRS**

Edited by

D. Barton Johnson
Albert Kaspin
Mstislav W. Kostruba
University of California at Santa Barbara

HARCOURT BRACE JOVANOVICH, INC.

New York   Chicago   San Francisco   Atlanta

Programer : David Giuliani

ISBN 0-15-526600-4

Library of Congress Catalog Card Number 70-149617

Printed in the United States of America

Notes on the Cover
FRONT : top, The Winter Palace, Leningrad (The New York Public Library) ; bottom left, Russian peasants at tea ; bottom right (top), Fëdor Shalyapin as Mephistopheles (Culver Pictures) ; bottom right (bottom), Leo Tolstoy (The New York Public Library).
BACK : Manuscript page from *The Possessed* by Fëdor Dostoevsky (State Library Museum, Moscow).

Acknowledgment
The editors wish to thank Paul B. Anderson and The National Board of the YMCA for permission to reprint the excerpts from R. V. Ivanov-Razumnik's *Tyur'my i ssylki* (1953) and Vasilii Alekseevich Maklakov's *Iz vospominanij* (1954).

Оглавле́ние

Introduction

WHY *Eyewitness*? How does it differ in content and form from other Russian language readers for second-year students?

In terms of content, previous Russian language readers have been of two general types—belletristic or informational. Both of these types, taken as genre, represent highly specialized and difficult varieties of the literary language and as such are often not well suited to serve as pedagogical materials in the student's initial attempts to read adult Russian prose. The present editors' solution to this dilemma is given in our subtitle—*Selections from Russian Memoirs*.

The choice of memoirs as the subject matter for our book is predicated upon three basic ideas. The first is that the genre of autobiographical prose, especially by nonprofessional writers, is, on the one hand, stylistically less complex than that of belletristic prose and, on the other hand, more varied and lifelike than the stereotyped language of informational prose. Hence, the language of memoirs constitutes a happy compromise between the above genres and affords the learner a solid foundation for his subsequent mastery of the more specialized genres discussed above.

The second idea is that the goal of language learning is not primarily the mastery of the mechanics of the language, but rather the assimilation of the foreign culture on both mundane and intellectual levels. Ideally in the process of language learning, the student puts himself in the position of the native of the foreign country and perceives the world as through the eyes of the native. Autobiography brings the reader nearer to this ideal than any other literary genre. In *Eyewitness*, the student is directly exposed to many aspects of nineteenth- and early twentieth-century Russian life as they were experienced by people of diverse social backgrounds. In one episode, a tsarist civil servant tells of his witnessing the mock execution of the novelist Dostoyevsky on the charges of revolutionary conspiracy. In another, the revolutionary journalist Aleksandr Herzen recounts his participation in a series of student disturbances at Moscow University. In a third, a civil rights lawyer tells of his defense of a member of a religious sect against a ritual murder charge.

The final idea is that eyewitness accounts have a much more immediate grasp on the attention of the reader than do the carefully synthesized accounts of the scholar. In short, the interest level of the material is very high. These three features coupled with the extensive historical and cultural background data in the introductory essays and footnotes combine to make *Eyewitness* a text that is both novel and solid in terms of its content.

In terms of format *Eyewitness* also offers several important features. The book was prepared with the aid of an IBM 360/50 computer, which has made possible a pioneering pedagogical innovation in the presentation of the vocabulary. It is generally agreed that after a year of Russian, the student knows approximately 1,000 to 1,200 words. Since most Russian language readers that utilize uncut prose have a vocabulary of about 4,000 different words, it would appear that the student knows about a quarter of the vocabulary that is requisite to read standard Russian with fluency. This is not the case, however. The distributional properties of words are such that the most frequent 1,000 words make up not a quarter but about 73 percent of the running words on any given page of the present text. The next 2,000 words in terms of their frequency of occurrence constitute about 12 percent of the number of running words in the book, while all the other words in the language fall into the remaining 15 percent. The implications of this for the language student are quite clear. If the learning time of the student can be directed specifically toward the mastery of the unknown high-frequency words (i.e., those items in the frequency range from 1,001 to 3,000), his progress toward reading mastery will be much more rapid than if he is forced to treat each new unknown word as being of equal importance.

The solution to the student's problem is quite simple. With the aid of a frequency dictionary such as H. Josselson's *The Russian Word Count*, the editors of a language reader need only to mark each word in the text in such a way that the student knows its frequency category and hence its relative priority as an item for memorization. Practically speaking, however, such a marking procedure has been well-nigh impossible for an extended text, since it would mean checking every word in the text against the frequency dictionary, marking each one, and keeping track of all prior occurrences—a monumental clerical task.

The computer now makes this sort of operation technically feasible. With the aid of the machine, the frequency grouping of each word may be marked automatically. The following system was adopted. Words in the highest-frequency category, the commonest words, are not marked. Words in the second category, those in the frequency group between 1,001 and 3,000, are marked with the symbol °. Out of a potential 2,000 items, some 1,135 actually occur in the present book. These words constitute the target group that the student is expected to master. All less-frequent words receive the marking *.

The marginal glossing of the vocabulary items is keyed to the computer frequency markings. The highest-frequency words are assumed to be known by the student and do not receive marginal glosses. In order to be absolutely certain that the student has a sound basis on which to build, these words are listed in a special glossary called *Slovar'-Minimum*, which is placed at the beginning of the book. The student can thus make sure that he knows all the basic vocabulary before he starts reading. Words that are marked as being in the high-priority learning list receive marginal glosses on their first and only their first occurrence. This feature of the target group gives the student a strong incentive to learn these words at that time, since on their second and all subsequent occurrences he must take the time to look them up in the cumulative vocabulary at the end of the book.

Words in the third category, all the remaining words in the text, are glossed in the margin every time they occur. Since such items are of relatively low frequency and may occur only once in the book, it is not a profitable expenditure of the student's time to learn such words at this stage of his study. He can simply glance at the marginal glosses and go on. This system of glossing enables the student to focus on precisely that part of the vocabulary that he needs most urgently and, consequently, to utilize his study time in the most efficient way. The reader should work through his assignment utilizing the marginal glosses and taking special note of the words marked with the symbol °. On subsequent readings, the student should cover up the marginal glosses and continue working until he has mastered all the words in the target group. One further convention is utilized in the marginal glosses. The English glosses enclosed in quotation marks indicate Russian words that are being used in a sense other than their most usual one.

Common sense has dictated three deviations from the frequency glossing procedure outlined above. 1. The Russian terms for days of the week, months, and numbers have not been marked or assigned marginal glosses regardless of their frequency status, because they are normally learned by the student in his first-year course. 2. Some words that are relatively rare in the language as a whole may be very frequent in a single reading selection. In cases where such "asterisk" words occur several times in a short space in a single story, the asterisk and the marginal gloss have been deleted on subsequent occurrences of that particular word. 3. Very occasionally, words in the target group, those marked with a ° on their first occurrence, have been marked and glossed again at later points in the text if the interval between their first and second occurrences has been a long one. This was done as a convenience to the student.

The lesson assignments are designed according to the following pattern. Each of the selections is prefaced by an introductory essay that gives the reader a short biographical sketch of the author and provides him with the necessary background and context for the material that follows. This information is supplemented by the footnotes in the selection itself. Each selection is broken down into short sections that can be handled in a single assignment. Each of these, in turn, is preceded by a page containing a number of sentences from the following section together with their English translations. These are sentences that are exceptionally difficult for one reason or another and are given to facilitate the reading of the subsequent passages. The parallel English translations are literal renderings intended to help the student understand the structure as well as the meaning of the original. They are not to be taken as models of literary translation, but rather as pedagogical aids. Finally, each assignment section is followed by a list of questions in Russian that are given to facilitate class oral work. It is felt that with the help of these aids, together with the automated text glossing procedure outlined above, the second-year student can read the selections not merely with diligent application but even with a degree of pleasure.

The division of labor in the preparation of the book is roughly as follows. The concept of a reader based on memoir materials and that of the computerized glossing techniques are the contribution of D. Barton Johnson as are most of the introductory essays, the parallel translations of most of the preliminary sentences, and the marginal glosses. Albert Kaspin drew on his wide knowledge of Russian cultural history in the search for suitable reading selections and is also the author of the introductory essays on Shalyapin and Mechnikov. All the footnotes were supplied by him. Mstislav Kostruba performed most of the arduous work of preparing the texts for keypunching and assembled the final manuscript from a combination of computer print-out and typed text. He also prepared the Russian questions and the glossaries.

The preparation of the computer glossing programs was done by David Giuliani, now of Hewlett-Packard Associates, Palo Alto, California. Much of the programing was of an unusual nature and had it not been for his initiative, ingenuity, and many hours of work, the computerization of the glossing would have been impossible. We also owe a debt of thanks to our two Russian-language key-punch operators, Jacqueline Heinlein and Christie Trujillo. Similarly indispensable was the assistance of our department secretaries, Connie Hodge and Mary Lynn Freling.

We would also like to express our gratitude to the Computer Center at the University of California, Santa Barbara, for their financial support of the experimental work that subsequently resulted in the glossing routines and also to the Department of Electrical Engineering for their generosity in making available to us their computer facilities. Finally, we wish to thank Merton Rapp of Harcourt Brace Jovanovich for his support of our project from its inception and Mr. and Mrs. Konstantin Hramov for their meticulous care in the editing of the Russian text and their valuable suggestions on many of the marginal glosses.

D. B. J.

Словарь-минимум

ах	брат	весьма́	войти́
	брать	ве́тер	вокру́г
ба́ба	бро́сить	ве́чер	во́лос
ба́рин	бро́ситься	ве́чером	во́ля
бе́дный	бу́дто	вещь	вон
бежа́ть	бу́дущий	взгляд	вообще́
без	бума́га	взгляну́ть	вопро́с
бе́лый	бы	вздохну́ть	воро́та
бе́рег	быва́ть	взять	во́семь
бить	бы́стро	вид	вот
благодари́ть	быть	вида́ть	вперёд
бле́дный		ви́деть	впереди́
бли́зкий	в	ви́дно	впечатле́ние
бли́зко	ва́жный	ви́дный	вполне́
Бог	ваш	винова́тый	впро́чем
бога́тый	вдруг	власть	враг
Бо́жий	ведь	влия́ние	вре́мя
бой	век	вме́сте	все
бок	веле́ть	вме́сто	всегда́
бо́лее	вели́кий	внима́ние	всё-таки
боле́знь	ве́ра	вновь	вскочи́ть
бо́лен	ве́рить	вну́тренний	вспо́мнить
боль	ве́рно	во́все	встать
больно́й	верну́ться	вода́	встре́тить
бо́льше	ве́рный	вое́нный	встре́ча
большо́й	вероя́тно	возвраща́ться	вся́кий
борода́	ве́село	во́здух	второ́й
боро́ться	весёлый	возмо́жность	входи́ть
борьба́	вести́	возмо́жный	вчера́
боя́ться	весь	война́	вы

вы́звать	дава́ть	до́ктор	закры́ть
вы́йти	давно́	до́лгий	зал
вы́пить	да́же	до́лго	заме́тить
выраже́ние	да́лее	до́лжен	замеча́тель-
высо́кий	далёкий	дом	ный
высоко́	далеко́	до́ма	замеча́ть
выступа́ть	да́льше	домо́й	занима́ться
выходи́ть	да́ма	доро́га	заста́вить
	дать	дорого́й	зате́м
газе́та	два	доста́ть	захоте́ть
где	два́дцать	дочь	заче́м
генера́л	дверь	дрожа́ть	звать
географи́-	две́сти	друг	звезда́
ческий	дви́гаться	друго́й	звук
геро́й	движе́ние	ду́мать	здесь
глава́	двор	дура́к	здоро́вый
гла́вный	де́вочка	дух	зелёный
глаз	де́вушка	душа́	земля́
глубина́	де́вять	дым	злой
глубо́кий	девятьсо́т		знако́мый
глубоко́	де́йствие		знать
глу́пый	действи́тельно	его́	зна́чить
гляде́ть	де́йствовать	едва́	зов
говори́ть	де́лать	еди́нственный	золото́й
год	де́латься	е́сли	зуб
голова́	де́ло	есть	
го́лос	день	е́хать	
голубо́й	де́ньги	ещё	и
гора́	дере́вня		и́бо
гора́здо	де́рево	ждать	игра́ть
го́ре	держа́ть	же	идти́
горе́ть	держа́ться	жела́ние	из
го́род	деспоти́зм	жела́ть	изве́стный
го́рький	деся́ток	желе́зный	из-за
горя́чий	де́сять	жёлтый	из-под
господи́н	де́тский	жена́	и́ли
гость	де́ятельность	же́нщина	и́менно
гото́вый	дитя́	живо́й	име́ть
грех	дли́нный	жизнь	и́мя
гро́мко	для	жить	ина́че
грудь	днём		иногда́
гру́ппа	до	за	ино́й
губа́	до́брый	забы́ть	инспе́ктор
густо́й	дово́льно	за́втра	интере́с
	дождь	заговори́ть	интере́сный
да	дойти́	зако́н	ины́е
		закрича́ть	иска́ть

искусство	крикнуть	ме́ра	нау́ка
и́стинный	крича́ть	мёртвый	находи́ть
исто́рия	крова́ть	ме́сто	находи́ться
исче́знуть	кровь	ме́сяц	нача́ло
	кро́ме	меша́ть	нача́льник
к	круг	миллио́н	нача́ть
кабине́т	кру́глый	ми́лый	нача́ться
ка́ждый	кру́пный	ми́мо	начина́ть
ка́жется	кто	мину́та	наш
каза́ться	кто́-нибудь	мир	не
как	кто́-то	мне́ние	не́бо
как бу́дто	кула́к	мно́гий	небольшо́й
како́й	купи́ть	мно́го	неда́вно
како́й-нибудь	кусо́к	мо́жно	неде́ля
како́й-то		мой	не́жный
ка́к-то	ле́вый	молодо́й	не́который
ка́мень	лёгкий	мо́лча	нельзя́
карма́н	легко́	молча́ть	немно́го
ка́рта	лежа́ть	моме́нт	необходи́мый
карти́на	лес	мо́ре	непреме́нно
каса́ться	ле́то	мочь	не́сколько
ка́чество	лечь	муж	несмотря́
кварти́ра	ли	мужи́к	нести́
класс	литерату́ра	мужчи́на	нет
кни́га	лицо́	мы	неуже́ли
когда́	ли́чный	мысль	не́чего
коле́но	лишь	мя́гкий	ни
ком	лоб		ни́зкий
ко́мната	ло́шадь	на	ни́зко
коне́ц	лу́чше	над	ника́к
коне́чно	лу́чший	наде́жда	никако́й
ко́нчить	люби́ть	наде́яться	никогда́
ко́нчиться	любо́вь	на́до	никто́
конь	лю́ди	наза́д	ничего́
коро́ткий		назва́ть	ничто́
кото́рый	ма́ленький	называ́ть	но
край	ма́ло	найти́	но́вый
кра́йний	ма́лый	наконе́ц	нога́
краси́вый	ма́льчик	напи́санный	но́мер
кра́сный	ма́сса	написа́ть	нос
красота́	матема́тика	направле́ние	носи́ть
кре́пкий	мать	наприме́р	ночь
кре́пко	маши́на	напро́тив	но́чью
крест	ме́дленно	наро́д	нра́виться
крестья́нин	ме́жду	наро́дный	ну
крик	ме́лкий	настоя́щий	ну́жно

нужный

о

оба

обед

обещать

область

образ

обратиться

обращаться

обстоятель-
ство

общественный

общество

общий

объяснить

огонь

огромный

один

однажды

однако

ожидать

оказаться

окно

около

он

она

они

опустить

опыт

опять

основание

особенно

особенный

особый

оставаться

оставить

остальной

остановиться

остаться

от

ответ

ответить

отвечать

отдать

отдельный

отец

открывать

открытый

открыть

откуда

относиться

отношение

отсюда

оттуда

отчего

офицер

очень

очередь

падать

палец

память

партия

первый

перед

передать

перейти

перестать

песня

петь

писатель

писать

письмо

пить

плакать

план

платок

платье

плечо

плохо

плохой

площадь

по

победа

побежать

повести

повод

повторить

под

подать

поднять

подняться

подобный

подойти

подумать

подходить

поехать

пожалуй

пожалуйста

позволить

поздно

пойти

пока

показать

показаться

показывать

пол

поле

политический

полк

полный

половина

положение

положить

получать

получить

пользовася

помнить

помочь

помощь

понимать

понятие

понять

попасть

пора

порядок

послать

после

последний

посмотреть

поставить

постель

потерять

потом

похожий

почему

почти

почувствовать

поэт

появиться

правда

право

правый

предмет

председатель

представить

представлять

прежде

прежний

прекрасный

при

прибавить

привести

привыкнуть

приехать

прийти

прийтись

приказать

пример

принадлежать

принести

принимать

принять

природа

приходить

приходиться

причина

приятный

про

провести

продолжать

произойти

происходить

пройти

пропасть

просить

простить

просто

простой

против

профессор

проходить

прочесть

про́чий	ряд	слеза́	спра́шивать
про́шлый	ря́дом	сли́шком	спроси́ть
пря́мо		сло́вно	сра́зу
прямо́й	с	сло́во	среди́
пти́ца	сад	слу́жба	сре́дство
пусти́ть	сади́ться	служи́ть	ста́вить
пусто́й	сам	слу́чай	станови́ться
пусть	са́мый	случи́ться	ста́нция
путь	сапо́г	слу́шать	стара́ться
пья́ный	свет	слы́шать	стари́к
пять	све́тлый	смерть	стару́ха
пятьдеся́т	свобо́да	смех	ста́рший
	свобо́дный	смешно́й	ста́рый
рабо́та	свой	смея́ться	стать
рабо́тать	связь	смотре́ть	статья́
рабо́чий	свято́й	смысл	стена́
ра́вный	сде́лать	снача́ла	сте́пень
рад	сде́латься	снег	стихи́
ра́ди	себя́	сно́ва	сто
ра́дость	сего́дня	снять	сто́ить
раз	сейча́с	соба́ка	стол
ра́зве	село́	собира́ться	столь
разгова́ривать	семь	собра́ние	сто́лько
разгово́р	се́мьдесят	собра́ться	сторона́
ра́зный	семья́	со́бственный	стоя́ть
ра́но	сена́тор	собы́тие	страна́
расска́з	се́рдце	соверше́нно	страни́ца
рассказа́ть	се́рый	сове́т	стра́нный
расска́зывать	серьёзный	сове́тский	страх
расти́	сестра́	совсе́м	стра́шно
ребёнок	сесть	согласи́ться	стра́шный
револю́ция	Сиби́рь	созда́ть	стреля́ть
результа́т	сиде́ть	созна́ние	стреми́ться
река́	си́ла	солда́т	студе́нт
речь	си́льно	со́лнце	студе́нтка
реше́ние	си́льный	сон	стул
реши́ть	си́ний	со́рок	суд
род	сказа́ть	состоя́ние	суди́ть
ро́дина	сквозь	состоя́ть	судьба́
родно́й	ско́лько	со́тня	суме́ть
роль	ско́ро	сою́з	сухо́й
рост	сла́бый	спаси́бо	существо́
рот	сла́ва	спать	существова́ть
рубль	слегка́	спина́	схвати́ть
рука́	сле́довать	споко́йно	сце́на
ру́сский	сле́дующий	споко́йный	счастли́вый

счáстье	трúдцать	у́тром	чёрт
счёт	трúста	у́хо	чертá
считáть	труд	уходúть	чéстный
сын	трýдно	учáстие	честь
сюдá	тудá	учёный	четы́ре
	тут	учúтель	числó
та	ты	учúться	чúстый
так	ты́сяча		читáть
тáкже	тяжелó	факт	член
такóй	тяжёлый	фигýра	чтóбы
там		фúрма	чтó-нибудь
твёрдо	у	францýзский	чтó-то
твёрдый	убúть		чýвство
твой	увúдеть	харáктер	чýвствовать
те	у́гол	хлеб	чужóй
теáтр	удáр	ход	чуть
тéло	удáрить	ходúть	
темнотá	удовóльствие	хозя́йство	шаг
тёмный	уéхать	холóдный	шáпка
тень	у́жас	хорóший	шесть
тепéрь	ужé	хорошó	шестьдеся́т
тёплый	у́зкий	хотéть	шéя
течéние	узнáть	хотéться	ширóкий
тúхий	уйтú	хотя́	шкóла
тúхо	указáть	худóжник	шум
то	укáзывать	хýже	шýтка
товáрищ	у́лица		
тогдá	улыбáться	царь	щекá
тó есть	улы́бка	цветóк	
тóже	улыбнýться	цéлый	э́та
толпá	ум	цель	э́ти
тóлстый	умерéть	ценá	э́то
тóлько	умéть	цéрковь	э́тот
том	умирáть		
тон	у́мный	чай	я
тóнкий	университéт	час	явúться
тот	упáсть	чáсто	явлéние
тóтчас	услóвие	часть	явля́ться
тóчка	услы́шать	человéк	язы́к
тóчно	успéть	человéческий	я́ркий
травá	успéх	человéчество	я́сно
трéбовать	усы́	чéрез	я́сный
три	у́тро	чёрный	

Eyewitness

**SELECTIONS
FROM RUSSIAN MEMOIRS**

Моско́вский университе́т

Студе́нческие беспоря́дки

HERZEN was born in Moscow shortly before its occupation by Napoleon's armies. His family, which numbered among the "great" aristocracy, was related to the Romanov house. The family name, however, was not Herzen but Yakovlev. Herzen's father, a retired army officer, had brought back from one of his prolonged trips abroad the young daughter of a minor German functionary. For reasons that remain unclear, the couple were never married in the Orthodox church. Nor did the father, an increasingly morose and eccentric man, make any pretense of treating the boy's mother as a social equal. Following a strange whim Yakovlev gave his illegitimate son Aleksandr the surname Herzen, i.e., the child of his heart (Herz).

The boy received an excellent education from French and German private tutors and was unusually precocious. Largely cut off from contact with other children through the eccentricity of his semirecluse father, the young Herzen avidly read the works of the French *philosophes*. The nascent political ideas that he had picked up in his readings were suddenly crystalized by the execution of the five leaders of the Decembrist revolt. This affair, the aim of which had been to force the adoption of constitutional restrictions on the monarchy, brought home to Herzen the need for a drastic restructuring of Russian society.

While still in their teens, Herzen and his lifelong friend, Nikolai Ogarëv, stood on a hill overlooking

ALEKSANDR HERZEN
(*1812–1870*)

Moscow and vowed to dedicate themselves to the ideals of the Decembrists. A student at Moscow University in the early 1830's, Herzen became the leader of a small circle of students interested in utopian socialism. The members of the group were arrested and Herzen was exiled to a provincial city near the Urals. After a series of partial amnesties and reexiles, Herzen managed to return to Moscow in 1842. By this time, as a result of his exiles and his numerous journal articles, he had been accepted as a leader of the new radical intelligentsia. Herzen, the critic Belinsky, the novelist Turgenev, and the anarchist Bakunin formed the nucleus of an intellectual movement in Russian social thought known as the Westerners. This group argued that the future of Russia lay in technological progress and the adoption from the West of the most advanced political theories. Their adversaries, the Slavophiles, asserted that Russia must follow a unique path of development arising out of its own past borrowing from neither the East nor the West.

In 1847, Ivan Yakovlev died leaving his great fortune to his son and widow. Herzen, realizing that his increasingly radical views could only lead him to a tsarist prison, decided to emigrate. After securing a passport with great difficulty, he went to Paris where he threw himself into radical journalism—the task that was to occupy him for the rest of his life. In 1848 a wave of violent, but ultimately unsuccessful, revolutions swept over Western Europe and Herzen found himself on the extreme left of the ideological leadership. The Russian government, learning of his activities, ordered him to return home and after his refusal confiscated the family property. Strangely enough the revolutionary's property was eventually restored to him through the efforts of his personal friend, James Rothschild, who was in a position to exert heavy financial pressure on the Russian government. Unlike most of his fellow exiles, Herzen never was in need.

The crushing of the revolutions of 1848 was only the first of a series of tragedies that befell Herzen in this period. His wife Natalie left him for the German revolutionary poet Herwegh—a close friend of Herzen's.

Although she soon returned to him, she died within a year. Shortly before this the journalist's mother and one of his children, a deaf-mute, had died when their ship went down in a storm. Badly shaken, Herzen left the continent and settled in London where, joined by Ogarёv, he launched his weekly Russian language paper, *Kolokol* (*The Bell*).

Herzen, unlike most radicals, was willing to support social reform by the existing government. This spirit of cooperation together with *Kolokol*'s exceedingly well-informed treatment of Russian affairs soon gained its editor a wide circle of readers inside Russia—although the paper was officially banned. Assertedly read even by the Tsar, *The Bell* is credited with an important role in the abolition of serfdom and numerous other reforms of the late 1850's and the early 1860's. This period was the peak of Herzen's career.

In 1863, the Poles rose in revolt against their Russian masters; Herzen gave them his editorial support, thus alienating his moderate readers who were engulfed in the wave of chauvinism that swept Russia. As the new young generation of revolutionaries looked upon Herzen as a spokesman for an antiquated humanitarian radicalism that had no place in the kind of violence that they envisioned, Herzen's personal influence and his paper's readership dwindled rapidly. In the late 1860's, Herzen returned to the continent and attempted to start a new version of *Kolokol* but his time was past. Still respected but no longer heeded, he died in Paris in 1870 and was buried by the side of his wife in Nice.

Herzen's memoirs, *Byloe i dumy* (*My Past and Thoughts*), are generally considered to be the finest example of the genre in Russian literature. Written in eight volumes between 1852 and 1868, they were originally published in Herzen's journalistic enterprises, chiefly *The Bell*. Taken as a whole, they provide a panoramic view of the Russian and Western European scene in the middle decades of the nineteenth century.

The first of the two memoir episodes that are given here discusses the role of Moscow University in Russian life in the 1820's and 1830's. The second concerns a

demonstration against an unpopular professor together
with the consequences for its student leaders, which included Herzen.

Подгото́вка к чте́нию

1. Разжа́лованная Петро́м из ца́рских столи́ц, Москва́ была́ произведена́ Наполео́ном (ско́лько во́лею, а вдво́е того́ нево́лею) в столи́цы ру́сского наро́да.

2. Си́льно возбуждённая де́ятельность ума́ в Петербу́рге, по́сле Па́вла, мра́чно замкну́лась 14 декабрём.

3. Госуда́рь его́ возненави́дел с полежа́евской исто́рии.

4. О́тдал Полежа́ева в солда́ты за стихи́, Костене́цкого за про́зу, уничто́жил Кри́тских за бюст...

5. Посади́л кня́зя попечи́телем и не занима́лся бо́льше «э́тим расса́дником разврата́».

6. Отцу́ Терно́вскому пришло́сь бы ино́й раз чита́ть в кли́нике о же́нских боле́знях, а акуше́ру Ри́хтеру — толкова́ть бессе́менное зача́тие.

7. В его́ за́лах они́ очища́лись от предрассу́дков, захва́ченных у дома́шнего очага́.

8. Безу́мные ме́ры исче́знут с после́дним дыха́нием э́того то́рмоза, попа́вшегося на ру́сское колесо́.

1. Demoted by Peter from its rank of the Tsar's capital, Moscow was promoted by Napoleon (in part by choice, but double [literally, "twice"] that by necessity) to the rank of the capital of the Russian people.

2. The intense intellectual activity in Petersburg following Paul's reign was brought to a somber close by the events of the fourteenth of December.

3. The Sovereign conceived a hatred for it from the time of the Polezhaev affair.

4. He sent Polezhaev into the army because of his poetry, Kostenetsky because of his prose, and he crushed the Kritskys because of a bust . . .

5. He appointed the Prince as regent and concerned himself no longer with "this hotbed of lewdness."

6. Father Ternovsky might at times have had to lecture in the clinic on women's diseases and the obstetrician Richter to explain the Immaculate Conception.

7. In its halls they were cleansed of their prejudices contracted at the domestic hearth.

8. The senseless measures will disappear with the last breath of this brake that has fallen on the Russian wheel.

9. Студе́нт, кото́рый бы взду́мал у нас хва́статься свое́й бе́лой ко́стью и́ли бога́тством, был бы отлучён от « воды́ и огня́ », заму́чен това́рищами.

9. The student who would have taken it into his head to boast among us of his blue blood or his wealth would have been excommunicated from "fire and water" and tormented by his comrades.

10. Они́, вы́росшие под гнётом мона́шеского деспоти́зма, заби́тые свое́й рито́рикой и теоло́гией, зави́довали на́шей развя́зности; мы доса́довали на их христиа́нское смире́ние.

10. They, having grown up under the yoke of monastic despotism, oppressed by their rhetoric and theology, envied our easy-going ways; we bemoaned their Christian humility.

11. Он знал матема́тику включи́тельно до кони́ческих сече́ний, т.е. ро́вно сто́лько, ско́лько бы́ло ну́жно для приготовле́ния гимнази́стов к университе́ту.

11. He knew mathematics to conic sections inclusive, i.e., exactly as much as was necessary to prepare secondary school students for the university.

Московский университет

В истории русского образования° и в жизни двух последних поколений° Московский университет и царскосельский лицей° играют значительную° роль.[1] Московский университет вырос° в своём значении° вместе с Москвою после 1812 года;[2] разжалованная* императором° Петром из царских столиц°, Москва была произведена° императором Наполеоном (сколько волею, а вдвое° того неволею°) в столицы русского народа.[3] Народ догадался° по боли, которую чувствовал при вести о её занятии° неприятелем*, о своей кровной* связи с Москвой. С тех пор началась для неё новая эпоха°. В ней университет больше и больше становился средоточием* русского образования. Все условия для его развития° были соединены° — историческое значение, географическое положение и отсутствие° царя.

education
generations
lycée significant
grew
significance
demoted emperor
   capitals
promoted
twice necessity
guessed
occupation
enemy blood
epoch
focus

development united
absence

1. Russia's first and greatest university was founded in 1755 on the initiative of M. V. Lomonosov, a man of encyclopedic accomplishments in both the arts and the sciences. Tsarskoe Selo Lycee was the Imperial boarding school for the children of the aristocracy where they were trained for the state service. Many prominent political and cultural figures attended the school.
2. In his ill-fated campaign of 1812, Napoleon occupied Moscow for a brief period during which the city was almost totally destroyed by fire.
3. Moscow was the historic, national, and spiritual capital of Russia from the middle ages until 1703 when Peter the Great built a new capital, St. Petersburg (now Leningrad) on the Gulf of Finland. The city, which was to serve as "Russia's window on Europe" was (and is) much more Western in its design and atmosphere than the older and purely Russian city of Moscow. Following the revolution, the capital was moved back to Moscow.

Си́льно возбуждённая° де́ятельность ума́ в Петер-
бу́рге, по́сле Па́вла, мра́чно° замкну́лась* 14
декабрём.[4] Яви́лся Никола́й с пятью́ ви́селицами*, с
ка́торжной* рабо́той, бе́лым ремнём* и голубы́м
Бенкендо́рфом.[5]

> agitated
> gloomily   "was brought to a close"
> gallows
> convict   strap

Всё пошло́ наза́д, кровь бро́силась к се́рдцу,
де́ятельность, скры́тая° нару́жи*, закипа́ла*, та́ясь*
внутри́. Моско́вский университе́т устоя́л* и на́чал
пе́рвый выре́зываться* из-за всео́бщего° тума́на°.
Госуда́рь° его́ возненави́дел* с полежа́евской исто́-
рии.[6] Он присла́л° А. Пи́сарева, генера́л-майо́ра*
«Калу́жских* вечеро́в», попечи́телем*,[7] веле́л сту-
де́нтов оде́ть° в мунди́рные* сертуки́*, веле́л им
носи́ть шпа́гу*, пото́м запрети́л* носи́ть шпа́гу;
о́тдал Полежа́ева в солда́ты за стихи́, Костене́цкого
с това́рищами за про́зу°, уничто́жил° Кри́тских за
бюст, отпра́вил° нас в ссы́лку* за сен-симони́зм,
посади́л° кня́зя° Сергея Миха́йловича Голи́цына по-
печи́телем* и не занима́лся бо́льше «э́тим расса́д-
ником* разврата*», благочести́во* советуя° моло-
ды́м лю́дям, око́нчившим* курс° в лице́е и в шко́ле
правове́дения*, не вступа́ть° в него́.[8]

Голи́цын был удиви́тельный° челове́к, он до́лго не

> hidden   outwardly   began to boil   hiding
> resisted
> stand out   general   fog
> sovereign   despised
> sent   major-general
> Kaluga   regent
> dress uniform   frock-coats
> sword   forbade
>
> prose   destroyed
> sent   exile
> "appointed"   prince
> regent
> hotbed   lewdness   piously   counseling
> finished   course
> jurisprudence   enter
> amazing

4. The despotic Paul I (1796–1801), murdered in a court intrigue, was
succeeded by his son Aleksandr I (1801–25) whose reign, especially in
its earlier stages, was a period of relative liberalism. In the interregnum
between Aleksandr's somewhat mysterious death and the ascension of
his brother Nicholas I, the Decembrist revolt occurred.
5. Nicholas I (1825–55), inaugurated his reign by the brutal suppression of the Decembrist movement and instituted a thirty-year period
of reaction. All matters of political loyalty were entrusted to the Third
Section of Nicholas' Personal Chancelry which was headed by Count
A. C. Benkendorf. The "white belt" apparently has reference to
Nicholas' liking for all-white uniforms. The uniform of the Third
Section was sky-blue in color.
6. A. I. Polezhaev (1804–34), a student and poet who as punishment
for writing an off-color parody of Pushkin's *Evgenii Onegin* was called
before the Tsar and sent to Siberia as an army private.
7. A. A. Pisarev, a very minor writer known in his day as the editor
of an anthology called *Kaluga Evenings*.
8. Ja. I. Kostenetskii (1811–85) was a member of a student circle that
was broken up and exiled on the grounds that they had written papers
"with insolent thoughts against the government."
  The three Kritskii brothers were convicted of "addressing impudent
and abusive words" to an image of the Sovereign. Two of them died
during imprisonment and exile at the ages of 21 and 27.
  Saint-Simonism was a utopian socialist philosophy that was advocated by Herzen in a small circle of his university friends. The group
was penetrated by the Third Section and Herzen was arrested and
exiled to Siberia.
  Prince S. M. Golitsyn (1774–1859), a regent of the university at the
time of Herzen's arrest, was a member of the committee investigating
Herzen's criminal activities.

мог привы́кнуть к тому́ беспоря́дку*, что когда́ профе́ссор бо́лен, то и ле́кции° нет; он ду́мал, что сле́дующий по о́череди до́лжен был его́ замени́ть°, так что отцу́ Терно́вскому пришло́сь бы ино́й раз чита́ть в кли́нике° о же́нских° боле́знях, а акуше́ру* Ри́хтеру толкова́ть° бессе́менное* зача́тие*.

Но, несмотря́ на э́то, опа́льный* университе́т рос влия́нием, в него́, как в о́бщий резервуа́р*, влива́лись° ю́ные° си́лы Росси́и° со всех сторо́н, из всех слоёв*; в его́ за́лах они́ очища́лись* от предрассу́дков*, захва́ченных° у дома́шнего° очага́*, приходи́ли к одному́ у́ровню*, брата́лись* ме́жду собо́й и сно́ва разлива́лись° во все сто́роны Росси́и, во все слои́* её.

До 1848 го́да устро́йство* на́ших университе́тов бы́ло чи́сто демократи́ческое°.[9] Две́ри их бы́ли откры́ты вся́кому, кто мог вы́держать° экза́мен° и не был ни крепостны́м*, ни крестья́нином, не уво́ленным* свое́й общи́ной*. Никола́й всё э́то искази́л*; он ограни́чил* приём° студе́нтов, увели́чил* пла́ту своеко́штных* и дозво́лил* избавля́ть* от неё то́лько бе́дных дворя́н°. Всё э́то принадлежи́т к ря́ду безу́мных° мер, кото́рые исче́знут с после́дним дыха́нием° э́того то́рмоза*, попа́вшегося° на ру́сское колесо́°, — вме́сте с зако́ном о па́ссах*, о религио́зной° нетерпи́мости* и пр.

Пёстрая* молодёжь°, прише́дшая* све́рху°, сни́зу*, с ю́га° и се́вера°, бы́стро сплавля́лась* в компа́ктную* ма́ссу това́рищества*. Обще́ственные разли́чия* не име́ли у нас того́ оскорби́тельного* влия́ния, кото́рое мы встреча́ем в англи́йских шко́лах и каза́рмах*; об англи́йских университе́тах я не говорю́: они́ существу́ют исключи́тельно° для аристокра́тии° и для бога́тых. Студе́нт, кото́рый бы взду́мал* у нас хва́статься* свое́й бе́лой° ко́стью° или бога́тством°, был бы отлучён* от «воды́ и огня́°»,[10] заму́чен* това́рищами.

disorder
lecture
replace

clinic female obstetrician
explain Immaculate
  Conception
disgraced
reservoir
flowed in young Russia
layers cleansed
prejudices grasped
domestic hearth
level fraternized
spilled out
"social strata"
structure
democratic
"pass" exam
serf
released commune
  distorted
restricted admission
  increased
unsubsidized permitted
  release
noblemen
mindless
breath brake fallen
wheel passes
religious intolerance
motley youth arrived
  from above
from below south north
  fused
compact comradeship
differences
insulting
barracks
exclusively
aristocracy
taken it into his head
boast "blue blood"
wealth deprived
fire tormented

9. 1848 was the year of a revolutionary surge that arose in several European countries but not in Russia. Nicholas I, "the gendarm of Europe," instituted a new wave of repressive measures in the wake of these uprisings.
10. A reference to the Roman *interdictio aquae et ignis* under which a citizen was deprived of "water and fire"—the symbols of civic communion—as a punishment for serious offenses.

Вне́шние° разли́чия*, и то не глубо́кие, дели́вшие* студе́нтов, шли из други́х исто́чников°. Так, напри-ме́р, медици́нское* отделе́ние°, находи́вшееся по другу́ю сто́рону са́да, не́ было с на́ми так бли́зко, как про́чие факульте́ты*; к тому́ же его́ большин-ство́° состоя́ло из семинари́стов° и не́мцев°. Не́мцы держа́ли себя́ не́сколько в стороне́ и бы́ли о́чень пропи́таны* западномеща́нским* ду́хом. Всё вос-пита́ние° несча́стных° семинари́стов, все их поня́тия бы́ли совсе́м ины́е, чем у нас, мы говори́ли ра́зными языка́ми; они́, вы́росшие* под гнётом° мона́шеско-го* деспоти́зма°, заби́тые* свое́й рито́рикой* и теоло́гией°, зави́довали* на́шей развя́зности*; мы доса́довали° на их христиа́нское° смире́ние*.

Я вступи́л* в фи́зико-математи́ческое° отделе́ние несмотря́ на то, что никогда́ не име́л ни большо́й спосо́бности°, ни большо́й любви́ к матема́тике. Учи́лись ей мы с Ни́ком[11] у одного́ учи́теля, кото́ро-го мы люби́ли за его́ анекдо́ты* и расска́зы; при всей свое́й занима́тельности*, он вряд* мог ли раз-ви́ть° осо́бую страсть к свое́й нау́ке. Он знал мате-ма́тику включи́тельно* до кони́ческих* сече́ний*, т. е.° ро́вно° сто́лько, ско́лько бы́ло ну́жно для при-готовле́ния* гимнази́стов° к универисте́ту; настоя́-щий филосо́ф°, он никогда́ не полюбопы́тствовал* загляну́ть° в « университе́тские ча́сти » матема́тики. Осо́бенно замеча́тельно при э́том, что он то́лько одну́ кни́гу и чита́л, и чита́л её постоя́нно°, лет де́сять, — э́то франкёров* курс;[12] но, воздержан-ный* по хара́ктеру и не люби́вший ро́скоши*, он не переходи́л° изве́стной страни́цы.

Я избра́л° фи́зико-математи́ческий факульте́т*, потому́ что в нём же преподава́лись* есте́ственные° нау́ки, а к ним и́менно в э́то вре́мя развила́сь° у меня́ си́льная страсть°.

external differences divided sources
medical division
departments majority seminarians Germans
imbued Western bourgeois
education unfortunate
grown up oppression monastic despotism op-pressed rhetoric theology envied casual-ness bemoaned Christian humility entered physics-mathe-matics
aptitude
anecdotes
engagingness scarcely
develop
inclusively conic sections
i.e. exactly
preparation secondary school students
philosopher had the curi-osity
look into
constantly
Francoeur
abstemious luxury
went past
selected department
were taught natural
developed
passion

11. Nikolai Platonovich Ogarëv (1813–77) was a lifelong friend of Herzen. They met while still young boys, attended the university to-gether and were arrested together. Ogarëv spent most of his life work-ing with Herzen in the latter's journalistic enterprises in Europe and England.
12. A French mathematics text by Francoeur.

Вопро́сы к те́ксту

1. Когда́ Моско́вский университе́т вы́рос в своём значе́нии?

2. Каки́е усло́вия для разви́тия университе́та бы́ли соединены́ в Москве́?

3. Как характеризу́ет Ге́рцен Никола́я I?

4. Почему́ госуда́рь возненави́дел Моско́вский университе́т?

5. Что приказа́л госуда́рь сде́лать со студе́нтами?

6. Почему́, несмотря́ на всё э́то, росло́ влия́ние университе́та?

7. Каково́ бы́ло устро́йство университе́та до 1848 го́да?

8. Что случа́лось с пёстрой молодёжью в университе́те?

9. Каки́е бы́ли отноше́ния ме́жду семинари́стами и друзья́ми Ге́рцена?

10. Куда́ поступи́л Ге́рцен?

11. Почему́ Ге́рцен избра́л э́тот факульте́т?

Подготóвка к чтéнию

1. Я объявил клич идти войнóй на Мáлова.

2. Чéрез край пóлная аудитóрия былá непокóйна и издавáла глухóй, сдáвленный гул.

3. Легкó мóжет быть, что в протúвном слýчае государь прислáл бы флúгель-адъютáнта.

4. Он для получéния крестá сдéлал бы из э́того дéла зáговор.

5. Он предложúл бы всех отпрáвить на кáторжную рабóту, а государь помúловал бы в солдáты.

6. *Vae victis* с Николáем; но на э́тот раз не нам пенять на негó.

7. Седóй старúк принимáл *à la lettre*, что студéнты емý давáли дéньги на вóдку, и потомý постоянно поддéрживал себя в состоянии бóлее блúзком к пья́ному, чем к трéзвому.

8. Мне бы́ло вéлено явúться к немý в семь часóв вéчера.

9. Онú отличáлись незнáнием и нежелáнием знать рýсского языкá, хладнокрóвием к студéнтам, дýхом

---

1. I sounded a call to go to war against Malov.

2. The excessively full lecture hall was uneasy and emitted a hollow, suppressed rumble.

3. It could easily be that otherwise the Sovereign would have sent an aide-de-camp.

4. For the sake of receiving a medal he would have made a conspiracy out of this affair.

5. He would have proposed sending all of them to hard labor, and the Sovereign would have shown mercy by sending them into the army as soldiers.

6. It was a case of *vae victis* with Nicholas, but this time we didn't reproach him.

7. The gray-haired old man took literally that the students gave him money for vodka, and so constantly kept himself in a state that was closer to drunk than to sober.

8. I was ordered to appear before him at seven o'clock in the evening.

9. They were distinguished by an ignorance of, and unwillingness to learn the Russian language, by a coolness to-

западного клиенти́зма, реме́сленни-
чества, неуме́рным куре́нием сига́р и
огро́мным коли́чеством кресто́в.

10. Други́е бы́ли оте́чественно рабо-
ле́пны, семина́рски неуклю́жи, дер-
жа́лись, за исключе́нием Мерзля-
ко́ва, в чёрном те́ле и, вме́сто
неуме́ренного употребле́ния сига́р,
употребля́ли неуме́ренно насто́йку.

ward the students, by a spirit of Western commercialism, of hack work, by
an immoderate smoking of cigars, and
by an enormous number of medals.

10. The others were patriotically servile,
had the clumsiness of the seminary student, were mistreated, with the exception of Merzlyakov, and instead of an
immoderate use of cigars, used an
immoderate amount of brandy.

Студе́нческие* беспоря́дки*

1

Ма́лов был глу́пый, гру́бый° и необразо́ванный* профе́ссор в полити́ческом отделе́нии°. Студе́нты презира́ли* его́, смея́лись над ним.

— Ско́лько у вас профессоро́в в отделе́нии? — спроси́л ка́к-то попечи́тель* у студе́нта в полити́ческой аудито́рии°.

— Без ма́лова де́вять, — отвеча́л студе́нт.[1]

Вот э́тот-то профе́ссор, кото́рого на́добно° бы́ло в ы́ ч е с т ь* для того́, чтоб оста́лось де́вять, стал бо́льше и бо́льше де́лать де́рзостей* студе́нтам; студе́нты реши́лись прогна́ть* его́ из аудито́рии. Сговори́вшись*, они́ присла́ли в на́ше отделе́ние двух парламенте́ров*, приглаша́я° меня́ прийти́ с вспомога́тельным* во́йском°. Я то́тчас объяви́л° клич* идти́ войно́й на Ма́лова, не́сколько челове́к пошли́ со мно́й; когда́ мы пришли́ в полити́ческую аудито́рию, Ма́лов был налицо́* и ви́дел нас.

У всех студе́нтов на ли́цах был напи́сан оди́н страх: ну, как он в э́тот день не сде́лает никако́го гру́бого замеча́ния°. Страх э́тот ско́ро прошёл. Че́рез край* по́лная аудито́рия была́ непоко́йна* и издава́ла° глухо́й°, сда́вленный* гул*. Ма́лов сде́лал како́е-то замеча́ние, начало́сь ша́рканье*.

— Вы выража́ете° ва́ши мы́сли, как ло́шади, но-

coarse   uneducated
department
despised

regent
lecture hall

necessary

subtract

impertinences

drive out
conspired
negotiators   inviting
auxiliary   force
"sounded"   cry

present

remark

exceedingly   restless
gave off   muted   restrained
    rumble
shuffling

express

1. A pun. The name Malov means "little." The Russian expression for "just short of" is "bez malogo."

гами, — заметил Малов, воображавший*, вероятно, что лошади думают галопом* и рысью*, — и буря° поднялась; свист*, шиканье*, крик: « Вон его, вон его! *Pereat*! » Малов, бледный, как полотно*, сделал отчаянное* усилие° овладеть° шумом, и не мог; студенты вскочили° на лавки. Малов тихо сошёл с кафедры* и, съёжившись*, стал пробираться* к дверям; аудитория — за ним, его проводили° по университетскому двору на улицу и бросили вслед° за ним его калоши*. Последнее обстоятельство было важно, на улице дело получило совсем иной характер; но будто есть на свете молодые люди 17–18 лет, которые думают об этом.

having imagined
gallop trot storm
whistling hissing
may he perish linen
desperate effort control
leapt up benches
lectern cowered make his way
accompanied
after
galoshes

Университетский совет перепугался* и убедил° попечителя* представить дело оконченным° и для того виновных* или так кого-нибудь посадить в карцер*. Это было неглупо*. Легко может быть, что в противном° случае государь прислал бы флигель-адьютанта*, который для получения* креста сделал бы из этого дела заговор°, восстание°, бунт* и предложил° бы всех отправить на каторжную* работу, а государь помиловал* бы в солдаты. Видя, что порок* наказан° и нравственность* торжествует*, государь ограничился* тем, что высочайше* соизволил* утвердить* волю студентов и отставил* профессора. Мы Малова прогнали* до университетских ворот, а он его выгнал° за ворота. *Vae victis** с Николаем; но на этот раз не нам пенять* на него.

took fright convinced
regent finished
guilty
detention not stupid
contrary
aide-de-camp receipt
conspiracy uprising revolt
proposed convict
pardoned
vice punished morality triumphs
limited himself "imperially"
deigned confirm dismissed
drove
drove out
woe to the vanquished reproach

Итак°, дело закипело*. На другой день после обеда приплёлся* ко мне сторож из правления°, седой старик, который добросовестно* принимал *à la lettre**, что студенты ему давали деньги на водку,2 и потому постоянно поддерживал° себя в состоянии более близком к пьяному, чем к трезвому*. Он в обшлаге* шинели° принёс от « лехтура* » записочку* — мне было велено явиться к нему в семь часов вечера. Вслед за ним явился бледный и испуганный° студент из остзейских* баронов°, получивший такое же приглашение* и принадлежавший

thus started to boil
staggered up administration
in good conscience
"literally"
maintained
sober
cuff greatcoat rector
note
frightened Baltic barons
invitation

---

2. A pun. The Russian equivalent for "to give a tip" is *davat' na vodku* —literally "to give for vodka."

к несча́стным же́ртвам°, приведённым° мно́ю. Он на́чал с того́, что осы́пал* меня́ упрёками*, пото́м спра́шивал сове́та, что ему́ говори́ть.

sacrifices "offered"
showered reproaches

— Лгать° отча́янно*, запира́ться* во всём, кро́ме того́, что шум был и что вы бы́ли в аудито́рии, — отвеча́л я ему́.

lie desperately "disavow"

— А ре́ктор спро́сит, заче́м я был в полити́ческой аудито́рии, а не в на́шей?

— Как заче́м? Да ра́зве вы не зна́ете, что Родио́н Ге́йман не приходи́л на ле́кцию, вы, не жела́я потеря́ть вре́мени по пусто́му, пошли́ слу́шать другу́ю.

— Он не пове́рит°.

believe

— Это уж его́ де́ло.

Когда́ мы входи́ли на университе́тский двор, я посмотре́л на моего́ баро́на, пу́хленькие* щёчки* его́ бы́ли о́чень бледны́ и вообще́ ему́ бы́ло пло́хо.

chubby cheeks

— Слу́шайте, — сказа́л я, — вы мо́жете быть уве́рены°, что ре́ктор начнёт не с вас, а с меня́; говори́те то же са́мое с вариа́циями*, вы же в са́мом де́ле ничего́ осо́бенного не сде́лали. Не забу́дьте одно́: за то, что вы шуме́ли°, и за то, что лжёте*, — мно́го-мно́го* вас посадя́т в ка́рцер*; а е́сли вы проболта́етесь* да кого́-нибудь при мне запу́таете*, я расскажу́ в аудито́рии, и мы отра́вим* вам ва́ше существова́ние°.

assured
variations
made noise lie
at most detention
blab involve
poison
existence

Баро́н обеща́л и че́стно сдержа́л* сло́во.

kept

Ре́ктором был тогда́ Двигу́бский, оди́н из оста́тков* и образцо́в* допото́пных* профессоро́в и́ли, лу́чше сказа́ть, д о п о ж а́ р н ы х*, т. е. до 1812 г. Они́ вы́велись° тепе́рь; с попечи́тельством* кня́зя Оболе́нского вообще́ ока́нчивается* патриарха́льный* перио́д° Моско́вского университе́та. В те времена́ нача́льство° университе́том не занима́лось, профессора́ чита́ли и не чита́ли, студе́нты ходи́ли и не ходи́ли, и ходи́ли прито́м не в мунди́рных* сертука́х* à l'instar конноеге́рских*, а в ра́зных отча́янных* и эксцентри́ческих* пла́тьях, в кро́шечных* фура́жках°, едва́ держа́вшихся на де́вственных* волоса́х. Профессора́ составля́ли° два ста́на*, и́ли сло́я, ми́рно° ненави́девшие° друг дру́га: оди́н состоя́л исключи́тельно из не́мцев, друго́й — из не не́мцев. Не́мцы, в числе́ кото́рых бы́ли лю́ди до́брые

remnants specimens
  antediluvian
preconflagration
vanished regency
ends
patriarchal period
administration

uniform
frock coats in the fashion
  of the chasseurs
desperate eccentric
tiny forage-caps virginal
constituted camps
peacefully hating

и учёные, как Ло́дер, Фи́шер, Ги́льдебрандт и сам Гейм, вообще́ отлича́лись° незна́нием* и нежела́нием* знать ру́сского языка́, хладнокро́вием* к студе́нтам, ду́хом за́падного° клиенти́зма*, реме́сленничества*, неуме́рным* куре́нием* сига́р* и огро́мным коли́чеством° кресто́в, кото́рых они́ никогда́ не снима́ли°. Не не́мцы, с свое́й стороны́, не зна́ли ни одного́ (живо́го) языка́, кро́ме ру́сского, бы́ли оте́чественно° рабо́ле́пны*, семина́рски* неуклю́жи*, держа́лись°, за исключе́нием° Мерзляко́ва, в* чёрном* те́ле* и, вме́сто неуме́ренного* употребле́ния* сига́р, употребля́ли° неуме́ренно насто́йку*. Не́мцы бы́ли бо́льше из Гёттингена°, не не́мцы — из попо́вских* дете́й.

were distinguished
ignorance
disinclination indifference

Western commercialism
"hack work" immoderate
  smoking cigars
quantity

removed

patriotically servile
  "clumsy as a seminary
  student"
maintained themselves
  exception
immoderate were
  mistreated
use used home-made
  brandy
Göttingen
priests'

Вопро́сы к те́ксту

1. Кем был Ма́лов?

2. Почему́ студе́нты хоте́ли вы́гнать профе́ссора Ма́лова?

3. Почему́ Ге́рцен пришёл в полити́ческую аудито́рию?

4. Как ко́нчилась э́та ле́кция?

5. Что сде́лал университе́тский сове́т?

6. Почему́ Ге́рцен счита́л э́то неглу́пым реше́нием?

7. От кого́ и о чём была́ запи́ска, кото́рую сто́рож принёс Ге́рцену?

8. Что посове́товал Ге́рцен остзе́йскому баро́ну?

9. Что до́лжен был остзе́йский баро́н говори́ть, когда́ его́ спра́шивали, почему́ он был в полити́ческой аудито́рии?

10. Почему́ Ге́рцен называ́ет ре́ктора « допожа́рным »?

11. Каки́е два сло́я составля́ли профессора́?

Подгото́вка к чте́нию

1. Вид его́ был так назида́телен, что
како́й-то студе́нт, приходя́ за та-
бе́лью, подошёл к нему́ под благосло-
ве́ние и постоя́нно называ́л его́ « оте́ц
ре́ктор ».

2. Он, быва́ло, приходи́л в на́шу ауди-
то́рию с Котельни́цким, кото́рый
заве́довал шка́пом с на́дписью "Materia Medica", неизве́стно заче́м
прожива́вшим в математи́ческой ау-
дито́рии.

3. Я поро́л стра́шную дичь и был не-
учти́в, баро́н подогрева́л то же са́мое.

4. Раз ка́к-то това́рищ попечи́теля
Па́нин, ве́рный свои́м ко́нногвар-
де́йским привы́чкам, взду́мал обойти́
но́чью ру́ндом госуда́рственную
тюрьму́ в университе́тском подва́ле.

5. Он отступи́л на шаг, посмотре́л на
меня́ с тем гро́зно-грацио́зным ви́дом,
с кото́рым в бале́тах цари́ и геро́и
пля́шут гнев, и, сказа́вши: « Сиди́те,
пожа́луй », вы́шел вон.

6. За после́днюю вы́ходку доста́лось мне
до́ма бо́льше, не́жели за всю исто́-
рию.

1. His appearance was so edifying that a
certain student, on coming for his report
card, approached him for his blessing
and constantly called him "Father
Rector."

2. He used to come into our lecture hall
with Kotelnitsky who supervised the
cabinet with the inscription "Materia
Medica," for some unknown reason located in the mathematics lecture hall.

3. I talked wild nonsense and was impolite,
the baron warmed over the same thing.

4. Once, somehow, Panin, a deputy of the
regent, true to his Horse-Guard habits,
took it into his head to make the rounds
at night of the state jail in the university
cellar.

5. He drew back a step, looked at me with
that threatening and elegant air with
which in ballets tsars and heroes display
anger in a dance, and having said,
"Stay if you wish," went out.

6. Because of this last prank I got into
more trouble at home than for the entire affair.

Двигу́бский был из не не́мцев. Вид его́ был так назида́телен*, что како́й-то студе́нт из семинари́стов, приходя́ за табе́лью*, подошёл к нему́ под благослове́ние* и постоя́нно называ́л его́ « оте́ц ре́ктор ». Прито́м он был стра́шно похо́ж на сову́° с Анной на ше́е°,[1] как его́ рисова́л° друго́й студе́нт, получи́вший бо́лее све́тское° образова́ние. Когда́ он, быва́ло, приходи́л в на́шу аудито́рию и́ли с дека́ном* Чумако́вым, и́ли с Котельни́цким, кото́рый заве́довал° шка́пом* с на́дписью° "*Materia Medica*", неизве́стно° заче́м прожива́вшим* в математи́ческой аудито́рии, и́ли с Ре́йсом, вы́писанным* из Герма́нии° за то, что его́ дя́дя° знал хи́мию*, — с Ре́йсом, кото́рый, чита́я по-францу́зски, называ́л свети́льню* — *baton de coton*, яд* — ры́бой° (*poisson*), а сло́во « мо́лния° » так несча́стно произноси́л°, что мно́гие ду́мали, что он брани́тся*,[2] — мы смотре́ли на них больши́ми глаза́ми как на собра́ние ископа́емых*, как на после́дних Абенсера́гов,[3] представи́телей° ино́го вре́мени, не сто́лько бли́зкого к нам, как к Тредьяко́вскому[4] и Костро́ву, — вре́мени, в кото́ром чита́ли Хера́скова и Княжнина́, вре́мени до́брого профе́ссора Дильте́я, у кото́рого бы́ли две соба́чки*: одна́ ве́чно° ла́явшая*, друга́я никогда́ не ла́явшая, за что он о́чень справедли́во° прозва́л одну́ Бава́ркой*, а другу́ю Пруде́нкой*.

Но Двигу́бский был во́все не до́брый профе́ссор, он при́нял нас чрезвыча́йно° кру́то* и был груб; я поро́л° стра́шную дичь* и был неучти́в*, баро́н подогрева́л* то же са́мое. Раздражённый* Двигу́бский веле́л яви́ться на друго́е у́тро в сове́т, там в полчаса́°

Glosses: edifying · report card · for his blessing · owl · neck sketched · secular · dean · supervised cabinet inscription · unknown located · ordered Germany uncle chemistry · wick · poison fish · lightning pronounced · swearing · fossils · representatives · dogs eternally barking · justly · "chatterbox" "prudence" · extremely abruptly "talked" "nonsense" impolite · "warmed over" irritated · half an hour

1. An order of merit awarded civil servants.
2. A bilingual pun. Reis's pronunciation of the French word *foudre* (lightning) sounded like "*foutre*."
3. A semilegendary Arab tribe whose last members, according to tradition, tragically perished in Spain in the fifteenth century.
4. V. K. Tredyakovskii (1703–69), a poet, translator, and literary theorist whose work, while advanced for its day, became obsolete even before his death. The following names are those of eighteenth-century poets and writers. Diltei was the first professor of law at Moscow University.

времени нас допроси́ли*, осуди́ли*, приговори́ли* и посла́ли сенте́нцию* на утвержде́ние* кня́зя Голи́цына.

Едва́ я успе́л в аудито́рии пять или шесть раз в ли́цах предста́вить студе́нтам суд и распра́ву* университе́тского сена́та, как вдруг в нача́ле ле́кции яви́лся инспе́ктор, ру́сской слу́жбы майо́р° и францу́зский танцме́йстер*, с у́нтер-офице́ром* и с прика́зом в руке́ — меня́ взять и свести́ в ка́рцер*. Часть студе́нтов пошла́ провожа́ть°, на дворе́ то́же толпи́лась* молодёжь; ви́дно, меня́ не пе́рвого вели́; когда́ мы проходи́ли, все маха́ли° фура́жками, рука́ми; университе́тские солда́ты дви́гали их наза́д, студе́нты не шли.

В гря́зном° подва́ле°, служи́вшем ка́рцером*, я уже́ нашёл двух ареста́нтов*: Арапе́това и Орло́ва; кня́зя Андре́я Оболе́нского и Розенге́йма посади́ли в другу́ю ко́мнату, всего́ бы́ло шесть челове́к, нака́занных по ма́ловскому* де́лу. Нас бы́ло ве́лено содержа́ть° на хле́бе и воде́, ре́ктор присла́л како́й-то суп, мы отказа́лись° и хорошо́ сде́лали: как то́лько смеркло́сь* и университе́т опусте́л*, това́рищи принесли́ нам сы́ру°, ди́чи*, сига́р*, вина́ и ликёру*. Солда́т серди́лся°, ворча́л*, брал двугри́венные* и носи́л припа́сы*. По́сле полу́ночи* он пошёл да́лее и пусти́л к нам не́сколько челове́к госте́й. Так проводи́ли мы вре́мя, пиру́я* но́чью и ложа́сь° спать днём.

Раз ка́к-то това́рищ попечи́теля* Па́нин, брат мини́стра° юсти́ции*, ве́рный свои́м конногварде́йским* привы́чкам°, взду́мал* обойти́° но́чью ру́ндом* госуда́рственную° тюрьму́* в университе́тском подва́ле. То́лько что мы зажгли́* свечу́° под сту́лом, чтоб снару́жи* не́ было ви́дно, и приняли́сь° за наш ночно́й° за́втрак, разда́лся° стук° в нару́жную* дверь, — не тот стук, кото́рый свое́й сла́бостью° про́сит солда́та отпере́ть*, кото́рый бо́льше бои́тся, что его́ услы́шат, не́жели* то, что не услы́шат; нет, э́то был стук с авторите́том°, прика́зывающий°. Солда́т о́бмер*, мы спря́тали° буты́лки и студе́нтов в небольшо́й чула́н*, заду́ли* свечу́ и бро́сились на на́ши ко́йки*. Взошёл* Па́нин.

— Вы, ка́жется, ку́рите? — сказа́л он, едва́ вы-
ре́зываясь* с инспе́ктором, кото́рый нёс фона́рь°,
из-за густы́х облако́в° ды́ма.

    "visible" lantern

clouds

— Отку́да э́то они́ беру́т ого́нь, ты даёшь?
Солда́т кля́лся*, что не даёт. Мы отвеча́ли, что у
нас был с собо́ю трут*. Инспе́ктор обеща́л его́
отня́ть° и обобра́ть* сига́ры, и Па́нин удали́лся*, не
заме́тив, что коли́чество фура́жек* бы́ло вдво́е
бо́льше коли́чества голо́в.

swore

tinder

remove collect withdrew

forage caps

    В суббо́ту ве́чером яви́лся инспе́ктор и объяви́л,
что я и ещё оди́н из нас мо́жет идти́ домо́й, но что
остальны́е посидя́т° до понеде́льника. Э́то предло-
же́ние° показа́лось мне оби́дным*, и я спроси́л ин-
спе́ктора, могу́ ли оста́ться; он отступи́л° на шаг,
посмотре́л на меня́ с тем гро́зно-грацио́зным*
ви́дом, с кото́рым в бале́тах* цари́ и геро́и пля́шут*
гнев*, и, сказа́вши: « Сиди́те, пожа́луй », вы́шел вон.
За после́днюю вы́ходку* доста́лось* мне до́ма
бо́льше, не́жели* за всю исто́рию.

sit

proposal insulting

stepped back

threatening-elegant

ballets dance

anger

prank "cost"

than

    Ита́к, пе́рвые но́чи, кото́рые я не спал в роди́тель-
ском* до́ме, бы́ли проведены́ в ка́рцере*. Вско́ре°
мне приходи́лось испыта́ть* другу́ю тюрьму́°, и там
я просиде́л* не во́семь дней, а де́вять ме́сяцев, по́сле
кото́рых пое́хал не домо́й, а в ссы́лку*. Но до э́того
далеко́.

parental cell soon

experience jail

"served"

exile

Вопро́сы к те́ксту

1. Кто был ре́ктором в э́то вре́мя?

2. Како́й у него́ был вид?

3. К како́му вре́мени отно́сит Ге́рцен ре́ктора, дека́на и не́которых други́х профессоро́в?

4. Что реши́ли в сове́те?

5. Что случи́лось по доро́ге в ка́рцер?

6. Как проводи́ли они́ вре́мя в ка́рцере?

7. Что случи́лось одна́жды но́чью?

8. Когда́ хоте́ли отпусти́ть Ге́рцена?

9. Почему́ Ге́рцен хоте́л оста́ться в ка́рцере до́льше?

Смерть Пу́шкина

THE RUSSIAN INTELLIGENTSIA of the nineteenth century drew most of its members from the gentry. A very few persons, however, succeeded in making their way up from serfdom. This was immensely difficult because secondary (or higher) education for serfs was forbidden by law. Nikitenko was one of the few men of serf origin who attained membership in the intelligentsia and beyond this in the highest reaches of the governmental and educational administrative apparatus.

Born on one of the estates of the fabled Sheremetev family whose holdings included some 300,000 serfs, Nikitenko received his elementary education in a district school. Barred from continuing his formal education by his serf status, Nikitenko seriously considered suicide following the rejection of his petitions to gain his freedom. About this time branches of the Russian Bible Society were being established throughout the country. The president of the Society was the religious mystic, Prince A. N. Golitsen, an intimate friend of Tsar Aleksandr I and head of the Ministry for Spiritual Affairs and Public Education. The seventeen-year-old Nikitenko became the local secretary of the Bible Society and thus came to the attention of Golitsen. Once in St. Petersburg, Nikitenko made numerous contacts with prominent people of both the left and the right. With the assistance of the poet-translator V. A. Zhukovsky and the poet-revolutionary K. F. Ryleev (who was later hung for his part in the Decembrist uprising of

ALEKSANDR
VASILEVICH
NIKITENKO
(*1805–1877*)

1825), Nikitenko won his freedom and enrolled in St. Petersburg University. Although his position was endangered by his peripheral contacts with the Decembrists, he completed his studies in 1828 and became the secretary of the archaeologist and historian K. M. Borozdin who was the overseer of the St. Petersburg educational district. As one of his duties, Nikitenko wrote a well-received commentary on the new government statute on censorship. Thanks to the efforts of Borozdin, Nikitenko was appointed as a faculty member in the Department of Russian Literature in St. Petersburg University and in the following year, 1833, was designated as an official government censor.

Although Nikitenko was a fairly high-ranking official, his work as a censor amply illustrates the hazards of the job even for a trusted servant of the Tsar. On two occasions he served brief "cautionary" terms in jail for permitting the publication of items that aroused the imperial wrath.

In addition to his governmental and professional duties, Nikitenko was quite active in literary circles. From 1839 to 1841 he served as editor of the conservatively oriented literary and public-affairs journal *Syn otechestva* (*Son of the Fatherland*). In 1847 he was invited to serve as an editor of the new *Sovremennik* (*The Contemporary*) which had just been taken over by Nekrasov and Panaev as the voice of the liberal-radical camp. Although the invitation to Nikitenko was obviously made with the thought that his association with the journal would ease censorship problems, both Nekrasov and Panaev viewed Nikitenko as a man deserving of their respect.

Nikitenko viewed himself as a moderate progressive and was one of the very few men who was respected equally by the tsarist government and by the anti-Establishment intellectuals—although he was not without enemies in both camps. Distrusted by the political police because of his association with various liberal writers and reviled by some of the radicals as a representative of the tsarist censorship, Nikitenko tried and, on occasion, succeeded in reconciling the views of the more moderate elements of both the right and the left. As a censor, he worked to promote the interests of

Russian literature—to give it as much freedom as was possible in the inclement political climate of the reign of Nicholas I (1824–55). In sum, Nikitenko was one of the few effective moderates in a country whose history had been conspicuously lacking in moderation.

Nikitenko's social and professional activities brought him into close contact with many of the major Russian writers of his time. Perhaps the most important of these was Aleksandr Sergeevich Pushkin (1799–1837). Pushkin was primarily a poet, although he wrote in many literary genres before his early death. His political views often earned him the official displeasure of the tsarist government while his personal life also gained him a considerable amount of social attention. In short, Pushkin lived the short, passionate, and stormy life that public imagination bestows on the poet.

The relationship between Pushkin and Nikitenko was a complex one. In his correspondence Pushkin was not above referring to Nikitenko as a "kicking mule," "a stubborn Ukrainian," and "an opportunist." In spite of this, the poet realized that Nikitenko was better disposed toward the liberal writers than most of his censor colleagues and Pushkin himself preferred Nikitenko as the censor of his own works.

Nikitenko's place in history rests not on his work as a governmental official or a scholar, but on his diaries which he kept from 1819 until his death nearly fifty years later. Over the years, he recorded his activities and those of his acquaintances along with the day-to-day news (and gossip) of St. Petersburg society.

On his death in 1877, the diaries were left to his daughter. After extensive editing by the daughter, the journals were published under the title *Moya povest o samom sebe i chemu svidetel v zhizne byl* (*My Tale of Myself and to What I Was a Witness in Life*).

The following selection concerns Pushkin's death by duel together with an account of the internal struggles in the censorship committee over the obituaries and posthumous publication of Pushkin's works. The numbers at the beginning of some of the paragraphs are the dates of the diary entries for January to April 1837.

Подготовка к чте́нию

1. Он всё ещё на меня́ ду́ется. Он сде́лался большим аристокра́том.

2. Он стучи́тся в оди́н за́мкнутый кружо́к о́бщества, тогда́ как мог бы безразде́льно цари́ть над всем о́бществом.

3. К нему́ так не идёт э́тот жема́нный тон, э́та утончённая спесь в обраще́нии, кото́рую за́втра же мо́жет безвозвра́тно сбить опа́ла.

4. Мне от э́того не достаёт материа́ла для сравне́ний.

5. Тебе́ сле́довало идти́ путём челове́чества, а не ка́сты: сде́лавшись чле́ном после́дней, ты уже́ не мог не повинова́ться зако́нам её.

6. Поэ́т не́сколько дней подря́д получа́л пи́сьма от неизве́стных лиц, в кото́рых его́ поздравля́ли с рога́ми.

7. Ему́ присла́ли пате́нт на зва́ние чле́на в о́бществе муже́й-рогоно́сцев, за мни́мою по́дписью президе́нта Нары́шкина.

1. He is still annoyed with me. He has made himself out to be a big aristocrat.

2. He seeks admittance to one closed circle of society, when he could reign supreme over all society.

3. That mincing air is so unbecoming to him, that refined hauteur in manner which disfavor may strike down irrevocably tomorrow.

4. I don't have sufficient material for comparisons because of this.

5. You ought to have followed the path of humanity, and not of caste: having become a member of the latter, you could no longer but obey its laws.

6. Several days in a row the poet received letters from unknown persons in which they congratulated him on his horns.

7. He was sent a charter to the title of member of the society of cuckolds, with the forged signature of the president Naryshkin.

Смерть Пу́шкина

1

21. Ве́чер провёл у Плетнёва.[1] Там был Пу́ш-
кин: он всё ещё на меня́ ду́ется*. Он сде́лался боль-
ши́м аристокра́том. Как оби́дно*, что он так ма́ло
це́нит себя́, как челове́ка и поэ́та, и стучи́тся° в
оди́н за́мкнутый* кружо́к* о́бщества, тогда́ как мог
бы безразде́льно* цари́ть* над всем о́бществом. Он
хо́чет пре́жде всего́ быть ба́рином*, но ведь у нас
ба́рин тот, у кого́ бо́льше дохо́да°. К нему́ так не
идёт э́тот жема́нный* тон, э́та утончённая* спесь* в
обраще́нии°, кото́рую за́втра же мо́жет безвозвра́т-
но* сбить° опа́ла°. А ведь он у́мный челове́к, по-
ми́мо* своего́ тала́нта°. Он, наприме́р, сего́дня
мно́го говори́л де́льного* и, ме́жду про́чим, то́нкого
о ру́сском языке́. Он сознава́лся та́кже, что исто́рию
Петра́ пока́ нельзя́ писа́ть, то́ есть её не позво́лят
печа́тать*. Ви́дно, что он мно́го чита́л о Петре́.

25. Ле́кции мои́ в университе́те иду́т успе́шно*.
Мне иногда́ удаётся увлека́ть* мои́х слу́шателей*.
Я ра́тую* про́тив вся́ких полумы́слей* и полувы-
раже́ний* в литерату́ре, про́тив мишу́рного* бле́ска°
и неесте́ственности*. Мно́го меша́ет мне, коне́чно,
незна́ние* иностра́нных° языко́в: мне от э́того не
достаёт° материа́ла° для сравне́ний° и фа́ктов для

	annoyed
	pitiful
	"seeks admittance"
	closed circle
	supreme reign
	nobleman
	income
	prissy refined hauteur
	manner
	irrevocably strike down disgrace
	apart from talent
	clever
	print
	successfully
	fascinating listeners
	speak half-thoughts
	half-expressions gaudy shine
	unnaturalness
	ignorance foreign
	suffice material comparisons

1. P. A. Pletnëv (1792–1862) was a professor of literature at St.
Petersburg University and a close friend of Pushkin. He helped get
many of the poet's works published. After Pushkin's death he took
over his magazine *The Contemporary*.

óбщих истори́ческих вы́водов°. Стара́юсь попо́л-
нить* э́тот пробе́л* чте́нием° всего́, что переведено́°
и перево́дится на ру́сский язы́к. А пока́ гла́вная моя́
цель: согрева́ть* сердца́ слу́шателей* любо́вью к
чи́стой красоте́ и и́стине* и пробужда́ть* в них
стремле́ние° к му́жественному*, бо́дрому* и благо-
ро́дному° употребле́нию* нра́вственных° сил. Éсли
мне э́то уда́стся° хоть в сла́бой ме́ре, сочту́*, что я
не да́ром° труди́лся°.

28. Ва́жное и в вы́сшей* сте́пени печа́льное° про-
исше́ствие* для на́шей литерату́ры: Пу́шкин у́мер
сего́дня от ра́ны°, полу́ченной на дуэ́ли*.

Вчера́ ве́чером был у Плетнёва: от него́ от пе́рвого
услы́шал об э́той траге́дии°. В Пу́шкина вы́стрелил*
сперва́° проти́вник его́, Данте́с,[2] кавалерга́рдский*
офице́р: пу́ля° попа́ла ему́ в живо́т°. Пу́шкин, од-
на́ко, успе́л отвеча́ть ему́ вы́стрелом°, кото́рый
раздроби́л* тому́ ру́ку. Сего́дня Пу́шкина уже́ нет на
све́те.

Подро́бностей° всего́ я ещё хорошо́ не слыха́л.
Одно́ несомне́нно°: мы понесли́ го́рестную*, невоз-
награди́мую* поте́рю. Після́дние произведе́ния
Пу́шкина признава́лись° не́которыми слабе́е пре́ж-
них, но э́то могло́ быть в нём эпо́хою переворо́та*,
сле́дствием* вну́тренней револю́ции, по́сле кото́рой
для него́ мог наста́ть* пери́од но́вого вели́чия*.

Бе́дный Пу́шкин! Вот чем заплати́л° он за пра́во
гражда́нства* в э́тих аристократи́ческих сало́нах*,
где расточа́л* своё вре́мя и дарова́ние*! Тебе́ сле́-
довало° идти́ путём челове́чества, а не ка́сты*:
сде́лавшись° чле́ном после́дней, ты уже́ не мог не
повинова́ться* зако́нам её. А ты был при́зван* к
вы́сшему служе́нию*.

30. Како́й шум, кака́я неуря́дица* во мне́ниях о
Пу́шкине! Э́то уже́ не одна́ чёрная запла́та° на ве́т-
хом* ру́бище* певца́*, но ты́сячи запла́т кра́сных,
бе́лых, чёрных, всех цвето́в и отте́нков*. Вот,
одна́ко, све́дения° о его́ сме́рти, почерпну́тые* из
са́мого чи́стого исто́чника.

---

2. Georges Charles d'Anthès-Heeckeren (1812–95). An immigrant
French Royalist and aristocrat in the Russian service. He was the
adopted son of the Dutch ambassador Heeckeren. He returned to
France after the death of Pushkin.

conclusions
fill in gap reading
  translated

warm listeners

truth arouse
striving masculine
  cheerful

noble use moral

succeed consider

in vain labored

highest pathetic

event

wound duel

tragedy fired

first Horse Guard's

bullet stomach

shot

smashed

details heard

beyond doubt grievous

beyond compensation

recognized

upheaval

consequence

come greatness

paid

citizenship salons

wasted gift

ought caste

having become

obey called

service

chaos

patch

decrepit rags singer

shades

information drawn

Дантéс пустóй человéк, но лóвкий°, любéзный° adroit pleasant
францýз, блистáвший* в нáших салóнах* звездóй shining salons
первóй величины̀*. Он éздил° в дом к Пýшкину. Из- magnitude "visited"
вéстно, что женá поэ́та красáвица°. Дантéс, по прáву beauty
францýза и жи́теля° салóнов, фамилья́рно* обра- dweller familiarly
щáлся с нéю, а онá не имéла довóльно тáкта, чтóбы
провести́ мéжду ним и собóю чертý, за котóрую
мужчи́на не дóлжен никогдá переходи́ть в сношé- relations
ниях* с жéнщиною, емý не принадлежáщею. А в
óбществе всегдá бывáют лю́ди, питáющиеся* репу- feeding
тáциями* бли́жних*: они́ обрáдовались° слýчаю и reputations neighbors
пусти́ли молвý* о свя́зи Дантéса с женóю Пýшкина. rumor
Э́то дошлó до послéднего, и, конéчно, взволновáло°
и без тогó тревóжную° дýшу поэ́та. Он запрети́л* distressed
anxious forbad
Дантéсу éздить к себé. Э́тот оскорби́лся* и отвечáл, was offended
что он éздит не для жены́, а для своя́ченицы* sister-in-law
Пýшкина, в котóрую влюблён°. Тогдá Пýшкин по- in love
трéбовал°, чтóбы он жени́лся° на молодóй дéвушке, demanded marry
и сватовствó* состоя́лось. matchmaking

Мéжду тем, поэ́т нéсколько дней подря́д* полу- in a row
чáл пи́сьма от неизвéстных лиц, в котóрых егó
поздравля́ли° с рогáми*. В однóм письмé дáже congratulated horns
прислáли емý патéнт* на звáние° члéна в óбществе charter title
мужéй-рогонóсцев*, за мни́мою* пóдписью° пре- cuckold-husbands false
signature
зидéнта° Нары́шкина. Сверх тогó, барóн Гекéрн,[3] president
усынови́вший* Дантéса, был óчень недовóлен* егó adopted dissatisfied
брáком° на своя́ченице* Пýшкина, котóрая, говоря́т, marriage sister-in-law
стáрше своегó женихá° и без состоя́ния°. Гекéрну fiancé fortune
припи́сывают* дáже слéдующие словá: « Пýшкин ascribe
дýмает, что он э́той свáдьбой° разлучи́л* Дантéса с marriage separate
свóей женóю. Напрóтив, он тóлько сбли́зил* их, brought closer
благодаря́ нóвому родствý° ». kinship

Пýшкин взбеси́лся* и написáл Гекéрну письмó, was enraged
пóлное оскорблéний*. Он трéбовал, чтóбы тот, по abuse
прáву отцá, уня́л* молодóго человéка. Письмó, ра- restrain
зумéется°, бы́ло прочи́тано* Дантéсом — он потрé- of course read
бовал удовлетворéния*, и дéло окóнчилось* зá satisfaction ended
гóродом, на расстоя́нии° десяти́ шагóв. Дантéс distance
стреля́л пéрвый. Пýшкин упáл. Дантéс к немý под-
бежáл*, но поэ́т, собрáв си́лы, велéл проти́внику ran up

3. More correctly Геккéрен. Baron Louis van Heeckeren (1791–
1884), the Dutch ambassador to Russia from 1823 to 1837.

вернуться к барье́ру*, прице́лился* в се́рдце, но попа́л° в ру́ку, кото́рую тот, по нело́вкому° движе́нию и́ли из предосторо́жности*, положи́л на грудь.

Пу́шкин ра́нен° в живо́т: пу́ля заде́ла* желу́док*. Когда́ его́ привезли́° домо́й, он позва́л жену́, дете́й, благослови́л* их и поручи́л* А́рнду[4] проси́ть госуда́ря, не оста́вить их и прости́ть Данза́са,[5] своего́ секунда́нта*.

Госуда́рь написа́л ему́ собственнору́чное* письмо́, обеща́лся призре́ть* его́ семью́, а для Данза́са сде́лать всё, что бу́дет возмо́жно. Кро́ме того́, проси́л его́ пе́ред сме́ртью испо́лнить° всё, что предпи́сывает* долг христиани́на*. Пу́шкин потре́бовал свяще́нника*. Он у́мер 29-го, в пя́тницу, в три часа́ пополу́дни*. В приёмной* его́, с утра́ до ве́чера, толпи́лись* посети́тели°, приходи́вшие узна́ть о его́ состоя́нии. Принуждены́* бы́ли выставля́ть* бюллете́ни*.

31. Сего́дня был у мини́стра. Он о́чень за́нят укроще́нием* гро́мких во́плей* по слу́чаю сме́рти Пу́шкина. Он, ме́жду про́чим, недово́лен пы́шною* похвало́ю*, напеча́танною* в « Литерату́рных° приба́влениях* к Ру́сскому инвали́ду* ».

Ита́к, Ува́ров[6] и мёртвому Пу́шкину не мо́жет прости́ть « Выздоровле́ния* Луку́лла ».[7]

Сию́ мину́ту получи́л предписа́ние* председа́теля цензу́рного* комите́та не позволя́ть° ничего́ печа́тать* о Пу́шкине, не предста́вив снача́ла статьи́ ему́ и́ли мини́стру.

За́втра по́хороны*. Я получи́л биле́т°.

barrier	aimed
hit	awkward
precaution	
wounded	"wounded"
	stomach
brought	
blessed	entrusted
second	
in his own hand	
take care of	
carry out	
prescribe	Christian
priest	
P.M.	reception room
thronged	visitors
forced	
issue	bulletins
pacification	wailings
rich	
praise	printed literary
supplements	invalid
recovery	
order	
censorship	permit
print	
funeral	ticket

4. More correctly Аре́ндт. N. F. Arendt (1786–1859), a well-known court physician. He was sent by Nicholas I to care for the dying Pushkin.
5. K. K. Danzas (1801–71), Pushkin's friend from the Lycée. Dueling was illegal and Pushkin hoped the Tsar would spare Danzas from prosecution.
6. S. S. Uvarov (1786–1855), at that time the Minister of Public Education.
7. A satiric poem by Pushkin about Uvarov, whose plans for a rich inheritance were upset when his relative recovered.

Вопро́сы к те́ксту

1. Где Никите́нко встре́тил Пу́шкина?

2. О чём говори́л Пу́шкин?

3. Что о́чень меша́ло Никите́нко в его́ рабо́те в университе́те?

4. От кого́ и где услы́шал Никите́нко о сме́рти Пу́шкина?

5. Кто был Данте́с?

6. О чём пошла́ молва́?

7. Что сде́лал Данте́с, когда́ Пу́шкин запрети́л ему́ е́здить в свой дом?

8. Каки́е пи́сьма получа́л Пу́шкин?

9. Кто был Геке́рн?

10. Что случи́лось по́сле того́, как Данте́с ра́нил Пу́шкина?

11. Что писа́л Пу́шкину Никола́й I?

12. Когда́ сконча́лся Пу́шкин?

Подготовка к чтению

1. Всё, что сколько-нибудь читает и мыслит в Петербурге — всё стеклось к церкви, где отпевали поэта.

2. Мы подвинулись вперёд, — сказал он, — указывая на толпу, пришедшую поклониться праху одного из лучших своих сынов.

3. Русские не могут оплакивать своего согражданина, сделавшего им честь своим существованием.

4. Студентам лучше не быть на похоронах: они могли бы собраться в корпорации, нести гроб Пушкина — могли бы «пересолить», как он выразился.

5. Я крепко держался в моих окопах и не терял присутствия духа.

1. All who read or think at all in Petersburg, all thronged to the church where the funeral service was being held for the poet.

2. "We have moved forward," he said, pointing to the crowd that had come to bow before the ashes of one of the best of its sons.

3. Russians are not allowed to mourn their countryman who had done them honor by his existence.

4. It is better for the students not to be at the funeral: they might gather in student clubs, carry Pushkin's coffin— they might "get out of hand," as he expressed himself.

5. I stuck to my guns (literally, "held on in my trenches") and didn't lose my presence of mind.

2

Февра́ль. 1. По́хороны Пу́шкина. Э́то бы́ли, действи́тельно, наро́дные по́хороны. Всё, что ско́лько-нибудь* чита́ет и мы́слит в Петербу́рге — всё стекло́сь° к це́ркви, где отпева́ли* поэ́та. Э́то происходи́ло в Коню́шенной.[1] Пло́щадь была́ усе́яна* экипа́жами° и пу́бликою°, но среди́ после́дней — ни одного́ тулу́па* и́ли зипуна́*. Це́рковь была́ напо́лнена° зна́тью*. Весь дипломати́ческий* ко́рпус° прису́тствовал°. Впуска́ли* в це́рковь то́лько тех, кото́рые бы́ли в мунди́рах° и́ли с биле́том. На всех ли́цах лежа́ла печа́ль — по кра́йней ме́ре нару́жная*. Во́зле° меня́ стоя́ли: баро́н Ро́зен, Ка́рлгоф, Ку́кольник и Плетнёв.[2] Я проща́лся° с Пу́шкиным: « И был стра́нен ти́хий мир его́ чела́* ».[3] Впро́чем, лицо́ уже́ значи́тельно измени́лось°: его́ успе́ло косну́ться* разруше́ние*. Мы вы́шли из це́ркви с Ку́кольником.

— Утеши́тельно*, по кра́йней ме́ре, что мы, всё-таки, подви́нулись* вперёд, — сказа́л он, — ука́зывая на толпу́, прише́дшую* поклони́ться° пра́ху* одного́ из лу́чших свои́х сыно́в.

Ободо́вский (Плато́н)[4] упа́л ко мне на грудь рыда́я* как дитя́.

Тут же, по обыкнове́нию* бы́ли и неле́пейшие* распоряже́ния°. Наро́д обману́ли°: сказа́ли, что Пу́шкина бу́дут отпева́ть* в Иса́акиевском собо́ре° — так бы́ло озна́чено* и на биле́тах, а ме́жду тем°, те́ло бы́ло из кварти́ры вы́несено° но́чью, тайко́м*, и поста́влено° в Коню́шенной це́ркви. В университе́те полу́чено стро́гое° предписа́ние*, чтобы профессора́ не отлуча́лись* от свои́х ка́федр*, и студе́нты прису́тствовали бы на ле́кциях. Я не удержа́лся° и вы́разил° попечи́телю* своё приско́рбие* по

anything at all
thronged   held the funeral
    service
sprinkled

carriages   public
sheepskin coat   peasant
    coat
filled   notables   diplomatic
    corps
attended   allowed in

uniforms

external

beside

parted

brow

changed

touch   decay

comforting

moved

arrived   bow   ashes

sobbing

as usual   absurd

orders   deceived
services will be held
    St. Isaac's Cathedral

indicated   meanwhile

carried out   secretly

placed

strict   order

absent themselves   posts

restrain myself

expressed   regent   distress

1. A square in St. Petersburg.
2. Rozen and Karlgof were minor poets and translators. N. V. Kukolnik (1809–68) was a writer of popular historical novels and plays who enjoyed royal favor.
3. From Pushkin's *Eugene Onegin* (chapter 6, stanza 32), slightly misquoted.
4. P. G. Obodovsky (1803–64), a minor dramatist and a translator.

этому по́воду. Ру́сские не мо́гут опла́кивать* своего́   mourn
согражданина́*, сде́лавшего им честь свои́м суще-   countryman
ствова́нием! Иностра́нцы приходи́ли поклони́ться
поэ́ту в гробу́°, а профессора́м университе́та и ру́с-   coffin
скому ю́ношеству* э́то воспрещено́*. Они́, тайко́м*,   youth forbidden in secret
как во́ры°, должны́ бы́ли прокра́дываться* к нему́.   thieves go in stealth

Попечи́тель* мне сказа́л, что студе́нтам лу́чше не   regent
быть на похорона́х*: они́ могли́ бы собра́ться в   funeral
корпора́ции*, нести́ гроб Пу́шкина — могли́ бы   student club
« пересоли́ть* », как он вы́разился.   "get out of hand"

Греч[5] получи́л стро́гий вы́говор° от Бенкендо́рфа,   reprimand
за слова́, напеча́танные* в « Се́верной° пчеле́* »:   printed northern bee
« Росси́я обя́зана° Пу́шкину благода́рностью° за   owes gratitude
22-хле́тние* заслу́ги* его́ на по́прище* словес-   22 years services field
ности* ».   literature

Кра́евский,[6] реда́ктор° « Литерату́рных прибавле́-   editor
ний* к Ру́сскому инвали́ду° », то́же име́л неприя́т-   supplements invalid
ности* за не́сколько строк*, напеча́танных* в   unpleasantness lines printed
похвалу́* поэ́ту.   praise

Я получи́л приказа́ние° вымара́ть* совсе́м не́-   order strike out
сколько таки́х же строк*, назнача́вшихся° для   lines intended
« Библиоте́ки для чте́ния ».

И всё э́то де́лалось среди́ всео́бщего уча́стия° к   sympathy
уме́ршему*, среди́ всео́бщего глубо́кого сожале́ния°.   deceased regret
Боя́лись — но чего́?

Церемо́ния* ко́нчилась в полови́не пе́рвого. Я по-   ceremony
е́хал на ле́кцию. Но вме́сто очередно́й* ле́кции я   regular
чита́л студе́нтам о заслу́гах* Пу́шкина. Будь что   merits
бу́дет!

12. До меня́ дошли́ из ве́рных исто́чников све́де-
ния о после́дних мину́тах Пу́шкина. Он у́мер че́стно,
как челове́к. Как то́лько пу́ля впила́сь* ему́ во вну́т-   drove
ренности*, он по́нял, что э́то поцелу́й° сме́рти. Он   internal organs kiss
не стона́л*, а когда́ до́ктор Даль[7] ему́ э́то посове́то-   groan
вал°, отвеча́л: advised

— Ужéли нельзя́ превозмо́чь* э́того вздо́ра°? К   transcend nonsense
тому́ же° мои́ сто́ны* встрево́жили* бы жену́.   besides groans upset

---

5. N. I. Grech (1787–1867), a conservative writer and magazine publisher who had frequently attacked Pushkin's works.
6. A. A. Kraevsky (1810–89), a journalist. Later he became a friend of
the poet Lermontov. He was also long the publisher of the important
literary journal *The Fatherland Notes*.
7. V. I. Dahl (1801–72), a military doctor, but far better known as an
important lexicographer, folklorist, and author.

Беспреста́нно* спра́шивал он у Да́ля: «Ско́ро ли смерть?» И о́чень споко́йно, без вся́кого жема́нства*, опроверга́л* его́, когда́ тот предлага́л° ему́ обы́чные° утеше́ния*. За не́сколько мину́т до сме́рти, он попроси́л° приподня́ть* себя́ и переверну́ть* на друго́й бок.

— Жизнь ко́нчена, — сказа́л он.

— Что тако́е? — спроси́л Даль, не расслы́шав*.

— Жизнь ко́нчена, — повтори́л Пу́шкин, — мне тяжело́° дыша́ть°.

За э́тими слова́ми ему́ ста́ло легко́, и́бо* он переста́л дыша́ть. Жизнь око́нчилась; пога́с* ого́нь на алтаре́*. Пу́шкин хорошо́ у́мер.

Дня че́рез три по́сле отпева́ния* Пу́шкина, увезли́* тайко́м* труп° его́ в дере́вню. Жена́ моя́ возвраща́лась из Могилёва и на одно́й ста́нции, неподалеку́* от Петербу́рга, уви́дела просту́ю теле́гу°, на теле́ге соло́му°, под соло́мой гроб, обёрнутый° рого́жею*. Три жанда́рма* суети́лись* на почто́вом* дворе́, хлопота́ли* о том, что́бы скоре́е перепря́чь* курье́рских* лошаде́й и скака́ть° да́льше с гро́бом.

— Что э́то тако́е? — спроси́ла моя́ жена́ у одного́ из находи́вшихся здесь крестья́н.

— А Бог его́ зна́ет что! Вишь°, како́й-то Пу́шкин уби́т — и его́ мчат* на почто́вых* в рого́же* и соло́ме*, прости́ Го́споди* — как соба́ку.

Ме́ра запреще́ния* относи́тельно° того́, что́бы о Пу́шкине ничего́ не писа́ть, продолжа́ется. Э́то о́чень волну́ет° умы́.

14. Вчера́ защища́л° публи́чно* в университе́те мою́ диссерта́цию* на сте́пень° до́ктора филосо́фии: «О тво́рческой° си́ле в поэ́зии° и́ли о поэти́ческом° ге́нии°» и сошёл с по́ля би́твы* победи́телем*. Оппоне́нтами* мои́ми бы́ли: профе́ссор филосо́фии Фи́шер и профе́ссор ру́сской слове́сности* Плетнёв. Начало́сь де́ло в полови́не пе́рвого ча́са, а ко́нчилось в полови́не тре́тьего. Собра́ние бы́ло столь многочи́сленное°, что произошла́ да́же да́вка*. Ре́ктор предвари́тельно* прочёл мою́ биогра́фию*. Я кре́пко держа́лся в мои́х око́пах* и не теря́л° прису́тствия ду́ха°. Пу́блика вы́разила своё по́лное

ceaselessly	
mincing	refuted offered
usual	consolations
requested	raise
turn	
heard distinctly	
hard to breathe	
because	
gone out	
altar	
funeral service	
took away	secretly corpse
not far from	
cart	straw
wrapped	matting gendarmes scurried about
post office	"pleading"
reharness	courier gallop
look	
rush along	post horses matting
straw	"may God forgive them"
interdiction	regarding
agitates	
defended	publically
dissertation	degree
creative	poetry poetic
genius	battle victor
opponents	
literature	
numerous	crush
beforehand	biography
trenches	did not loose
"mind"	

удово́льствие. Но вот что бы́ло мне осо́бенно при-
я́тно. По́сле ди́спута*, гла́вные чле́ны университе́та   disputation
подошли́ к прису́тствовавшему* здесь Константи́ну   attending
Матве́ичу Борозди́ну,[8] пре́жнему попечи́телю*, и   regent
благодари́ли его́ от и́мени университе́та за то, что
« он воспита́л° и пригото́вил° меня́ ». Мой до́брый   educated   prepared
покрови́тель* и друг был тро́нут° до слёз.   protector   touched

Ве́чером собра́лось ко мне челове́к до тридцати́.   supper   as is customary
Был у́жин° и, как во́дится°, пи́ли то́сты° в честь   toasts
но́вого до́ктора.

8. K. M. Borozdin (1781–1848), an archeologist and historian. He
was the regent of the St. Petersburg school district from 1826 to 1833.

Вопросы к тексту

1. Где происходи́ли по́хороны Пу́шкина?

2. Кто мог входи́ть в це́рковь?

3. Где должны́ бы́ли состоя́ться по́хороны?

4. Како́й прика́з вы́шел по университе́ту?

5. Почему́ вла́сти не хоте́ли, что́бы студе́нты бы́ли на похорона́х?

6. Что сде́лал Никите́нко по́сле церемо́нии?

7. Почему́ Пу́шкин не стона́л, когда́ он лежа́л до́ма пе́ред сме́ртью?

8. Каки́е бы́ли после́дние слова́ Пу́шкина?

9. Как увезли́ гроб Пу́шкина из Петербу́рга?

10. Что де́лал Никите́нко 13-го февраля́?

11. Что происходи́ло ве́чером того́ же дня?

Подготóвка к чтéнию

---

1. Соглáсен, но с тем, чтóбы всё нáйденное мнóю неприлúчным в úзданных ужé сочинéниях, бúло исключенó.

2. Не знáчит ли это обратúть осóбенное внимáние пýблики на те местá, котóрые бýдут вúпущены: онá вознегодýет и тем усéрднее стáнет твердúть их наизýсть.

3. Мне в пóмощь для цензировáния Пýшкина дáли Крылóва, однó úмя котóрого стрáшно для литератýры.

4. Вот это знáчит попáсть пáльцем прямо в брюхо.

5. Он чýвствует в себé призвáние идтú за своéй звездóй — а звездá эта ведёт егó в Парúж.

6. Поневóле иногдá опускáются рýки, при всей готóвности твёрдо стоя́ть на своём постý охранúтелем рýсской мúсли.

7. Цéнзор станóвится лицóм жáлким, под огрóмною отвéтственностию и под непрестáнным шпиóнством однóго вúсшего цéнзора, котóрому вéлено быть при попечúтеле.

1. I concur, but on condition that everything found indecent by me in the already published works be excluded.

2. Won't this serve to direct the special attention of the public to those places that will be deleted? It will be indignant and will the more zealously start to learn them by heart.

3. To help me in the censoring of Pushkin they gave me Krylov, the very name of whom is terrifying for literature.

4. That's hitting the nail on the head (literally, "get the finger right into the belly").

5. He feels in himself a calling to follow his star, and this star is leading him to Paris.

6. For all one's readiness to stand firm at his post as a protector of Russian thought, one sometimes throws up his hands against his will.

7. The censor is becoming a pathetic character under his tremendous responsibility and under the ceaseless spying of a superior censor, who is connected with the regent.

3

22. Был у В. А. Жуко́вского.¹ Он пока́зывал мне « Бори́са Годуно́ва »² Пу́шкина, в ру́кописи*, с цензу́рою* госуда́ря. Мно́гое им вы́черкнуто*. Вот почему́ печа́тный* « Годуно́в » ка́жется не по́лным, почему́ в нём сто́лько пробе́лов*, заставля́ющих* ины́х кри́тиков° говори́ть, что пье́са° э́та — то́лько собра́ние отры́вков*.

Ви́дел я та́кже резолю́цию° госуда́ря насчёт но́вого изда́ния° сочине́ний Пу́шкина. Там ска́зано:

« Согла́сен, но с тем, что́бы всё на́йденное мно́ю неприли́чным* в и́зданных уже́ сочине́ниях бы́ло исключено́°, а что́бы ненапеча́танные* ещё сочине́ния бы́ли стро́го рассмо́трены* ».

Март. 30. Сего́дня держа́л* кре́пкий бой с председа́телем цензу́рного* комите́та, кня́зем Дондуко́вым-Корса́ковым,³ за сочине́ния Пу́шкина, це́нзором* кото́рых я назна́чен.° Госуда́рь веле́л, что́бы они́ бы́ли и́зданы под наблюде́нием* мини́стра. После́дний растолкова́л* э́то так, что и все досе́ле* уже́ напеча́танные* сочине́ния поэ́та на́до опя́ть стро́го рассма́тривать°. Из э́того сле́дует, что не до́лжно жале́ть° на́ших кра́сных черни́л*.

Вся Росси́я зна́ет наизу́сть* сочине́ния Пу́шкина, кото́рые вы́держали° не́сколько изда́ний и все напеча́таны, с высоча́йшего* соизволе́ния*. Не зна́чит ли э́то обрати́ть осо́бенное внима́ние пу́блики на те места́, кото́рые бу́дут вы́пущены°: она́ вознегоду́ет* и тем усе́рднее* ста́нет тверди́ть* их наизу́сть*.

Я в комите́те говори́л це́лую речь про́тив э́той

	manuscript
	censorship struck out
	published
	gaps forcing
	critics play
	fragments
	resolution
	edition works
	indecent
	excluded unpublished
	examined
	"had"
	censorship
	censor appointed
	supervision
	interpreted hitherto
	published
	examine
	spare ink
	by heart
	gone through
	highest authorization
	deleted be indignant
	more zealously "learn"
	by heart

1. V. A. Zhukovsky (1783–1852), the outstanding Russian poet immediately preceding Pushkin. He is famous also for his excellent translations from English and German literature. As tutor he exercised great influence on the future Aleksandr II. He managed on numerous occasions to lessen the anger of the Sovereign directed against various Russian writers, including Pushkin.
2. *Boris Godunov* was written in 1825 and published in incomplete form in 1831. It is a historical play in the style of Shakespeare's chronicles. It gained popularity on the stage as an opera by Moussorgsky.
3. Prince M. A. Dondukov-Korsakov (1794–1869) was vice-president of the Academy of Sciences.

меры и си́льно оспа́ривал* кня́зя, кото́рый всё ссы-
ла́лся* на высоча́йшее* повеле́ние*, истолко́ванное* disputed / cited imperial decree / interpreted
мини́стром. Само́ собо́й разуме́ется, что официа́ль-
ная побе́да не за мной оста́лась*. Но я, как че́стный "was not mine"
челове́к, до́лжен был пода́ть* мой го́лос в защи́ту° "raise" defense
здра́вого° смы́сла°. "common sense"

Из това́рищей мои́х то́лько С. С. Ку́торга,[4] вре́мя
от вре́мени, подде́рживал меня́ двумя́-тремя́ фра́-
зами°. Мне в по́мощь для цензирова́ния* Пу́шкина phrases censoring
да́ли Крыло́ва,[5] одно́ и́мя кото́рого стра́шно для
литерату́ры: он ничего́ не зна́ет, кро́ме запреще́-
ния*. Заба́вно* бы́ло, когда́ Ку́торга сосла́лся* на prohibition amusing / referred
обще́ственное мне́ние, кото́рое, коне́чно, осу́дит* condemn
вся́кое искаже́ние* Пу́шкина, князь возрази́л°, что distortion objected
прави́тельство° не должно́ смотре́ть на обще́ствен- government
ное мне́ние, но идти́ твёрдо к свое́й це́ли.

— Да, — заме́тил я, — е́сли э́та цель сто́ит поже́рт-
вова́ния* обще́ственным мне́нием. Но что вы́играет° sacrifice win
прави́тельство, искажа́я* в Пу́шкине то, что наи- distorting
зу́сть зна́ет вся Росси́я? Да и вообще́, не ху́до
бы иногда́ уважа́ть° обще́ственное мне́ние — хоть respect
и́зредка*. Росси́я существу́ет не для одного́ дня, rarely
и, возбужда́я° в ума́х негодова́ние° без вся́кой arousing indignation
на́добности°, мы гото́вим для неё неутеши́тельную* need discouraging
бу́дущность*. future

По́сле того́ мы расста́лись° с кня́зем, впро́чем, parted
дово́льно хорошо́. Пожима́я* мне ру́ку, он сказа́л: shaking

— Я понима́ю вас. Вы, как литера́тор°, как про- litterateur
фе́ссор, коне́чно, име́ете по́воды жела́ть, чтобы из
сочине́ний Пу́шкина ничто́ не́ было исключено́.

Вот э́то зна́чит попа́сть па́льцем пря́мо в брю́-
хо*... как говори́т посло́вица*. belly proverb

31. В. А. Жуко́вский мне объяви́л прия́тную но́-
вость°: госуда́рь веле́л напеча́тать* уже́ и́зданные news publish
сочине́ния Пу́шкина — без вся́ких измене́ний°. Э́то changes
сде́лано по хода́тайству* Жуко́вского. Как э́то intercession
взбе́сит* ко́е-кого́*. Мне жаль° кня́зя, кото́рый до́б- enrage somebody sorry
рый и хоро́ший челове́к: мини́стр Ува́ров употре-

---

4. S. S. Kutorga (1805–61), a medical doctor and professor of natural
science who served as a censor from 1835 to 1848.
5. A. L. Krylov (d. 1853), a professor at St. Petersburg University as
well as a censor.

бля́ет его́ как ору́дие°. Ему́ должно́ быть тепе́рь о́чень неприя́тно°.

Апре́ль. 3. Печёрин[6] написа́л письмо́ Чижо́ву. Он сообща́ет°, что реши́лся навсегда́° оста́вить Росси́ю, что он не со́здан° для того́, чтобы учи́ть гре́ческому° языку́; что он чу́вствует в себе́ призва́ние* идти́ за свое́й звездо́й — а звезда́ э́та ведёт его́ в Пари́ж.

12. Но́вый цензу́рный зако́н: ка́ждая журна́льная* статья́ отны́не* бу́дет рассма́триваться двумя́ це́нзорами: тот и друго́й мо́гут исключа́ть*, что им взду́мается*. Сверх того́, устано́влен* ещё но́вый це́нзор, род контролёра*, обя́занность° кото́рого бу́дет перечи́тывать* всё, что пропу́щено° други́ми це́нзорами, и проверя́ть* их. Вчера́ призыва́л* меня́ председа́тель для учти́вого* предложе́ния, чтобы я сам вы́брал° себе́ това́рища. Я сказа́л, что мне всё равно́, и получи́л (П. И.) Гае́вского для « Библио́теки для чте́ния ».

Спра́шивается: мо́жно ли что́-либо* писа́ть и издава́ть в Росси́и? Понево́ле* иногда́ опуска́ются° ру́ки, при всей гото́вности* твёрдо стоя́ть на своём посту́ охрани́телем* ру́сской мы́сли и ру́сского сло́ва. Но ни удивля́ться°, ни се́товать* не до́лжно.

13. Не вы́держал°: отказа́лся от цензу́рной до́лжности°. В сего́дняшнем° заседа́нии° чита́ли бума́гу о но́вом зако́не. Це́нзор стано́вится лицо́м жа́лким°, без вся́кого значе́ния, но под огро́мною отве́тственностию* и под непреста́нным* шпио́нством* одного́ вы́сшего це́нзора, кото́рому ве́лено быть при попечи́теле*.

Я сказа́л кня́зю о моём наме́рении° вы́йти в отста́вку°, когда́ мы выходи́ли из цензу́рного комите́та. Разуме́ется, снача́ла он удиви́лся°, пото́м посове́товал* не де́лать э́того вдруг, чтобы не навле́чь* на себя́ стра́шного нарека́ния* в возмуще́нии*.

14. По́сле жа́ркого° объясне́ния° с кня́зем, заключён° че́стный мир, и пока́ я ещё остаю́сь це́нзором. У меня́ с кня́зем была́ сты́чка* в цензу́рном коми-

6. V. S. Pechërin (1807–85), a professor of Greek philology at Moscow University who went abroad, converted to Catholicism in 1840, and became a monk and then a priest. Herzen has left an interesting account of their meeting in England in a chapter entitled "Pater V. Pechërin" in the last book of his memoirs.

tool
embarrassing

reports forever
created Greek
calling

magazine
henceforth
exclude
comes to his head established
controller duty
reread let through
check called
polite
pick

anything
against one's will drop
readiness
protector
be amazed deplore
tolerate
post today's session
pathetic
responsibility ceaseless spying
regent
intention
retirement
surprised
advised attract
reproach indignation
heated explanation
concluded
dispute

тёте по по́воду но́вого положе́ния°. Он на́чал бы́ло* его́ защища́ть и не как председа́тель, а как челове́к. Я горячо́* возража́л°, и э́то бы́ло по́водом к на́шему разла́ду*. Но де́ло получи́ло друго́й оборо́т*, когда́ он сего́дня у́тром открове́нно* созна́лся°, что сам разделя́ет* вполне́ моё мне́ние о но́вой ме́ре, но что в комите́те он до́лжен был говори́ть ина́че. Он проси́л меня́ не оставля́ть° его́ в э́том тру́дном положе́нии и всегда́ пря́мо обраща́ться к нему́ с замеча́ниями. Мы расста́лись дружелю́бно*, заключи́ли° друг дру́га в объя́тия* и да́ли взаи́мное* обеща́ние° де́йствовать уме́реннее*. Да́, и кня́зю не легко́! Он че́стный и благоро́дный челове́к, но, к сожале́нию, сли́шком послу́шен* мини́стру Ува́рову.

17. Ожида́ю пе́рвого уда́ра ко́локола°, что́бы отпра́виться к зау́трени*. Я люблю́ пра́здник° Па́схи*: в нём мно́го вели́чественного° и утеши́тельного*. А пока́ я сижу́ за пи́сьменным столо́м и пишу́, по поруче́нию* университе́тского сове́та, похва́льное* сло́во Петру́ Вели́кому, кото́рое должно́ быть гото́во к 1-му ма́я. Срок° не вели́к. Уж э́ти заказны́е* сочине́ния! А с друго́й стороны́, на́до сказа́ть пра́вду, я лу́чше рабо́таю, когда́ меня́ сожму́т* тиски́* необходи́мости°. Челове́к слаб и без тиско́в* ле́гче уступа́ет* уста́лости°.

statute	nearly
hotly	objected
discord	turn
frankly	confessed
shares	
leave	
amicably	
enclosed	hugs mutual
promise	more moderately
obedient	
bell	
matins	holiday
Easter	magnificent
comforting	
command	
panegyric	
term	ordered
squeeze	pressures
necessity	pressures
yields to	tiredness

Вопро́сы к те́ксту

1. Что Жуко́вский пока́зывал Никите́нко?

2. Почему́ не́которые кри́тики говоря́т, что пье́са « Бори́с Годуно́в » — то́лько собра́ние отры́вков?

3. С кем бы́ло у Никите́нко столкнове́ние 30-го ма́рта и почему́?

4. Хорошо́ ли бы́ли изве́стны в то вре́мя в Росси́и сочине́ния Пу́шкина?

5. Что ду́мает Никите́нко насчёт обще́ственного мне́ния?

6. Что в конце́ концо́в веле́л сде́лать Никола́й I?

7. Когда́ вы́шел но́вый цензу́рный зако́н?

8. Ско́лько це́нзоров должно́ бы́ло проверя́ть ка́ждую статью́ и как?

9. Почему́ Никите́нко переду́мал и оста́лся це́нзором?

10. Что писа́л Никите́нко пе́ред са́мой Па́схой?

11. Когда́ была́ правосла́вная Па́сха в 1837-о́м году́?

Пёрвая любо́вь

IN THE EARLY YEARS of the twentieth century, Russia produced two Nobel Prize winners in physiology. In 1904, the prize was awarded to I. P. Pavlov (1849–1936), the discoverer of the conditioned reflex, and four years later the prize went to I. I. Mechnikov (1845–1916) for his work with phagocytes and immunity. These men, however, were already the second generation of great Russian workers in the areas of physiology and physiological psychology. The leading role of Russian physiology in the international scientific community stemmed from the work of a handful of men who laid the foundation for the brilliant successes of Mechnikov and Pavlov. One of the most important of these men was I. M. Sechenov, who is sometimes called "the father of Russian physiology."

Sechenov was born into the family of a retired army sergeant who had married a peasant girl of Kalmyk ancestry. Sechenov's early life was provincial in the fullest sense. The estate was self-sustaining thanks to serf labor and had almost no contact, economic or social, with the rest of the world. At fourteen, Sechenov was sent off to St. Petersburg and was enrolled in a military academy for the training of engineering officers. Sechenov did well in his courses and would have gone on to further academic training had he not run afoul of the school administration. During his studies, a new commanding officer had come to head the school. His arrival was soon followed by evidences of spying among

IVAN MIKHAILOVICH SECHENOV
(1829–1905)

the students and Sechenov wrote a letter to the general denouncing the practice. In revenge the officer failed the young engineer on a part of his graduating exams thus precluding further academic work. Sechenov was detailed to an engineering battalion in Kiev.

The young military engineer spent two years in his new post. Up to this time Sechenov's background and training had provided him with a relatively circumscribed view of the world. In Kiev he became acquainted with a family who were members of the Polish intelligentsia and who had been living in exile in Russia since the suppression of the Polish insurrection of 1830–31. Sechenov's frequent visits to the home of this family did much to widen his intellectual horizons.

In 1850 Sechenov left the service and entered Moscow University as a student of medicine. During the first two years Sechenov studied assiduously, but during his third year he became deeply dissatisfied with his course, which failed to provide any theoretical foundations for the understanding of life processes. Sechenov spent most of the year independently studying psychology which at that time was primarily a subfield of moral philosophy. Only by intensive cramming did he pass the year-end medical school exams. As a commentary on the state of medicine at the time, it is of interest that Sechenov's illness resulting from his year-end marathon study session was treated by the application to his head of leeches which were supposed to relieve the congestion of blood.

In his last year at medical school, Sechenov received a modest inheritance which enabled him to go abroad to study physiology. Since at the time foreign travel was permitted only for official purposes, Sechenov had to obtain a passport on the ground of requiring medical treatment abroad. He spent the following three and a half years (1856–60) working under the direction of several of the greatest physiologists in Europe. During this time he also became a close friend of a fellow-student, D. I. Mendeleev, the creator of the periodic system of chemical elements. While abroad, Sechenov prepared the doctoral dissertation that he subsequently defended in Russia in order to obtain his professorship.

The dissertation was entitled *Materials for a Future Physiology of Alcoholic Intoxication*. With the exhaustion of his funds, Sechenov, who had become attached to the civil liberties associated with life in Western Europe, reluctantly returned to Russia. In 1860, he was appointed to the chair of physiology at the St. Petersburg Medico-Surgical Academy, a post he held for ten years. In addition to his teaching duties, the young scholar undertook investigations of the physiology of the brain.

Sechenov now began to devote a part of his energies to the spreading of scientific knowledge through public lectures and popular articles. In his popular writings he attacked the idealistic philosophical position which focused upon dualistic oppositions, such as body versus soul and organism versus environment. In 1863 Sechenov wrote an article that created a sensation, making him a hero of the liberal intellectuals and a target for the wrath of church and state. The cause of the furor was an essay entitled "Reflexes of the Brain." The long article was written for *The Contemporary*, the journal of the radical camp, but was initially rejected by the censor who, however, subsequently permitted its publication. The tract argued that mental activities, no less than physical ones, are ultimately reflexes and hence explicable in purely physiological terms. The church took this view to be a direct attack on the concept of free will and hence on the very basis of morality and religion; the government seriously considered trial of the author as a philosopher of nihilism.

In his long and productive career Sechenov made a great many contributions to physiology and psychology but none brought him so much into the public view as "Reflexes of the Brain." For his work in these areas he was elected to the Academy of Sciences in 1869. During much of his career, in addition to his popular public lectures, Sechenov gave courses at the newly established colleges for women and night courses for factory workers. His interest in the education and emancipation of women was stimulated by his wife who also became a physician—although she had to obtain her medical training abroad. Sechenov had a teaching career of over forty years in the course of which many of Russia's future physiologists worked under his supervision. Thus Sechenov was instrumental in laying the foundation of his country's subsequent achievements in the biological sciences—including those of the Nobel Prize winners Pavlov and Mechnikov.

After retirement from Moscow University at the age of seventy, Sechenov wrote a slim volume of memoirs. The early chapters tell of Russian provincial life in the 1840's. Among the warmest and most vivid of these recollections are those of his days as a young army officer in Kiev and his acquaintance with the young Polish widow which launched him on his brilliant scientific career. In the following excerpt, Sechenov describes this seminal period in his life.

Подготовка к чтению

1. Мно́го ли, ма́ло вре́мени прошло́ по́сле э́того знако́мства, не по́мню, но раз инжене́р X. предложи́л мне познако́миться с его́ семе́йством.

2. В число́ заключённых попа́ла и расска́зывавшая мне об э́том собы́тии дочь до́ктора, тогда́ 16-ле́тняя де́вочка.

3. На председа́тельство в мужско́м о́бществе дава́ло ей пра́во зва́ние за́мужней же́нщины.

4. Миле́е всего́ в ней была́ улы́бка, кото́рой конча́лись её вы́ходки, когда́ она́ чу́вствовала, что доходи́ла в свои́х увлече́ниях до парадо́ксов.

5. Отсю́да её вкус к серьёзному чте́нию и серьёзное отноше́ние к жи́зненным вопро́сам, с не́которой при́месью озло́бленности, есте́ственно, впро́чем, вытека́вшей из о́бщих усло́вий тогда́шнего существова́ния и перете́рпенных е́ю ли́чных испыта́ний.

6. Она́ ника́к не хоте́ла помири́ться на пропове́довавшейся там высо́кой ро́ли же́нщины в семье́ и шко́ле.

7. Же́нщину она́ счита́ла, не то шутя́, не то серьёзно, венцо́м созда́ния и ви́дела в её подчинённости мужчи́не вели́кую несправедли́вость.

1. I don't remember whether much time or little time had passed after this meeting, but once engineer X. suggested to me that I meet his family.

2. Among those imprisoned was also the one who told me about this event, the doctor's daughter, then a sixteen-year-old girl.

3. The title of married woman gave her the right to chairmanship in masculine society.

4. Most charming of all in her was the smile with which her sallies ended, when she felt she had run into paradoxes in her enthusiasm.

5. From this came her taste for serious reading and her serious attitude toward vital questions, with a dash of malice that, incidentally, issued naturally from the general conditions of her existence at the time and the personal ordeals suffered by her.

6. She absolutely refused to reconcile herself to the exalted role of woman in family and school [alone] advocated in it.

7. Half-jokingly and half-seriously she considered woman the crown of creation and saw great injustice in her subordination to man.

8. Путь, кото́рым пошла́ впосле́дствии ру́сская же́нщина, что́бы стать на самостоя́тельную но́гу, был тогда́ ещё закры́т.

8. The path, which the Russian woman later followed in order to stand on her own feet, was then still closed.

9. Подчинённое положе́ние же́нщины она́ признава́ла с бо́лью в се́рдце безвы́ходным.

9. She admitted with pain in her heart that there was no exit from the subordinate position of woman.

Пе́рвая любо́вь

1

В Ки́еве, как в кре́пости*, была́ так называ́емая° инжене́рная* кома́нда°, и ме́жду молоды́ми офи-це́рами э́той кома́нды был наш одноку́рсник* Безраде́цкий и два, то́же знако́мых по учи́лищу° това́рища, офице́ры М. и Х., ста́рше нас на́ три го́да. Поня́тно°, что как то́лько мы узна́ли о прибы́тии* Безраде́цкого в Ки́ев, а он узна́л о на́шем пребыва́-нии* в сапёрах*, то начали́сь взаи́мные* посеще́-ния*. У него́ мы встре́тились с обо́ими ста́ршими това́рищами, и я вско́ре сошёлся* и с после́дними. Вероя́тно, помогла́ мне и здесь исто́рия моего́ вы́-хода из учи́лища, как она́ помогла́ мне у Тёцнера. Мно́го ли, ма́ло вре́мени прошло́ по́сле э́того зна-ко́мства°, не по́мню, но раз инжене́р Х. предложи́л мне познако́миться° с его́ семе́йством°, получи́л, коне́чно, согла́сие и свёз° меня́ к свои́м на Подо́л.[1] С тех пор я е́здил в его́ семью́ раз в неде́лю во всю зи́му 48-го го́да и в пе́рвую полови́ну сле́дующего. По доро́ге туда́ путь лежа́л мне ми́мо офице́рского до́ма инжене́рной кома́нды, я заезжа́л* туда́ за инжене́ром М., и мы вдвоём отправля́лись* на Подо́л и вме́сте же возвраща́лись отту́да.

Э́то была́ обрусе́вшая* по́льская° семья́. Оте́ц и мать, като́лики*, жи́ли в мо́лодости (он врачо́м°) в тако́м ру́сском захолу́стье*, что дете́й пришло́сь

fortress called
engineering detachment
classmate
school

understandable arrival

presence sappers mutual
visits
got acquainted

"meeting" engineer
get acquainted family
"took"

stopped off
set off

Russianized Polish
Catholics doctor
backwater

1. Podol, a district of Kiev.

окрести́ть* в ру́сскую ве́ру. Поздне́е он жил до́лгое вре́мя в Костроме́,[2] занима́ясь ча́стной° пра́ктикой°, и здесь, над его́ семьёй стрясла́сь* беда́. При импера́торе Никола́е Кострома́ была́ одни́м из ссы́льных* городо́в для поля́ков°, и в ней случи́лся большо́й пожа́р°. Губерна́тор°, не ду́мая до́лго, заподо́зрил* в пожа́ре поля́ков и засади́л* всех без исключе́ния в остро́г*. В число́ заключённых° попа́ла и расска́зывавшая мне об э́том собы́тии дочь до́ктора, тогда́ 16-ле́тняя де́вочка. Для рассле́дования* де́ла был по́слан из Петербу́рга генера́л Суво́ров (хорошо́ изве́стный впосле́дствии° петербу́ргский генера́л-губерна́тор*); подозре́ния* губерна́тора оказа́лись неоснова́тельными*; все бы́ли вы́пущены* на свобо́ду, и расска́зчица* получи́ла да́же от Никола́я Па́вловича[3] бриллиа́нтовые° се́рьги°, в утеше́ние* за неви́нно° претерпе́нное* сиде́ние* в тюрьме́. Незадо́лго* до опи́сываемого° мно́ю вре́мени семья́ перее́хала° в Ки́ев и вела́ о́чень скро́мную° жизнь.

В те дни, когда́ я быва́л у них с пору́чиком* М., мать никогда́ не выходи́ла к гостя́м; ста́рший сын (путе́йский* офице́р) пока́зывался° кра́йне ре́дко°; оте́ц — стари́к — появля́лся° лишь на коро́ткое вре́мя: други́х госте́й, кро́ме нас двои́х, никогда́ не́ бы́ло; поэ́тому на́шу вече́рнюю° компа́нию°, под предводи́тельством* мое́й молоде́нькой*, двадцатиле́тней благоде́тельницы* О́льги Алекса́ндровны, составля́ли то́лько два её бра́та (инжене́р, вве́дший* меня́ в дом, и мла́дший° брат, студе́нт университе́та), да мы дво́е. На председа́тельство* в мужско́м° о́бществе* дава́ли ей пра́во зва́ние° за́мужней* же́нщины — она́ была́ вдова́°, потеря́вшая му́жа че́рез полго́да* по́сле сва́дьбы, — и ещё бо́лее то обстоя́тельство, что, несмотря́ на ю́ность°, она́ была́ по разви́тию, да пожа́луй° и по уму́, мно́го вы́ше свои́х собесе́дников*. Опи́сывать её вне́шность* я не бу́ду; доста́точно° бу́дет сказа́ть, что она́ не была́, как по́лька* Мицке́вича,[4] бела́, как смета́-

Russian	Gloss
окрести́ть	baptized
ча́стной° пра́ктикой°	private practice
стрясла́сь	befell
ссы́льных, поля́ков°	exile Poles
пожа́р°, Губерна́тор°	fire governor
заподо́зрил, засади́л	suspected "put"
остро́г, заключённых°	prison the imprisoned
рассле́дования	investigation
впосле́дствии°	subsequently
генера́л-губерна́тор, подозре́ния	governor-general suspicions
неоснова́тельными	unfounded
вы́пущены, расска́зчица	released storyteller
бриллиа́нтовые°	diamond
се́рьги°, утеше́ние	earrings consolation
неви́нно°, претерпе́нное	innocently endured
сиде́ние, Незадо́лго, опи́сываемого°	stay not long described
перее́хала°	moved
скро́мную°	modest
пору́чиком	lieutenant
путе́йский, пока́зывался°, ре́дко°	transport showed himself rarely
появля́лся°	appeared
вече́рнюю°, компа́нию°	evening company
предводи́тельством, молоде́нькой	leadership young
благоде́тельницы	benefactress
вве́дший	brought in
мла́дший°	younger
председа́тельство, мужско́м°	chairmanship masculine
о́бществе, зва́ние°, за́мужней	society title married
вдова́°	widow
полго́да	half a year
ю́ность°	youth
пожа́луй°	if you like
собесе́дников	fellow conversationalists
вне́шность, доста́точно°	"appearance" sufficient
по́лька	Polish girl

2. Kostroma, a provincial capital on the upper Volga.
3. Nikolai Pavlovich, that is, Tsar Nicholas I.
4. A. Mickiewicz (1798–1855), one of the most famous Polish poets. In 1824 he was arrested because of his student-day contacts with

на* и как ро́за° румя́на*; не была́ и весела́, как котёнок* у пе́чки°, но принадлежа́ла, несомне́нно, к поро́де* ко́шечек* с подвижны́м*, ги́бким* ста́ном*, и о́чи* её о́чень ча́сто свети́лись°, действи́тельно, как две све́чки*, потому́ что была́ вообще́ из поро́ды* экзальтиро́ванных*. Всего́ же миле́е в ней была́ до́брая улы́бка, кото́рой нере́дко° конча́лись её горя́чие вы́ходки*, когда́ она́ сама́ чу́вствовала, что доходи́ла° в свои́х увлече́ниях* до парадо́ксов*.

Учи́лась О́льга Алекса́ндровна до́ма, и учителя́ми её бы́ли исключи́тельно мужчи́ны (вероя́тно, кто́-нибудь из костромски́х* поля́ков); отсю́да её вкус° к серьёзному чте́нию и серьёзное отноше́ние к жи́зненным вопро́сам, с не́которой при́месью* озло́бленности*, есте́ственно, впро́чем, вытека́вшей* из о́бщих усло́вий тогда́шнего* существова́ния и претёрпенных* е́ю ли́чных испыта́ний*. Конько́м* О́льги Алекса́ндровны бы́ли се́тования* на до́лю* же́нщин. В то вре́мя то́лько что появи́лась в Ки́евской прода́же* кни́га Легувэ́ (La femme);[5] она́ мно́го носи́лась с не́ю, дава́ла её да́же нам на прочте́ние* и ника́к не хоте́ла помири́ться* на проповедова́вшейся* там высо́кой ро́ли же́нщины в семье́ и шко́ле. Же́нщину она́ счита́ла, не то шутя́, не то серьёзно, венцо́м* созда́ния° и ви́дела в её подчинённости* мужчи́не вели́кую несправедли́вость*. Путь, кото́рым пошла́ впосле́дствии ру́сская же́нщина, чтобы стать° на самостоя́тельную° но́гу, был тогда́ ещё закры́т; подчинённое* положе́ние же́нщины она́ признава́ла с бо́лью в се́рдце безвы́ходным* и ожида́ла в бу́дущем, в о́бщем прогре́ссе° просвеще́ния°, лишь смягче́ния* её у́части°. Поня́тно, что при таки́х зада́тках* образо́ванность* в мужчи́не и у́мственный° труд име́ли в её глаза́х большу́ю це́нность°. Не в оби́ду° нам, вое́нным, она́ ста́вила университе́тское образова́ние о́чень высоко́ и счи-

---

sour cream rose red
kitten stove
breed cats mobile supple
"body" eyes shone
candles
breed exalted beings
often
sallies
reached enthusiasms paradoxes

Kostroma
taste
dash
malice issuing
at that time
endured ordeals pet topic
complaints lot
sale
reading
reconcile herself
preached
crown creation subordination
injustice
stand independent
subordinated
hopeless
progress
education softening lot
inclinations education
intellectual
value offense

---

young Polish patriots and was sent into exile in Russia for five years. During this time he met many of the outstanding men of Russia, and he and Pushkin became friends. Sechenov's remarks are taken from Mickiewicz's masterpiece, *Pan Tadeusz* (1834).
5. Ernest Legouvé (1807–1903), a French writer and member of the French Academy. In addition to his work in belles-lettres he wrote extensively on the family and on woman. His *Histoire morale des femmes* (1848) was widely known.

тáла Москóвский университéт стоя́щим впереди́ всех про́чих — и́мя Грано́вского[6] услы́шал я впервы́е° от неё. Как любéзная хозя́йка°, нáшей профéссии° онá не касáлась°, но едвá ли сочу́вствовала° ей — временá бы́ли тогдá для Росси́и ми́рные, защищáть нам отéчество° не предстоя́ло*, и фóрмула « готóвь войну́, éсли хóчешь ми́ра » не былá ещё в такóм ходу́, как ны́не°. Мы́сли её шли в стóрону служéния* бли́жнему*, и в э́том смы́сле онá относи́лась óчень сочу́вственно* к профéссии мéдика*.

first hostess
profession   touch on
  sympathized

fatherland   lie in store

now

service   neighbor
sympathetically   medical
  man

6. T. N. Granovsky (1813–55), a professor of history at Moscow University from 1839 to 1855. His liberal views made him popular among the students, and he exercised considerable influence on public opinion as a Westernizer.

Вопро́сы к те́ксту

1. В како́м го́роде был Се́ченов?

2. Кем он служи́л?

3. Куда́ он е́здил с това́рищем?

4. Где стрясла́сь беда́ над э́той обрусе́вшей по́льской семьёй?

5. Кто расска́зывал об э́том Се́ченову?

6. Как зва́ли двадцатиле́тнюю хозя́йку?

7. Где и у кого́ она́ учи́лась?

8. Что пропове́довалось в кни́ге Легуве́?

9. Что име́ло в её глаза́х высо́кую це́нность?

10. К чему́ шли её мы́сли?

Подгото́вка к чте́нию

---

1. Они́ запа́ли мне глубоко́ в ду́шу.

1. They sank deep into my soul.

2. Она́ не име́ла зама́шек учёной же́нщины, держа́ла себя́ на ра́вной ноге́ с на́ми и выска́зывала свои́ взгля́ды случа́йно, вскольз средь обы́чных о́бщих разгово́ров и спо́ров, сохраня́я лишь неизме́нно о́блик живо́й, увлека́ющейся, у́мной и образо́ванной же́нщины.

2. She didn't put on the airs of a learned woman, but maintained herself on an even footing with us and expressed her views as if by chance, casually, amidst the customary general conversation and arguments, preserving unchanged only the image of a lively, charming, intelligent and educated woman.

3. Тут я смути́лся и вы́дал себя́ каки́м-то несообра́зным хо́дом; но меня́ пощади́ли, сло́вно не заме́тили.

3. At this point I became embarrassed and gave myself away by an awkward play; but they spared me and acted as if they hadn't noticed.

4. Он сам собира́лся тогда́ поки́нуть вое́нную слу́жбу и сочу́вственно относи́лся к мое́й отста́вке.

4. He himself intended then to leave the military service and he regarded my resignation sympathetically.

5. В дом её я вошёл ю́ношей, плы́вшим до тех пор ине́ртно по руслу́, в кото́рое меня́ бро́сила судьба́, без я́сного созна́ния, куда́ она́ мо́жет привести́ меня́.

5. I entered her home as a youth, drifting inertly up to that time in the channel into which fate had thrown me, without a clear awareness where it might lead me.

6. Встре́ча была́ дру́жественная, но вы́сказать ей настоя́щим о́бразом благода́рность за всё, чем я был ей обя́зан, не удало́сь.

6. The meeting was friendly, but I didn't manage to express to her in an adequate way my gratitude for everything for which I was indebted to her.

2

Я наро́чно° вы́писал* э́ти немно́гие отры́вки* из вече́рних бесе́д° на Подо́ле, потому́ что и́менно они́ запа́ли° мне глубоко́ в ду́шу. Возмо́жно, что приведённые взгля́ды О́льги Алекса́ндровны не возыме́ли* бы на меня́ большо́го де́йствия, е́сли бы выска́зывались* доктора́льным то́ном, с це́лью поуче́ния*. Но она́ не име́ла зама́шек* учёной же́нщины, держа́ла себя́ на ра́вной ноге́ с на́ми и выска́зывала свои́ взгля́ды случа́йно°, вскользь* средь обы́чных о́бщих разгово́ров и спо́ров°, сохраня́я° лишь неизме́нно* о́блик* живо́й, увлека́ющейся*, у́мной и образо́ванной же́нщины. Ну́жно ли говори́ть, что поуче́ния* её, сверх их действи́тельной це́нности, запа́ли мне глубоко́ в ду́шу ещё потому́, что я в неё влюби́лся*. Под её влия́нием я стал чита́ть, познако́мился с её люби́мицей* Жорж Санд,[1] прочёл с больши́м увлече́нием* « Фа́уста » Гёте°,[2] восхища́лся* « Вильге́льмом Те́ллем » Ши́ллера[3] и да́же купи́л по́лное собра́ние сочине́ний Ле́ссинга.[4] О корифе́ях* францу́зской литерату́ры я име́л всё-таки не́которое поня́тие, но из неме́цкой литерату́ры знал то́лько имена́ писа́телей, а англи́йского языка́ не знал тогда́ во́все.

Любо́вь свою́ я скрыва́л столь тща́тельно°, что за всё вре́мя знако́мства не встре́тил ни на чьём лице́ из прису́тствовавших° ни еди́ной подозри́тельной* улы́бки. Верне́е, впро́чем, то, что всем вече́рним собесе́дникам* — ей, её бра́ту и М. — моя́ та́йна° была́ изве́стна, но они́ смотре́ли на меня́ справедли́во, как на ма́льчика (мне шёл во вре́мя э́того знако́мства 20-й год), кото́рый уме́л держа́ть себя́ прили́чно* и кото́рому пе́рвая ю́ношеская* любо́вь

deliberately wrote out
excerpts
conversations

fixed

exerted

expressed

teaching ways

by chance in passing

arguments
preserving unchangingly
   countenance
"enthusiastic"

teachings

fell in love

favorite

enthusiasm

Goethe enraptured

leading figures

carefully

those who were present
   suspicious

conversationalists secret

decently youthful

1. George Sand, the nom de plume of Amandine Aurore Lucie Dupin (1804–76) whose numerous novels on social themes gained her wide public attention in Western Europe and Russia.
2. J. W. von Goethe (1749–1832), one of the greatest German writers.
3. J. C. F. von Schiller (1759–1805), the famous German poet and dramatist.
4. G. E. Lessing (1729–81), the famous German dramatist and critic.

полéзна°. Это я заключáл из тогó, что Óльга Алексáндровна былá всегдá óчень лáскова° со мной, а
мéжду тем в её женихé° М. нé было никакúх проявлé-
ний* рéвности*: вплоть* до её отъéзда° из Кúева
мы продолжáли éздить с ним еженедéльно* на
Подóл, тудá и назáд вмéсте. Не знáю, смог ли бы я
вы́держать харáктер, éсли б знал, что éзжу с жени-
хóм; но это бы́ло от меня́ скры́то, и я не догадáлся
дáже тогдá, когдá вслед за отъéздом Óльги Алек-
сáндровны узнáл, что М. уéхал из Кúева в 4-мéсяч-
ный* óтпуск*. Уезжáла° онá, по её словáм, не на-
дóлго*, и, прощáясь с нéю в Броварáх, на пéрвой
стáнции от Кúева (кудá я éздил провожáть её с
обóими её брáтьями) я дýмал, что поскучáть* придётся недóлго°.

Прошлó нéсколько мéсяцев, в течéние котóрых я,
очевúдно°, жил ожидáниями° её возвращéния°, потомý что ничегó не предпринимáл*, несмотря́ на то,
что в головé давнó ужé бродúла° мысль покúнуть*
воéнную слýжбу. Врéмя подходúло к Рождествý*.
Сижý я раз за кáртами со свóими товáрищами по
ю́нкерской* шкóле и слы́шу вдруг восклицáние*
когó-то из них: «А знáете ли, г-жá* (úмя рек*) вы́-
шла зáмуж° за М. и на дня́х* онú бýдут здесь»! Тут
я смутúлся* и вы́дал° себя́ какúм-то несообрáзным*
хóдом°; но меня́ пощадúли*, слóвно° не замéтили, и
игрá продолжáлась без дальнéйших° разговóров на
эту тéму.° Чéрез нéсколько дней молоды́е, действú-
тельно, приéхали, и я был у них с поздравúтель-
ным* визúтом*. Óльга Алексáндровна показáлась
мне совсéм другúм человéком — любéзной хозя́й-
кой без прéжней простоты́ и дáже инóй внéшности*,
в нóвой причёске*, шёлковом° плáтье и за серéбря-
ным° самовáром°. Все эти внéшние перемéны° бы́ли,
конéчно, естéственны в её нóвом положéнии, и хозя́й-
ка, зна́я моё прóшлое, конéчно, не моглá держáть себя́
так же свобóдно, как прéжде, — онá дáже отвéтила
на моё поздравлéние* нéсколько сконфýженно*. Но
меня́ гры́зла*, вúдно, рéвность*, приём* показáлся
мне парáдным*, натя́нутым*, и я уéхал с решéнием
быть у них тóлько ещё раз на прощáнье*.

Вслед за этим я пóдал* в отстáвку*.

useful

gentle

fiancé
manifestations jealousy
right up to departure

weekly

four month leave going
  away
for long

be bored

not for long

obviously expectations
  return
undertaking

wandered leave
Christmas

officers exclamation

Mrs. said
married in a few days
became embarrassed gave
  myself away awkward
play, spared as if

further

topic

congratulatory visit

appearance

hairdo silk

silver samovar changes

congratulations confusedly
gnawed jealousy
  reception
official strained

farewell

"resigned"

По справкам* оказа́лось, что я мог взять увольни́-
тельное* свиде́тельство° до получе́ния* ука́за° об
отста́вке; в Ки́еве остава́ться мне не хоте́лось, но
де́нег в карма́не у меня́ бы́ло о́чень ма́ло, и проси́ть
их из до́ма я не счита́л себя́ впра́ве*, так как поки-
да́л* слу́жбу без вся́ких перегово́ров* с ма́терью.
К сча́стью, оди́н из мои́х това́рищей, Влады́кин,
был челове́к состоя́тельный* и, уезжа́я в э́ти дни
домо́й в о́тпуск*, обеща́л мне дать взаймы́* 200 р.°,
вы́слать* их мне из свое́й дере́вни. К ещё бо́льшему
сча́стью, наш брига́дный* адъюта́нт Те́цнер, узна́в
обо всём э́том, предложи́л мне де́ньги то́тчас. Он
сам собира́лся тогда́ поки́нуть* вое́нную слу́жбу и
сочу́вственно* относи́лся к мое́й отста́вке. С деньга́-
ми в карма́не я получи́л возмо́жность ски́нуть*
вое́нную фо́рму* и прие́хал проща́ться° с О́льгой
Алекса́ндровной уже́ в шта́тском* пла́тье. В э́тот
раз приём был дру́жеский*, меня́ и́скренно° по-
здра́вили* с тем, что я оста́вил ма́ло обеща́вшую°
слу́жбу, сочу́вственно* отнесли́сь к наме́рению
учи́ться и пожела́ли° мне вся́ких успе́хов.

Так ко́нчился ки́евский эпизо́д° мое́й жи́зни.

Вы́ше я назва́л О́льгу Алекса́ндровну мое́й благо-
де́тельницей*, и не да́ром. В дом её я вошёл ю́ношей,
плы́вшим° до тех пор ине́ртно* по руслу́*, в кото́рое
меня́ бро́сила судьба́, без я́сного созна́ния, куда́ она́
мо́жет привести́ меня́. А из её до́ма я вы́шел с гото́-
вым жи́зненным пла́ном, зна́я куда́ идти́ и что
де́лать. Кто, как* не она́, вы́вел меня́ из положе́ния,
кото́рое могло́ сде́латься° для меня́ мёртвой
петлёй*, указа́в возмо́жность вы́хода. Чему́, как*
не её внуше́ниям*, я обя́зан тем, что пошёл в университет, — и и́менно тот, кото́рый она́ счита́ла
передовы́м°! — чтобы учи́ться медици́не* и по-
мога́ть° бли́жнему*. Возмо́жно, наконе́ц, что не́-
которая до́ля° её влия́ния сказа́лась* и в моём
поздне́йшем* служе́нии* интере́сам же́нщин, про-
бива́вшихся* на самостоя́тельную доро́гу.

Встре́тился я с ней на не́сколько часо́в че́рез 14 лет
(1864), когда́ уже́ был профе́ссором в медици́нской*
акаде́мии°. Она́ приезжа́ла° с безнадёжно* больны́м
му́жем посове́товаться* с петербу́ргскими докто-

inquiries
discharge document re-
  ceipt order

justified

quit discussions

well-off

leave loan rubles

send

brigade adjutant

leave

sympathetically

throw off

uniform say farewell
civilian
friendly sincerely
congratulated promising
sympathetically

wished

episode

benefactress
swam inertly channel

"if"

become

noose "if"

suggestions

advanced medicine
help neighbor
portion expressed itself
later service
forcing their way

medical
academy arrived hope-
  lessly
consult

ра́ми, и и́менно с С. П. Бо́ткиным.[5] Встре́ча была́, коне́чно, дру́жественная*, но вы́сказать° ей настоя́-щим о́бразом благода́рность за всё, чем я был ей обя́зан, не удало́сь — вспомина́ть° и́стинную при-чи́ну её влия́ния на мою́ судьбу́ в прису́тствии му́жа бы́ло нело́вко.

friendly express

recall

5. S. P. Botkin (1832–89), a celebrated doctor of clinical medicine and an enlightened public figure.

Вопро́сы к те́ксту

1. Почему́ О́льга Алекса́ндровна име́ла си́льное влия́ние на Се́ченова?

2. Что он чита́л и что купи́л под её влия́нием?

3. Ско́лько лет бы́ло Се́ченову тогда́?

4. Почему́ О́льга Алекса́ндровна внеза́пно уе́хала?

5. Когда́ он узна́л о её сва́дьбе?

6. Почему́ пе́рвый приём по́сле сва́дьбы каза́лся ему́ сли́шком пара́дным?

7. Что случи́лось по́сле э́того?

8. Почему́ адъюта́нт Те́цнер предложи́л ему́ сейча́с же де́ньги взаймы́?

9. Почему́ Се́ченов называ́ет О́льгу Алекса́ндровну свое́й благоде́тельницей?

10. Когда́ он с не́ю сно́ва встре́тился?

11. Почему́ она́ приезжа́ла в Петербу́рг?

« Совреме́нник »

AVDOTYA PANAEVA was one of the few *femmes fatales*
of nineteenth-century Russian intellectual life. Not only
was she the hostess of a brilliant literary salon, but she
was a prolific author in her own right.

The daughter of a well-known St. Petersburg actor,
Panaeva received her formal education in a theatrical
school, and at eighteen she married the rising young
realist writer I. I. Panaev. It was through her husband
that the beautiful young woman met the leaders of the
intellectual movement known as the Westerners. Her
salon soon became the gathering place for the critic
Vissarion Belinsky, the young Turgenev, the civic poet
Nekrasov and many other people who were to become
major names in Russian literature. The members of the
circle were in their twenties and early thirties and many
of them were captivated by the wit and charm of their
young hostess.

For a brief time after the success of his first novel *Poor
Folk*, Fëdor Dostoevsky was a visitor at Panaeva's
salon. The strange ill-adjusted young man was so over-
whelmed by the reception of his book that he bragged
incessantly about his own genius. Dostoevsky reported
his first visit to an "evening" at the Panaevs' in a letter
to his brother. In an outburst of self-admiration he recounts the boundless admiration and affection accorded
to him by Belinsky and Turgenev and their concern
over his reported (but wholly imaginary) excesses with
all "those precious little Minas, Klaras, Mariannas and

AVDOTYA
YAKOVLEVNA
PANAEVA
(*1819–1893*)

so forth." The young writer also confesses to his correspondent that he has fallen in love with Panaev's wife "a clever, pretty little thing . . . affable and absolutely sincere."

Avdotya Panaeva's account of this first meeting is somewhat more restrained: "At first glance you could discern that Dostoevsky was a terribly nervous and sensitive young man. He was of slight build, short, fair, and had a sickly complexion. His small gray eyes would rather uneasily flit from object to object while his pale lips twitched nervously. Because of his youth and his nervousness he did not know how to handle himself and he only too clearly expressed his conceit in the fact that he was an author." Dostoevsky's inflated feelings of self-importance received short shrift from the witty habitués of Panaeva's salon and, subsequently, the young author was nearly made frantic by the epigrams and jibes which were set in circulation by his new-found friends and admirers.

In 1847 Panaeva launched her own literary career with a long tale called *The Talnikov Family* which was promptly forbidden by the censors on the grounds of "immorality and subversion of parental authority." This work was shortly followed by two novels done in collaboration with Nekrasov whose mistress she had now become. She subsequently collaborated with Nekrasov, Grigorovich and her husband in a cycle of stories which appeared in the *Sovremennik* (*The Contemporary*). This moribund journal, taken over by Nekrasov and Panaev in 1847, soon became the voice of the Westerner camp and almost all of the great names in Russian literature of the second half of the nineteenth century wrote for it. Between 1848 and 1864 Panaeva published an unending stream of articles and stories in which she put forward her views on the position of women, education, love, and marriage. The lives of Panaeva, her husband, and Nekrasov were inextricably bound up with the *Sovremennik*. The editorial offices of the journal were in the Panaev home and Nekrasov had his own living quarters in the house as did at least one other member of the staff. Nekrasov, Russia's greatest civic poet, continued to publish and edit the *Sovremennik* together with Panaev until the death of the latter in 1862 and then in conjunction with Nikolai Chernyshevsky. The mid-1850's brought a radicalization of the magazine due to the addition to the staff of Chernyshevsky, a radical journalist who did much to promote the spread of a utilitarian and mechanistic view of life and art in Russia. Arrested in 1862, he returned from Siberian exile only six years before his death in 1889. Chernyshevsky was aided in his reorientation of the journal by his close friend Nikolai Dobrolyubov who served as the literary critic until his death from tuberculosis at the age of twenty-five.

Although Panaeva's name is always associated primarily with the *Sovremennik*, she made at least one other indirect contribution to Russian literature. Her long and tempestuous relationship with the poet Nekrasov led him to write his best love lyrics. Their affair, however, broke up well before the poet's death. Panaeva's active literary career came to an end with the government's suppression of *Sovremennik* in 1866. In her later years, she remarried but made only one further venture into the world of letters—her memoirs.

Panaeva spent thirty years in the midst of Russia's finest writers, critics, and social commentators. Her memoirs, published in 1890 and entitled *Vospominaniya*, are a treasurehouse of information on the intellectual atmosphere of the 1840's, 1850's and 1860's. Although written many years after the events described, her sentiments are still those of the earlier time. Her observations are penetrating, witty, and often malicious. They are also sometimes factually inaccurate. In short, they still make excellent reading.

The selection given below concerns one of the most momentous events in Russian intellectual life of the nineteenth-century—the creation of the journal *Sovremennik* in 1847.

Подгото́вка к чте́нию

---

1. За у́жином, по по́воду письма́, полу́ченного от Бели́нского, речь зашла́ о нём.

2. Они́ оправда́ли бы посло́вицу: у семи́ ня́нек всегда́ дитя́ без гла́зу.

3. Е́сли литера́торы принима́ли тако́е бескоры́стное уча́стие в успе́хе « Оте́чественных запи́сок », как же не рассчи́тывать на ещё бо́льшую подде́ржку но́вому журна́лу, где во главе́ сотру́дников бу́дет Бели́нский.

4. Некра́сов стал счита́ть, во что должна́ приблизи́тельно обойти́сь ка́ждая кни́жка журна́ла.

5. Ведь мне от « Петербу́ргского сбо́рника » предска́зывали одни́ убы́тки, а е́сли бы я не стру́сил и напеча́тал на полторы́ ты́сячи экземпля́ров бо́льше, то все бы́ли бы раску́плены.

6. Лиха́ беда́ нача́ть де́ло, а продолжа́ть его́ бу́дет уже́ легко́.

7. Пока́ у него́ не́ было де́нег в рука́х, он всегда́ благоразу́мно рассужда́л об эконо́мии.

---

1. At dinner, on account of the letter received from Belinsky, the conversation turned to him.

2. They would justify the proverb: too many cooks spoil the broth (literally, "with seven nurse-maids a child is always without an eye [on him]").

3. If the writers took such an unselfish interest in the success of *The Fatherland Notes*, how can one help but count on even greater support for a new magazine where Belinsky will be at the head of the contributors.

4. Nekrasov began to calculate how much approximately each issue of the magazine ought to cost.

5. You know they predicted only losses for me from *The Petersburg Miscellany*, but if I hadn't lost courage and had printed fifteen hundred more copies, they would have all been bought up.

6. The first step is the hardest (literally, "to begin the job is the only thing that's difficult, but to continue it will be easy").

7. As long as he had no money in hand, he always discussed financial matters intelligently.

« Совреме́нник° »   "The Contemporary"

Некра́сов[1] получи́л письмо́ от Бели́нского,[2] кото́рый соверше́нно случа́йно уе́хал из Петербу́рга[3] с Ще́пкиным,[4] отпра́вившимся на́ два ме́сяца гастроли́ровать* в больши́е ю́жные° города́. Пе́ред на́шим отъе́здом из Москвы́ Ще́пкин сообщи́л° нам о своём наме́рении соверши́ть° прогу́лку* в прови́нцию*.

— Вот вы бы, Михаи́л Семёнович, — сказа́л Пана́ев,[5] — захвати́ли Бели́нского с собо́й, ему́ необходи́мо прое́хаться° и освежи́ться*.

Ще́пкин о́чень обра́довался э́той мы́сли и написа́л Бели́нскому, кото́рый охо́тно° при́нял его́ предложе́ние, тем бо́лее, что на э́ту пое́здку° не тре́бовалось° расхо́дов. За у́жином, по по́воду письма́, полу́ченного от Бели́нского, речь зашла́° о нём.

tour southern
informed
make   pleasure trip
province

take a trip   get refreshed

willingly

trip

require   expenditures
"concerned"

1. N. A. Nekrasov (1821–77) was most famous as the leading exponent of "civic-minded" poetry in which he dealt mainly with the plight of the common people. He was also the editor of influential radical journals.
2. V. G. Belinsky (1811–48), the founder of the Russian school of social criticism in literature that dominated Russian art through most of the nineteenth century and again even more strongly in the post-revolutionary period. He had tuberculosis for much of his adult life.
3. Petersburg (short for St. Petersburg), the second largest Russian city, founded in 1703 by Peter the Great. Known as Petrograd from 1914 to 1924, and since 1924 called Leningrad. The Russian capital from 1712 until 1918, when the seat of government was returned to Moscow.
4. M. S. Shchepkin (1788–1863) was usually considered the greatest Russian actor of his time. Born a serf, his freedom was purchased in 1821 with money collected through popular subscription.
5. I. I. Panaev (1812–62), journalist and writer of short novels, sketches, and satiric topical articles. Coeditor with Nekrasov of *The Contemporary*. Husband of the memoirist.

Толсты́е[6] вы́сказали своё удивле́ние°, каки́м о́бра-
зом до сих пор в кружке́* Бели́нского никто́ из
литера́торов не на́чал издава́ть журна́ла, хотя́ бы
на пая́х*, как э́то де́лается в Пари́же. Некра́сов
заме́тил на э́то, что мно́гое, примени́мое* за грани-
цей°, ещё недосту́пно* для Росси́и.

— Е́сли бы ру́сские литера́торы наду́мали* из-
дава́ть на пая́х* журна́л, — приба́вил, он, — то
оправда́ли* бы посло́вицу*: у семи́ ня́нек* всегда́
дитя́ без гла́зу. Я мно́го раз рассужда́л° с Бели́нским
об основа́нии но́вого журна́ла, но осуществи́ть*
на́шу заве́тную* мечту́°, к несча́стию*, невозмо́жно°
без де́нег.

— Предприи́мчивости*, как ви́дно, нет в вас, гос-
пода́, — сказа́л Толсто́й.[7]

— Де́нег нет, да и тру́дно конкури́ровать* тепе́рь
с « Оте́чественными запи́сками°»,[8] упро́чившими*
себе́ твёрдое положе́ние, — возрази́л Пана́ев.

— Да кто его́ упро́чил*?

— Бели́нский и бо́льшая часть сотру́дников° из
его́ кружка́*, — заме́тили Толсты́е.

— Смешно́ боя́ться конкуре́нции*, — подсказа́л*
Некра́сов, — у « Оте́чественных запи́сок » мо́гут
быть свои́ подпи́счики*, а у но́вого журна́ла — свои́.
Не испуга́лся° же Крае́вский[9] конкуре́нции* « Биб-
лиоте́ки для чте́ния »[10] и с гроша́ми* на́чал издава́ть
« Оте́чественные запи́ски ».

— Ему́ легко́ бы́ло, — возрази́л Пана́ев. — Он
пе́рвые года́ да́ром получа́л бо́льшую часть мате-
риа́ла для своего́ журна́ла, а е́сли и плати́л° со-
тру́дникам, то ничто́жную° пла́ту.

— Е́сли тако́е бескоры́стное* уча́стие принима́ли
литера́торы в успе́хе « Оте́чественных запи́сок », как
же не рассчи́тывать* на ещё бо́льшую подде́ржку*

Margin glosses (in order): surprise; circle; shares; practiced; abroad inadmissible; decided; shares; justify proverb nurse-maids; discussed; realize; ardent dream unfortunately impossible; entrepreneurship; compete; notes consolidated; consolidated; coworkers; circle; competition prompted; subscribers; frightened competition; pennies; paid; trifling; unselfish; count support

---

6. The Tolstoy brothers were owners of estates in the Kazan area. Not
directly related to L. N. Tolstoy.
7. Grigory Mikhailovich Tolstoy.
8. *The Fatherland Notes*, a literary journal published between 1839
and 1884. After the government suppressed *The Contemporary* in 1866,
Nekrasov and Saltykov-Shchedrin became the editors of *The Fatherland Notes*, which in its turn was suppressed in 1884.
9. A. A. Kraevsky (1810–89), a journalist, enterprising publisher, and
one of the founders, in 1866, of the first Russian telegraph agency.
10. A popular monthly journal devoted to "literature, the sciences,
the arts, industry and fashions." The first Russian "thick" journal.
Appeared in St. Petersburg from 1834 through 1865.

новому журна́лу, где во главе́ сотру́дников бу́дет Бели́нский? — заме́тил Толсто́й.

— Ну, тепе́рь рассчи́тывать* на дарово́й* материа́л не сле́дует, — сказа́л Некра́сов. — Да не в э́том де́ло, а в том, что без де́нег нельзя́ начина́ть изда́ния.

count "gratuitous"

— А мно́го ну́жно для нача́ла? — спроси́л Толсто́й.

Некра́сов стал счита́ть, во что должна́ приблизи́тельно* обойти́сь° ка́ждая кни́жка° журна́ла.

approximately "cost" issue

— За печа́ть° и бума́гу, — приба́вил он, — мо́жно упла́чивать* полови́ну ка́ждый ме́сяц, а остальну́ю часть перевести́* на сле́дующий год.

printing

pay

defer

— А е́сли подпи́ска* на журна́л на сле́дующий год бу́дет плоха́я, чем же упла́чивать* долг? — заме́тил Пана́ев.

subscription

pay

— Почему́ же не рассчи́тывать* на успе́х журна́ла, е́сли добросо́вестно* издава́ть его́, и е́сли все литерату́рные друзья́ Бели́нского прило́жат* свои́ стара́ния*? Риск* — де́ло благоро́дное, потре́бность* к чте́нию си́льно развила́сь за после́дние го́ды. Ведь мне от « Петербу́ргского сбо́рника* »[11] предска́зывали* одни́ убы́тки*, а е́сли бы я не стру́сил* и напеча́тал* на полторы́° ты́сячи экземпля́ров* бо́льше, то все бы́ли бы раску́плены*. Е́сли бы яви́лся но́вый журна́л с совреме́нным направле́нием°, то чита́тели° нашли́сь бы. С ка́ждым днём заме́тно° назрева́ют* всё но́вые и но́вые обще́ственные вопро́сы; на́до заня́ться° и́ми не с снотво́рным* педанти́змом*, а с огнём°, что́бы он наэлектризи́ровал* чита́телей, пробуди́л* бы в них жа́жду° к де́ятельности. Лиха́* беда́* нача́ть де́ло, а продолжа́ть его́ бу́дет уже́ легко́.

count

conscientiously

apply

efforts risk

need

anthology

predicted losses
lost courage printed
one and a half
copies sold out

tendency readers

noticeably ripen

occupy ourselves soporific

pedantry fire

electrify arouse thirst

evil disaster

Бели́нский и Пана́ев си́льно уве́ровали° в литерату́рную предприи́мчивость* Некра́сова по́сле и́зданного им « Петербу́ргского сбо́рника », кото́рый бы́стро раскупа́лся*. О́ба они́ зна́ли, с каки́ми ничто́жными деньга́ми он предпри́нял* э́то изда́ние и как суме́л изверну́ться* и добы́ть° креди́т.

trusted

entrepreneurship

sold out

undertaken

maneuver get

---

11. The highly successful *Petersburg Miscellany*, published in 1846 by Nekrasov. It contained, among other works, Dostoevsky's first novel, *Poor Folk*.

— Если бы у меня были деньги, — произнёс° со uttered
вздохом Панаев, — я ни минуты не задумался° бы ponder
издавать журнал вместе с Некрасовым. Один я не
способен° на такое хлопотливое* дело, а тем более capable harassing
вести хозяйственную° часть. business

— Была бы охота°, а деньги у тебя есть! — ска- desire
зала я, не придавая° никакого серьёзного значения assigning
своим словам.

— Какие деньги? — спросил с удивлением меня
Панаев.

— Продай° лес и на эти деньги издавай журнал. sell

Толстые подхватили* мои слова и стали приста- "took up"
вать* к Панаеву, почему бы ему в самом деле не harry
употребить свои деньги на хорошее дело.

— Не увидите, как проживёте° их, — говорили "spend"
они.

— Нет, нет! — возразил Панаев. — Эти деньги по
вашему же совету я внесу° в Опекунский* Совет,[12] invest trustee
чтобы не так тяжело было бы платить проценты° interest
за заложенное° имение. mortgaged

Пока у него не было денег в руках, он всегда
благоразумно* рассуждал об экономии°. intelligently financial matters

— Разрешите° Панаеву употребить деньги, выру- allow
ченные* за продажу* леса, на журнал, как на дело gained sale
хорошее? — обратился ко мне Толстой.

— Охотно! — отвечала я.

— Так, господа, по рукам![13] — воскликнули° Тол- exclaimed
стые.

— Разве хватит° таких денег? — обратился Па- suffice
наев с вопросом к Некрасову.

— Хватит, хватит! — отвечал тот. — Кредито-
ваться* будем. get credit

Панаев протянул° руку Некрасову и произнёс: — extended
Идёт! будем вместе издавать.

Толстые разняли* руки по русскому обычаю° и separated custom
радостно° произнесли: «ура°»! joyously hurrah

Мне не верилось, что из этого разговора выйдет
что-нибудь.

12. Trustee Council. In prerevolutionary times, a government institu-
tion that protected the interests of widows, orphans, and illegitimate
children, and also dealt with the mortgaging of estates.
13. *Po rukam bit'* (*udarit'*), a folk custom in which a transaction is
concluded by the participants striking their right palms together and
then energetically shaking hands.

Некра́сов, весь сия́ющий°, сказа́л Пана́еву: — Де́ньги не пропаду́т°, то́лько на́до энерги́чески* взя́ться° за де́ло.

Пана́ев то́тчас же заговори́л, что на́до написа́ть Бели́нскому, но Некра́сов возрази́л, что пре́жде на́до хороше́нько* обсуди́ть* де́ло и лу́чше всего́ ли́чно переговори́ть* с Бели́нским. Он упроси́л* Пана́ева никому́ из свои́х прия́телей° не писа́ть об э́тих пла́нах.

Мы засиде́лись* почти́ до рассве́та°, ведя́ разгово́ры о но́вом журна́ле. Возни́к° вопро́с, у кого́ купи́ть пра́во, так как но́вых журна́лов в то вре́мя не разреша́ли издава́ть. Перебира́ли* ра́зные журна́лы, кото́рые находи́лись в летарги́ческом* сне, но ни оди́н не ока́зывался° подходя́щим°. Уже́ ста́ли проща́ться, что́бы идти́ спать, как вдруг Пана́ев воскли́кнул: — Нашёл! «Совреме́нник»![14]

Некра́сов ра́достно сказа́л: — Чего́ же лу́чше! Как э́то сра́зу не пришёл нам в го́лову «Совреме́нник»? — И сно́ва затяну́лся* разгово́р.

Пра́во на «Совреме́нник» принадлежа́ло П. А. Плетнёву,[15] с кото́рым Пана́ев давно́ был знако́м. Все так бы́ли возбуждены́, что забы́ли о сне. Толсты́е встава́ли ра́но и нашли́, что не сто́ит ложи́ться спать на каки́х-нибудь* два часа́, и потре́бовали ча́ю, так что со́лнце совсе́м взошло́*, когда́ мы ста́ли расходи́ться*. Некра́сов, вы́йдя на терра́су*, сказа́л:

— Посмотри́те, господа́, как великоле́пно° сего́дня сия́ет со́лнце! По́сле трёх дней па́смурной* пого́ды° оно́ предска́зывает* успе́х на́шему журна́лу.

beaming
lost energetically
"begin"

thoroughly discuss
talk over urged
friends

sat dawn
arose

picked through
lethargic
seemed suitable

continued on

some
risen
break up
terrace
magnificently
overcast
weather foretells

14. *The Contemporary*, the literary journal founded by Pushkin in 1836.
15. P. A. Pletnëv (1792–1865), the publisher of *The Contemporary* after Pushkin's death in 1837.

Вопро́сы к те́ксту

1. Почему́ за у́жином говори́ли о Бели́нском?

2. Почему́ до тех пор в кружке́ Бели́нского никто́ не на́чал издава́ть журна́ла?

3. С кем тру́дно бы́ло конкури́ровать?

4. Что подсказа́л Некра́сов?

5. Чего́ боя́лся Пана́ев?

6. Чего́ бы́ло жаль Некра́сову?

7. Отку́да Пана́ев мог взять де́ньги?

8. Как до́лго они́ сиде́ли, ведя́ разгово́р о но́вом журна́ле?

9. О чём они́ рассужда́ли?

10. Како́е пра́во принадлежа́ло Плетнёву?

11. Почему́ они́ реши́ли не ложи́ться спать?

12. Что предска́зывало Некра́сову успе́х журна́ла?

Освобождéние крестья́н

Побéг

KROPOTKIN was popularly known as "the anarchist prince" but, like any catchword, it fails to do the man justice. For in addition to his revolutionary activities, he made notable contributions in fields as diverse as geography, political philosophy, biology, sociology, history and literature.

According to the royal genealogical tables, Prince Kropotkin was born in the thirtieth generation of descendants of the semilegendary founder of the Russian state Prince Rurik. It has been argued that the anarchist had a stronger hereditary claim to the Russian throne than did the Romanov family. Peter received his early education from private tutors and at fourteen entered the Imperial Pages School, an academic-military school that groomed the sons of the aristocracy for high-ranking positions in the army and the government. The best students served as pages to members of the imperial family. From this vantage point, Kropotkin gained an intimate view of personalities and politics at the royal court during the early years of the reign of Aleksandr II.

The officer-graduates of the Pages School had the privilege of picking their assignments and it was usual, especially for those who had been selected as royal pages, to take positions that promised brilliant careers. Kropotkin, however, disgusted by the life at court, chose assignment to a Cossack cavalry regiment stationed in the Russian Far East. In the 1860's the area along the Amur River was an uncharted wilderness in-

PRINCE
PETER
ALEKSEEVICH
KROPOTKIN

(*1842–1921*)

habited mostly by exotic Siberian tribes. The prince set himself the task of the exploration and study of the trans-Baikal region. The results of his work were published by the Russian Geographical Society and the young officer established a reputation as a geographer during his five years in Siberia.

Repelled by the government's brutal suppression of a revolt by Polish exiles in Siberia, Kropotkin left the service and returned to St. Petersburg where he entered the university to study mathematics. During these years he also pursued his scholarly work in geography evolving a new theory about the distribution of the mountain ranges of northern Asia. Meanwhile, Kropotkin's thoughts were turning more and more toward social problems and he began to torment himself with the question of whether he in fact had the right to occupy himself with abstract scholarly studies in the midst of the poverty and political oppression that was the lot of the great number of Russians.

Going abroad for the first time in 1872, Kropotkin came into contact with the political ideas that were to dominate the remaining forty-nine years of his life. Karl Marx's First International was then at the peak of its activity. Kropotkin devoured the literature of the organization and met many of its leaders. Like all political organizations, the International was divided into factions. The Prince allied himself with the most extreme group—the followers of the legendary Russian anarchist Mikhail Bakunin.

Returning to Russia, Kropotkin became one of the leaders of the Chaikovsky circle, a small group of friends who dedicated themselves to spreading socialist propaganda among the workers of St. Petersburg. Their program called for a peasant revolt and seizure of all property. The most notable member of the group was Sofya Perovskaya, the daughter of a former military governor of St. Petersburg, who, subsequently, as a member of the terrorist organization *Narodnaya Volya* (The People's Will), masterminded the assassination of Aleksandr II. Kropotkin was active as a speaker at secret workers' meetings and in the illegal distribution of socialist literature. In the spring of 1874, the prince was betrayed, arrested, and sent to the dread political prison Peter and Paul Fortress. Refusing to make any statement, he was held for two years while his case was being prepared. Greatly weakened in health, Kropotkin was transferred to the prison ward of a military hospital, from where he made his escape.

After a short sojourn in England where he supported himself by writing science articles for the British press and scholarly journals, Kropotkin moved to Switzerland which was then the headquarters of the European anarchist movement. In 1881, following the assassination of Aleksandr II, the Russian government brought strong pressure on Switzerland to expel the prince who was the editor-founder of the popular anarchist paper *La Révolte*. Kropotkin moved to France where the anarchist movement was quite strong, especially around the city of Lyons where the poverty of the industrial workers was particularly acute. One night a local café known as a gathering place of forces opposing the workers was dynamited. Kropotkin was arrested and, although he had no connection with the bombing, was convicted of membership in the anarchist organization. His five-year sentence was widely protested by public figures such as Herbert Spencer, Victor Hugo, and by the editorial staff of the Encyclopaedia Britannica. Released in 1886, Kropotkin settled in England and turned to the study of biology in order to provide a theoretical foundation for his social and economic views. Much of this work was summed up in his book *Mutual Aid: A Factor of Evolution* (1902). This study was his answer to those followers of Darwin who were utilizing the latter's "survival of the fittest" doctrine as an ideological justification of capitalism.

Kropotkin enjoyed great public esteem as a popularizer of both science and literature. On the basis of his lectures made during an American tour, he published one of the first English language histories of Russian literature (1906). His interest in history led him to write a book on the French Revolution.

Following the Russian Revolution, the former prince returned to his homeland, where he utilized his prestige among the workers of Western Europe to persuade them not to support Western intervention against the young socialist state. Kropotkin spent the final years of his life living in a small Russian village, from where he addressed a flood of letters to Bolshevik officials, including Lenin, severely criticizing various aspects of government policy. Kropotkin's name, however, continued to be honored and Lenin himself visited him a few months before the death of the anarchist prince in 1921.

Of all Prince Kropotkin's works, the one that is still widely read is his autobiography *Zapiski revolyutsionera* (*Notes of a Revolutionary*). This work, curiously enough, was first printed in the American magazine the *Atlantic Monthly* in 1898. The full Russian text appeared only in 1933 in Moscow. Perhaps the best appraisal of the work was made by Kropotkin himself who noted that "the trivial detail of personal life or of social mood has its own meaning. . . . In some cases, it better elucidates an epoch than whole pages of discussion." The first of the following selections gives a behind-the-scenes view of the events at court leading up to the emancipation of the serfs. In an epilogue the author gives an account of what emancipation meant to at least one serf. The second selection contains a description of one of the most exciting prison escape episodes in world literature. Had it failed, the prince would have doubtless died in Siberian exile as did his older brother, Aleksandr.

Подгото́вка к чте́нию

1. Чего́ нельзя́ бы́ло сказа́ть откры́то в полити́ческой статье́, то проводи́лось контраба́ндным путём в ви́де по́вести, юмористи́ческого о́черка и́ли в замаскиро́ванной кри́тике западно-европе́йских собы́тий.

2. Мое́й двою́родной сестре́ шёл двадца́тый год, и все двою́родные бра́тья бы́ли влюблены́ в неё.

3. До́лжен приба́вить, что стара́ния княги́ни ни к чему́ не привели́, хотя́ в её до́ме всегда́ бы́ло мно́го блестя́щей гварде́йской и дипломати́ческой молодёжи.

4. Се́рдце её бы́ло возмущено́ препя́тствиями, кото́рые меша́ли её сча́стью, и тем охо́тнее её ум воспринима́л ге́рценовскую ре́зкую кри́тику самодержа́вия и подгни́вшей госуда́рственной систе́мы.

5. Я писа́л о безу́мных расхо́дах двора́, о су́ммах, затра́ченных в Ни́цце на ничего́ не де́лавшую эска́дру, сопровожда́вшую вдо́вствующую императри́цу, кото́рая умерла́ в 1860-ом году́.

6. Я вы́пустил второ́й но́мер, ещё бо́лее ре́зкий; в нём я дока́зывал необходи́мость объедини́ться всем во и́мя свобо́ды.

7. Быть мо́жет, уда́стся убеди́ть в чём-нибудь и други́х.

1. That which could not be said openly in a political article was brought in as contraband in the form of a tale, humorous sketch, or veiled criticism of Western European events.

2. My first cousin was going on twenty and all of her male first cousins were in love with her.

3. It must be added that the efforts of the old princess came to nothing, although there were always many brilliant young men from the Horse Guards and the diplomatic [corps] in her home.

4. Her heart was troubled by the obstacles that hindered her happiness, and her mind all the more willingly accepted Herzen's sharp criticism of the autocracy and of the rotten state system.

5. I wrote about the senseless expenditures of the court, about the sums wasted in Nice on the absolutely idle escort squadron which had accompanied the Dowager (literally, "widowed") Empress who died in 1860.

6. I put out a second issue still more acerbic, and in it I showed the necessity for all to unite in the name of freedom.

7. We might succeed in convincing the others of something too.

Освобождéние крестья́н

1

Го́ды 1857–1861 бы́ли, как изве́стно, эпо́хой у́мственного* пробужде́ния* Росси́и. Всё то, о чём поколе́ние, предста́вленное° в литерату́ре Турге́невым,[1] Ге́рценом, Баку́ниным,[2] Огарёвым, Толсты́м,[3] Достое́вским,[4] Григоро́вичем,[5] Остро́вским,[6] и Некра́совым, говори́ло шо́потом°, в дру́жеской* бесе́де, начина́ло тепе́рь проника́ть* в печа́ть. Цензу́ра* всё ещё свире́пствовала*; но чего́ нельзя́ бы́ло сказа́ть откры́то в полити́ческой статье́, то проводи́лось° контраба́ндным* путём в ви́де по́вести°, юмористи́ческого* о́черка* и́ли в замаскиро́ванной* кри́тике западноевропе́йских собы́тий°. Все уме́ли чита́ть ме́жду стро́ками* и понима́ли, что означа́ет*, наприме́р, « Кри́тика° кита́йской° фина́нсовой* систе́мы° ».

intellectual awakening
presented

in a whisper friendly
penetrate
censorship raged

brought in contraband
tale humorous sketch
veiled events
lines
means criticism Chinese
financial system

1. I. S. Turgenev (1818–83), the famous author of novels, short stories, and plays. Among his outstanding works are *A Hunter's Sketches* (1847–52), *Rudin* (1856), *On the Eve* (1859), and *Fathers and Sons* (1862).
2. M. A. Bakunin (1814–76), one of the main ideologists of anarchism. He held a more extreme position than did Kropotkin.
3. L. N. Tolstoy (1828–1910), the great novelist and short story writer. He is best known as the author of *War and Peace* (1863–69) and *Anna Karenina* (1873–77). In addition, his writings on moral and religious problems evoked a great response both in Russia and abroad.
4. F. M. Dostoevsky (1822–81), the world-famous author. His greatest novels are *Crime and Punishment* (1866), *The Idiot* (1868), *The Possessed* (1871–72) and his uncompleted masterpiece, *The Brothers Karamazov* (1880). His works continue to exert a great influence on contemporary literature.
5. D. V. Grigorovich (1822–99), a writer popular in his time for his stories dealing with the hard lot of the serfs.
6. A. N. Ostrovsky (1823–86), the author of some fifty plays, most of which, in the realistic tradition, reflected the evils of nineteenth-century Russian life among merchants, civil servants, and the gentry.

У меня́ не́ было знако́мых в Петербу́рге, кро́ме школьных°, да те́сного° кру́га родны́х. Я стоя́л, таки́м о́бразом, далеко́ в стороне́ от радика́льного* движе́ния того́ вре́мени. Тем не ме́нее (и э́то была́, быть мо́жет, наибо́лее° характе́рная° черта́* движе́ния), иде́и проника́ли* да́же в тако́е благонаме́ренное* учи́лище, как на́ше, и отража́лись* да́же в кругу́ на́ших моско́вских ро́дственников.

school close
radical

most characteristic feature
penetrated
well-intentioned reflected

Воскресе́нья и пра́здники я тепе́рь проводи́л у мое́й тётки°, княги́ни° Друцко́й, о кото́рой я упомина́л* уже́ вы́ше. Князь Дми́трий Серге́евич Друцко́й, мой дя́дя, ду́мал то́лько о необыкнове́нных° за́втраках° и обе́дах, а княги́ня* и княжна́* проводи́ли вре́мя о́чень ве́село. Мое́й двою́родной* сестре́ шёл двадца́тый год. Она́ была́ о́чень хороша́ и привлека́тельна*. Все двою́родные* бра́тья бы́ли влюблены́ в неё; она́ то́же полюби́ла одного́ из них — Ив. Ив. Му́син-Пу́шкина[7] и хоте́ла вы́йти за него́ за́муж. Но венча́ть* двою́родных* — вели́кий грех по зако́нам правосла́вной* це́ркви, и княги́ня напра́сно° добива́лась° осо́бого разреше́ния° от вы́сших представи́телей церко́вной° иера́рхии*. Тепе́рь княги́ня Друцка́я привезла́ до́чку* в Петербу́рг в наде́жде, что, быть мо́жет, она́ вы́берет среди́ бесчи́сленных* покло́нников* бо́лее подходя́щего жениха́, чем родно́го, двою́родного бра́та. До́лжен приба́вить, что стара́ния* княги́ни ни к чему́ не привели́, хотя́ в её до́ме всегда́ бы́ло мно́го блестя́щей° гварде́йской* и дипломати́ческой* моло́дёжи.

aunt Princess
mentioned

unusual lunches princess (mother and daughter)
first cousin

attractive first cousins

wed cousins
Orthodox
in vain tried to get
permission church
hierarchy daughter

countless admirers

efforts

brilliant Guardsmen diplomatic

Мо́жно бы́ло ду́мать, что ме́ньше всего́ револю́ционные° иде́и прони́кнут* в тако́й дом. А ме́жду тем и́менно там я впервы́е познако́мился с револю́ционной литерату́рой. Ге́рцен то́лько что на́чал тогда́ издава́ть в Ло́ндоне «Поля́рную* Звезду́»,[8] кото́рая бы́стро и широко́ распространи́лась* в

revolutionary penetrate

polar
circulated

---

7. The Musin-Pushkins were an old Russian noble family.
8. *The Polar Star* first appeared as an annual literary miscellany of which three numbers came out between 1823 and 1825, published by the poets K. F. Ryleev, and by A. A. Bestuzhev (1797–1837), who later had to write under the name of Marlinsky because of his involvement with the Decembrists. It reappeared from 1858 to 1862 in London, published by Herzen and Ogarëv, and again in 1869 in Geneva with Herzen as the publisher.

пу́блике и произвела́ смяте́ние* да́же в придво́рных* круга́х. Моя́ двою́родная сестра́ Ва́ренька Друцка́я доставля́ла э́ти кни́ги, и мы обыкнове́нно° чита́ли их вме́сте. Се́рдце её бы́ло возмущено́* препя́тствиями°, кото́рые меша́ли её сча́стью, и тем охо́тнее° её ум воспринима́л* герценовскую° ре́зкую° кри́тику самодержа́вия* и подгни́вшей* госуда́рственной систе́мы. А я почти́ с моли́твенным° благогове́нием* гляде́л на напеча́танный* на обло́жке* « Поля́рной* Звезды́ » медальо́н* с изображе́нием° голо́в пове́шенных° декабри́стов — Бесту́жева, Кахо́вского, Пе́стеля, Рыле́ева и Муравьёва-Апо́стола.[9] Красота́ и си́ла творе́ний* Ге́рцена, мо́щность* разма́ха* его́ мы́слей, его́ глубо́кая любо́вь к Росси́и охвати́ли° меня́. Я чита́л и перечи́тывал* э́ти страни́цы, блеща́щие° умо́м и прони́кнутые* глубо́ким чу́вством. Турге́нев пра́вду сказа́л, что Ге́рцен писа́л слеза́ми и кро́вью, что с тех пор у нас никто́ так не писа́л.

Когда́ Са́ша присла́л мне перепи́санное* им « С того́ бе́рега » Ге́рцена,[10] то я наизу́сть* запо́мнил* сейча́с же це́лые страни́цы об ию́ньских днях. Тётушка*, ви́дя как я зачи́тываюсь* « Поля́рной Звездо́й » и горячо́ говорю́ о Ге́рцене, не раз с гру́стью° замеча́ла:

— Смотри́, Пе́тя, тебя́ так же пове́сят когда́-нибудь°, как и их!

В 1859 году́ и́ли в нача́ле 1860 го́да я стал издава́ть мою́ пе́рвую револю́ционную газе́ту. В том во́зрасте° я мог быть, коне́чно, то́лько конституциона́листом*, и я горячо́° дока́зывал° в мое́й газе́те необходи́мость° конститу́ции° для Росси́и. Я писа́л о безу́мных расхо́дах двора́, о су́ммах°, затра́ченных* в Ни́цце° на ничего́ не де́лавшую эска́дру*, сопровожда́вшую* вдо́вствующую* императри́цу*,[11]

---

commotion court

usually

troubled

obstacles
more willingly accepted Herzen's sharp

autocracy rotted

prayerful

reverence printed cover

Polar medallion depiction

hanged

works power

sweep

gripped reread

glittering penetrated

recopied

by heart learned

aunt read with delight

sadness

sometime

age
constitutionalist hotly proved

necessity constitution

sums

wasted Nice squadron
accompanying widowed Empress

---

9. Of the 579 who were tried because of the Decembrist revolt of 1825, five were hanged. They were M. P. Bestuzhev (1802–26), P. G. Kakhovsky (1797–1826), P. I. Pestel (1793–1826), K. F. Ryleev (1795–1826), and S. I. Muraviëv-Apostol (1796–1826). The image of these five long served as a symbol of opposition to the government.
10. *From the Other Shore* (1847–50), a collection of essays on people, events, and trends connected with the 1848 Revolution.
11. Aleksandra Fëdorovna (1798–1860) was the widow of Nicholas I. She was the daughter of the King of Prussia, Friedrich Wilhelm III, and was married to Nicholas in 1817.

которая умерла́ в 1860 году́. Я упомина́л* о зло-
употребле́ниях* чино́вников°, о кото́рых слы́шал
постоя́нно, и дока́зывал необходи́мость правово́го*
поря́дка*. Мою́ газе́ту я переписа́л* в трёх экзем-
пля́рах* и подсу́нул* их в столы́ това́рищам ста́рших
кла́ссов, кото́рые, по мои́м соображе́ниям°, должны́
бы́ли интересова́ться обще́ственными дела́ми. Я
проси́л чита́телей положи́ть свои́ замеча́ния за
больши́ми часа́ми в на́шей библиоте́ке.

С бью́щимся* се́рдцем вошёл я на друго́й день
в библиоте́ку, что́бы посмотре́ть, нет ли там чего́
для меня́. Действи́тельно за часа́ми лежа́ли две
запи́ски. Два това́рища писа́ли, что вполне́ со-
чу́вствуют° мне и то́лько сове́товали не рискова́ть*
сли́шком си́льно. Я вы́пустил второ́й но́мер, ещё
бо́лее ре́зкий.* В нём я дока́зывал необходи́мость
объедини́ться* всем во и́мя свобо́ды°... На э́тот раз
за часа́ми ничего́ не́ было, но зато́ два това́рища
са́ми подошли́ ко мне.

— Мы убеждены́°, что газе́ту издаёте вы, —
сказа́ли они́, — и пришли́ поговори́ть° о ней. Мы с
ва́ми соверше́нно согла́сны° и хоти́м сказа́ть:
« Бу́дем друзья́ми ». Но газе́ту не сле́дует° издава́ть.
Во всём ко́рпусе* всего́ ещё два това́рища, кото́рых
интересу́ют° подо́бные ве́щи. Е́сли же ста́нет из-
ве́стно, что существу́ет подо́бная газе́та, после́д-
ствия° для всех нас бу́дут ужа́сны°. Соста́вим°
лу́чше кружо́к* и ста́нем* говори́ть обо всём. Быть
мо́жет, уда́стся убеди́ть в чём-нибудь и други́х.

Всё э́то бы́ло так разу́мно*, что мне остава́лось
лишь согласи́ться, и мы скрепи́ли* сою́з си́льным
рукопожа́тием*. С тех пор мы ста́ли больши́ми
друзья́ми, мно́го чита́ли вме́сте и обсужда́ли*
разли́чные вопро́сы.

Освобожде́ние крестья́н прико́вывало* тогда́ вни-
ма́ние всех мы́слящих* люде́й.

mentioned
misdeeds officials
lawful
order recopied
copies stuck under
conjectures

beating

sympathize risk

acerbic
unite freedom

convinced
talk a bit
agree
ought
"school"
interest
consequences terrible
form
circle begin

sensible
sealed
handshake
discussed

riveted
thinking

Вопро́сы к те́ксту

1. О каки́х года́х говори́т Кропо́ткин?

2. О каки́х писа́телях упомина́ет он?

3. Почему́ Кропо́ткин был в то вре́мя далеко́ в стороне́ от радика́льного движе́ния?

4. В како́м до́ме проводи́л вре́мя Кропо́ткин в Петербу́рге?

5. Где был Ге́рцен в э́то вре́мя и что он де́лал?

6. Что чита́ли Кропо́ткин и его́ двою́родная сестра́?

7. Что говори́т Кропо́ткин о сти́ле Ге́рцена?

8. Когда́ на́чал Кропо́ткин издава́ть свою́ пе́рвую революцио́нную газе́ту?

9. О чём он в ней писа́л?

10. Ско́лько номеро́в его́ газе́ты вы́шло и почему́?

11. Како́й был о́тзыв на его́ статьи́?

12. Что он и его́ друзья́ реши́ли?

Подгото́вка к чте́нию

1. Бу́нты принима́ли тако́й гро́зный хара́ктер, что для усмире́ния приходи́лось посыла́ть це́лые полки́ с пу́шками, тогда́ как пре́жде небольши́е отря́ды солда́т нагоня́ли у́жас на крестья́н и прекраща́ли возмуще́ния.

2. Генера́л-губерна́тору Нази́мову удало́сь убеди́ть лито́вское дворя́нство пода́ть жела́емый а́дрес.

3. В ноябре́ 1857 го́да был опублико́ван знамени́тый рескри́пт на и́мя ви́ленского генера́л-губерна́тора, в кото́ром Алекса́ндр II выража́л наме́рение освободи́ть крестья́н.

4. Когда́ Алекса́ндр II объезжа́л сре́днюю Росси́ю, они́ окружа́ли его́ и умоля́ли дать во́лю; но к э́тим повторя́ющимся про́сьбам Алекса́ндр относи́лся недружелю́бно.

5. Но грома́дная маши́на для вы́работки « Положе́ния » была́ уже́ пу́щена в ход.

6. Они́ добива́лись отсро́чки рефо́рмы, уменьше́ния наде́лов и тако́й высо́кой выкупно́й пла́ты за зе́млю, кото́рая де́лала бы экономи́ческую незави́симость при́зраком.

1. The revolts assumed such threatening character that for their pacification it was necessary to send entire regiments with canons, whereas before small detachments of soldiers had struck terror into the peasants and had curtailed the disturbances.

2. Governor General Nazimov succeeded in persuading the Lithuanian nobility to submit the desired petition.

3. In November 1857 there was published the famous rescript [addressed] to the name of the Vilnius Governor General in which Aleksandr II expressed his intention to free the peasants.

4. When Aleksandr II was making a journey through central Russia, they surrounded him and implored [him] to grant [them] liberty; but Aleksandr regarded these repeated requests coldly.

5. But the huge machinery for the working out of the "Emancipation Proclamation" had already been set into motion.

6. They strove to obtain postponement of the reform, reduction of land allotments, and such a high redemption payment for the land that it would have made economic independence a phantom.

2

Револю́ция 1848 го́да глу́хо° отрази́лась* среди́ ру́сских крестья́н. С 1850 го́да бу́нты* крепостны́х ста́ли принима́ть о́чень серьёзные разме́ры°. Когда́ начала́сь Кры́мская° война́[1] и по всей Росси́и ста́ли набира́ть* ра́тников*, возмуще́ния* крестья́н распространи́лись* с неви́данной° до тех пор си́лой. Не́сколько поме́щиков° бы́ло уби́то крепостны́ми. Бу́нты* при́няли тако́й гро́зный° хара́ктер, что для усмире́ния* приходи́лось посыла́ть° це́лые полки́* с пу́шками°, тогда́ как пре́жде небольши́е отря́ды° солда́т нагоня́ли* у́жас на крестья́н и прекраща́ли* возмуще́ния*.

Э́ти вспы́шки*, с одно́й стороны́, и глубо́кое отвраще́ние* к крепостно́му пра́ву в том поколе́нии, кото́рое вы́двинулось* при вступле́нии* на престо́л* Алекса́ндра II,[2] с друго́й — сде́лали освобожде́ние крестья́н насу́щным* вопро́сом. Алекса́ндр II, ненави́девший° сам крепостно́е пра́во и подде́рживаемый°, точне́е, побужда́емый* в со́бственной семье́ жено́й, бра́том Константи́ном[3] и вели́кой княги́ней Еле́ной Па́вловной,[4] сде́лал пе́рвый шаг в э́том направле́нии. Он хоте́л, что́бы инициати́ва° рефо́рмы° исходи́ла* от сами́х поме́щиков. Но ни в одно́й губе́рнии° нельзя́ бы́ло убеди́ть поме́щиков пода́ть* подо́бный* а́дрес* госуда́рю. В ма́рте 1856 го́да Алекса́ндр II сам обрати́лся к моско́вскому дворя́нству° с ре́чью, в кото́рой дока́зывал необходи́мость рефо́рмы; но отве́том бы́ло упо́рное* молча́ние°. Алекса́ндр II рассерди́лся° тогда́ и зако́нчил° речь па́мятными* слова́ми Ге́рцена:

mutedly reverberated
uprisings
dimensions
Crimean
draft soldiers
disturbances
spread unseen
estate owners
uprisings threatening
pacification send
regiments
cannons detachments
"struck" curtailed
disturbances
flare-ups
revulsion
came to the fore accession throne
urgent
hating
supported aroused
initiative
reform issue
province
submit such petition
nobility
stubborn
silence became angry
ended memorable

1. The Crimean War (1853–56), fought by Russia against England, France, Turkey, and Austria, ended in a defeat for Russia that served to aggravate the problems connected with serfdom.
2. Aleksandr II (1818–81) is known as the Liberator, because of the 1861 decree that emancipated the serfs, and because of further reforms. He reigned from 1855 to 1881.
3. Konstantin Nikolaevich (1827–92) headed the progressive faction at the royal court.
4. Elena Pavlovna (1806–73), the daughter of Paul Karl, Prince of Württemberg, married Mikhail Pavlovich, the brother of Tsar Aleksandr I.

« Лу́чше, господа́, чтобы освобожде́ние пришло́ све́рху, чем ждать, поку́да* оно́ придёт сни́зу* ». Но да́же и э́ти слова́ не поде́йствовали*. (until, from below / have an effect)

Почи́н* был сде́лан, наконе́ц, лито́вскими* губе́рниями*: Гро́дненской, Ви́ленской и Ко́венской,[5] в кото́рых Наполео́н уничто́жил в 1812 году́ (на бума́ге) крепостно́е пра́во. Генера́л-губерна́тору* Нази́мову[6] удало́сь убеди́ть лито́вское* дворя́нство пода́ть* жела́емый а́дрес°, и в ноябре́ 1857 го́да был опублико́ван* знамени́тый° рескри́пт* на и́мя ви́ленского* генера́л-губерна́тора, в кото́ром Алекса́ндр II выража́л наме́рение освободи́ть° крестья́н. (beginning, Lithuanian provinces / Governor-general / Lithuanian / submit, petition / published, famed, rescript / Vilnius / free)

Со слеза́ми на глаза́х чита́ли мы знамени́тую статью́ Ге́рцена: « Ты победи́л°, галиле́янин* ». Ло́ндонские* изгна́нники* заявля́ли°, что отны́не* не счита́ют Алекса́ндра II враго́м, а бу́дут подде́рживать° его́ в вели́ком де́ле освобожде́ния крестья́н. (conquered, Galilean / London, exiles / declared, henceforth / support)

Отноше́ние° крестья́н бы́ло в вы́сшей сте́пени замеча́тельно. Как то́лько разнесла́сь* весть*, что стра́стно° жела́нную во́лю* ско́ро даду́т, восста́ния почти́ соверше́нно прекрати́лись*. Крестья́не жда́ли. Когда́ Алекса́ндр II объезжа́л* сре́днюю° Росси́ю, они́ окружа́ли° его́ и умоля́ли* дать во́лю; но к э́тим повторя́вшимся° про́сьбам° Алекса́ндр относи́лся недружелю́бно*. Любопы́тно*, одна́ко, до како́й сте́пени сильна́ тради́ция° Вели́кой револю́ции: среди́ крестья́н шёл слух°, что Наполео́н III[7] при заключе́нии* ми́ра по́сле Севасто́польской* войны́ потре́бовал от Алекса́ндра II дать во́лю. Я ча́сто слы́шал э́то. Да́же накану́не° освобожде́ния крестья́не сомнева́лись°, чтобы во́лю да́ли без давле́ния* извне́*. « Е́сли Гариба́лка[8] не придёт, ничего́ не бу́дет », говори́л ка́к-то в Петербу́рге оди́н крестья́нин моему́ това́рищу, кото́рый толкова́л ему́, что ско́ро « даду́т во́лю ». И так ду́мали мно́гие. (attitude / spread, news / passionately, freedom / ceased / traveled about, central / surrounded, implored / repeated, requests / "coldly", curious / tradition / rumor / conclusion, Sevastopol / on the eve / doubted / pressure, from without)

За моме́нтом всео́бщей ра́дости после́довали°, одна́ко, го́ды трево́г° и сомне́ний°. В губе́рниях и в (followed / anxieties, doubts)

5. Grodno, Vilna (now Vilnius), and Kovno (now Kaunas).
6. V. I. Nazimov (1802–74). In 1855 he was appointed military governor of Vilna and governor-general of Grodno, Minsk, and Kovno.
7. Napoleon III (1808–73) was the emperor of France from 1852 to 1870.
8. A distortion of the name of G. Garibaldi (1807–82), the Italian patriot and revolutionary hero who united Italy.

Петербу́рге рабо́тали специа́льно° и́збранные комите́ты; но Алекса́ндр II, повидимому°, колеба́лся°. Цензу́ра следи́ла° осо́бенно стро́го за тем, что́бы печа́ть не обсужда́ла* вопро́са об освобожде́нии крестья́н в подро́бностях*. Мра́чные слу́хи ходи́ли по Петербу́ргу и достига́ли* до на́шего ко́рпуса*.

Среди́ дворя́нства не́ было недоста́тка* в молоды́х лю́дях, кото́рые и́скренно° рабо́тали для по́лного освобожде́ния крестья́н. Но па́ртия крепостнико́в* всё бо́лее и бо́лее те́сным кольцо́м° окружа́ла Алекса́ндра II, ока́зывала* на него́ давле́ние*. Крепостники́ нашёптывали*, что в день освобожде́ния крестья́н начнётся всео́бщее избие́ние* поме́щиков и что Росси́ю тогда́ ждёт но́вая пугачёвщина,[9] ещё страшне́е 1773 го́да. Алекса́ндр II был челове́к слабохара́ктерный* и прислу́шивался* к подо́бным злове́щим* предсказа́ниям*. Но грома́дная° маши́на для вы́работки* « Положе́ния*» была́ уже́ пу́щена* в ход*. Комите́ты заседа́ли*. Деся́тки* запи́сок° с прое́ктами° освобожде́ния крестья́н посыла́лись царю́, ходи́ли в ру́кописи* и́ли же печа́тались в Ло́ндоне. Ге́рцен, при соде́йствии* Турге́нева, уведомля́вшего* его́ о положе́нии дел, обсужда́л подро́бности ка́ждого прое́кта в « Ко́локоле »[10] и « Поля́рной Звезде́ ». То́же де́лал и Черныше́вский[11] в « Совреме́ннике ». Славянофи́лы*, с свое́й стороны́, осо́бенно Акса́ков[12] и Беля́ев,[13] воспо́льзовались* сравни́тельным* облегче́нием* печа́ти, что́бы дать мы́сли об освобожде́нии крестья́н широ́кое распростране́ние*. Они́ то́же, с больши́м зна́нием° техни́ческой° стороны́ де́ла, во всех подро́бностях обсужда́ли, как соверши́ть освобожде́ние. Весь об-

specially
obviously vacillated
followed
discuss
detail
reached school
lack
sincerely

serf-owners ring
exerted pressure
whispered
massacre

of weak character heeded
ominous predictions
huge
working out "Emancipation Proclamation"
"put in motion" sat tens
memoranda schemes
manuscript
cooperation
informed

Slavophiles

utilized relative
relaxation

distribution knowledge
technical

9. Pugachëvshchina, an abstract noun based on the name of E. I. Pugachëv (1726–75), the Cossack leader who claimed he was Peter III and who led the great peasant rebellion that lasted from 1773 to 1775.
10. *Kolokol* (*The Bell*), a Russian newspaper published by Herzen and Ogarëv from 1857 to 1867. It was published in London until 1865, and then in Geneva. Two hundred and forty-five numbers appeared in all.
11. N. G. Chernyshevsky (1828–89), a radical literary critic and political thinker who was on the staff of *The Contemporary*. He was arrested in 1862 and, after confinement in the Peter and Paul Fortress, was in exile for the rest of his life.
12. I. S. Aksakov (1823–86), the son of the writer S. T. Aksakov. He was a poet and brilliant journalist (the publisher of two newspapers), and the outstanding representative of the "younger" Slavophiles.
13. I. D. Belyaev (1810–73), an historian and expert on early Russian law.

разо́ванный° Петербу́рг соглаша́лся° с Ге́рценом и в осо́бенности с Черныше́вским. Я по́мню, как стоя́ли за него́ да́же конногварде́йские* офице́ры, кото́рых я ви́дел по воскресе́ньям, по́сле церко́вного пара́да*, у моего́ двою́родного* бра́та Дми́трия Никола́евича Кропо́ткина, полково́го° адъюта́нта* и фли́гель*-адъюта́нта. Настрое́ние° Петербу́рга в гости́ных° и на у́лице пока́зывало, что идти́ наза́д тепе́рь уже́ невозмо́жно. Освобожде́ние крестья́н должно́ бы́ло быть вы́полнено*. Отвоёван* был и друго́й о́чень ва́жный пункт°, и́менно освобожде́ние с землёй.

Но па́ртия крепостнико́в* не теря́ла наде́жды. Она́ добива́лась отсро́чки* рефо́рмы, уменьше́ния* наде́лов* и тако́й высо́кой выкупно́й* пла́ты за зе́млю, кото́рая де́лала бы экономи́ческую° неэави́симость° при́зраком*. И в э́том крепостники́ вполне́ успе́ли. Алекса́ндр II отстрани́л* Никола́я Милю́тина[14] (бра́та вое́нного мини́стра), явля́вшегося душо́й де́ла.

— Мне кра́йне° жаль расста́ться° с ва́ми, — сказа́л он, — но я до́лжен: дворя́нство называ́ет вас « кра́сным ».

Комите́ты пе́рвого созы́ва*, вы́работавшие° прое́кт освобожде́ния крестья́н, бы́ли распу́щены*. Но́вые комите́ты пересма́тривали* тепе́рь весь план в интере́сах крепостнико́в. Печа́ти опя́ть зажа́ли* рот.

Дела́ принима́ли, таки́м о́бразом, мра́чный хара́ктер. Тепе́рь уже́ возника́л вопро́с: состои́тся ли освобожде́ние? Я лихора́дочно* следи́л за борьбо́й, и по воскресе́ньям, когда́ това́рищи возвраща́лись в ко́рпус, спра́шивал их, что говоря́т их роди́тели°. О́сенью 1860 го́да ве́сти* ста́ли всё ху́же и ху́же. « Па́ртия Валу́ева[15] одержа́ла* верх ». « Они́ хотя́т пересмотре́ть* за́ново* всё де́ло ». « Ро́дственники княжны́* Долгору́кой (прия́тельницы* царя́) си́льно влия́ют на госуда́ря ». « Освобожде́ние крестья́н отло́жено°: боя́тся револю́ции ».

educated   agreed

Horse Guard

parade   cousin
regimental   aide-de-camp
"Imperial"   mood
drawing rooms

accomplished   won
point

serf-owners
postponement   reduction
land allotments   redemption
economic
independence   phantom
dismissed

extremely   part

convocation   worked out
dismissed
reexamined
"muzzled"

feverishly

parents
news
prevailed
reexamine   anew
Princess   friend

postponed

14. N. A. Milyutin (1818–72), a devoted government official, appointed in 1859 to the Ministry of Internal Affairs where, until his dismissal two years later, he worked for the liberation of the serfs.
15. P. A. Valuev (1814–90), an important career official. He was appointed Minister of Internal Affairs in 1861.

Вопро́сы к те́ксту

1. Где произошла́ револю́ция 1848-го го́да?

2. Что случи́лось, когда́ начала́сь Кры́мская война́?

3. Почему́ освобожде́ние крестья́н ста́ло « насу́щным вопро́сом »?

4. Чего́ хоте́л Алекса́ндр II?

5. Что сказа́л Алекса́ндр II в свое́й ре́чи в ма́рте 1856-го го́да?

6. Где, наконе́ц, бы́ло сде́лано нача́ло?

7. Что заяви́ли ло́ндонские изгна́нники?

8. Каки́е слу́хи ходи́ли в наро́де?

9. Чем запу́гивали крепостники́?

10. В каки́х журна́лах обсужда́лись подро́бности ка́ждого прое́кта?

11. Чего́ суме́ла доби́ться па́ртия крепостнико́в?

Подгото́вка к чте́нию

1. Да́же ма́сленичные балага́ны перевели́ в э́том году́ с Дворцо́вой пло́щади на Ма́рсовое по́ле, пода́льше от дворца́, из опасе́ния наро́дного восста́ния.

2. Дво́е из них, в дверя́х, так смешно́ мне сказа́ли: « Что ба́рин? Тепе́рь фюйть! »

3. Им придётся выкупа́ть наде́л, но пятно́ ра́бства смы́то. Реа́кции не удало́сь одержа́ть верх.

4. А ме́жду тем, кро́ме двух мест, где бы́ли возмуще́ния, да небольши́х беспоря́дков, кое́-где со́зданных, гла́вным о́бразом непонима́нием, вся Росси́я остава́лась споко́йной — бо́лее споко́йной, чем когда́-либо.

5. Тяжело́ бу́дет плати́ть вы́куп, кото́рый явля́лся, в су́щности, вознагражде́нием за дарово́й труд ото́бранных душ.

1. Even the carnival booths were moved in this year from the Palace Square to the Field of Mars—further away from the palace for fear of a popular uprising.

2. Two of them by the doors said to me in such a funny way: "What about it, noble sir? Now it's all gone!"

3. They will have to redeem the land, but the stain of slavery has been washed away; reaction had not succeeded in prevailing.

4. But meanwhile apart from two places where there were disturbances and small disorders, which were created here and there chiefly through misunderstanding, all Russia remained calm—calmer than ever.

5. It will be difficult to pay off the redemption which was, in essence, compensation for [the loss of the] gratis labor of the released serfs.

В январе́ 1861 го́да ста́ли, впро́чем, доходи́ть не́сколько бо́лее утеши́тельные* слу́хи. Все наде́ялись тепе́рь, что 19 февраля́, в день вступле́ния* Алекса́ндра на престо́л*, бу́дет объя́влен како́й-то манифе́ст* об освобожде́нии.

comforting
accession
throne
manifesto

Наступи́л° и э́тот день, но он не принёс ничего́. В э́тот день я был во дворце́*, где вме́сто большо́го был лишь ма́лый вы́ход*. Паже́й* второ́го кла́сса посыла́ли на таки́е вы́ходы, чтобы приуча́ть* к придво́рным* поря́дкам*, и девятна́дцатого была́ моя́ о́чередь. Я сопровожда́л* одну́ из вели́ких княги́нь при вы́ходе из це́ркви, а так как её муж не пока́зывался°, то она́ меня́ попроси́ла найти́ его́. Его́ вы́звали из кабине́та импера́тора, и я в полушутли́вом* то́не сказа́л вели́кому кня́зю о том, как беспоко́ится° его́ жена́. Я не подозрева́л° да́же, како́й ва́жный вопро́с обсужда́лся в тот моме́нт в кабине́те. Кро́ме не́скольких посвящённых*, никто́ во дворце́* не знал, что манифе́ст подпи́сан 19 февраля́. Его́ держа́ли в секре́те две неде́ли то́лько потому́, что че́рез неде́лю 26 февраля́, начина́лась ма́сленица*. Боя́лись, что в деревня́х пья́нство° в э́ти дни вы́зовет бу́нты*. Да́же ма́сленичные* балага́ны* перевели́* в э́том году́ с Дворцо́вой* пло́щади на Ма́рсово° по́ле,[1] пода́льше от дворца́*, из опасе́ния* наро́дного восста́ния. Войска́м бы́ли даны́ са́мые стро́гие инстру́кции*, каки́м о́бразом усмиря́ть* беспоря́дки*.

came
palace
levee pages
accustom
court ways
in attendance on
appeared
half joking
disturbed suspect
"initiated into the secret"
palace
Mardi gras drunkenness
uprisings carnival fair stands
transferred palace
Martian palace fear
instructions pacify
disorders

Че́рез две неде́ли, у́тром 5 ма́рта, в после́дний день ма́сленицы*, я был в ко́рпусе, так как в по́лдень° до́лжен был идти́ на разво́д* в Миха́йловский мане́ж*. Я лежа́л ещё в посте́ли, когда́ мой денщи́к* Ивано́в вбежа́л* с ча́йным* подно́сом* в рука́х и воскли́кнул:

Mardi gras
noon "changing of the guard"
riding school orderly
ran in tea tray

— Князь, во́ля! Манифе́ст вы́вешен* в Гости́ном дворе́ (напро́тив ко́рпуса).

posted

1. An extensive field in St. Petersburg that served as a parade ground and also as the site of holiday open-air festivities.

— Ты сам ви́дел манифе́ст?

— Да. Наро́д стои́т круго́м. Оди́н чита́ет, а все слу́шают.

Че́рез две мину́ты я уже́ оде́лся и был на у́лице.

— Кропо́ткин, во́ля! — кри́кнул входи́вший в ко́рпус това́рищ. — Вот манифе́ст. Мой дя́дя узна́л вчера́, что его́ бу́дут чита́ть за ра́нней° обе́дней* в Иса́акиевском собо́ре. Наро́да бы́ло немно́го, одни́ мужики́°. По́сле обе́дни прочита́ли и разда́ли манифе́ст. Крестья́не хорошо́ по́няли его́ значе́ние. Когда́ я выходи́л из собо́ра, мно́го мужико́в стоя́ло на па́перти*. Дво́е из них, в дверя́х, так смешно́ мне сказа́ли: « Что ба́рин? Тепе́рь фюить*! » Това́рищ ми́микой* пе́редал, как мужики́ указа́ли ему́ доро́гу. Го́ды томи́тельного* ожида́ния сказа́лись* в э́том же́сте° выпрова́живания* ба́рина. Я чита́л и перечи́тывал манифе́ст. Он был соста́влен* престаре́лым* моско́вским митрополи́том* Филаре́том напы́щенным* языко́м. Церковнославя́нские* оборо́ты* то́лько затемня́ли* смысл.

Но то была́ во́ля, без вся́кого сомне́ния, хотя́ не неме́дленная°. Крестья́не остава́лись крепостны́ми ещё два го́да, до 19 февраля́ 1863 го́да; тем не ме́нее, я́сно бы́ло одно́: крепостно́е пра́во уничто́жено*, и крестья́не получа́ют наде́л*. Им придётся выкупа́ть* его́, но пятно́° ра́бства* смы́то. Рабо́в бо́льше нет. Реа́кции° не удало́сь одержа́ть* верх*.

Мы отпра́вились на разво́д*. Когда́ вое́нная церемо́ния* ко́нчилась, Алекса́ндр II, кото́рый всё ещё продолжа́л сиде́ть на коне́, гро́мко кри́кнул: « Господа́° офице́ры, ко мне! » Офице́ры окружи́ли° царя́, и он гро́мко на́чал речь о вели́ком собы́тии дня.

— Господа́ офице́ры... Представи́тели дворя́нства в а́рмии... — долете́ли* до нас отры́вки* ре́чи. — Поло́жен коне́ц веково́й* несправедли́вости*... Я жду жертв* от дворя́нства... Благоро́дное дворя́нство сомкнётся* вокру́г престо́ла*... — И так да́лее. Когда́ Алекса́ндр ко́нчил, ему́ отве́тили восто́рженными* кри́ками ура́!

Наза́д мы скоре́е добежа́ли*, чем дошли́ до ко́рпуса. Мы спеши́ли° в италья́нскую° о́перу° на после́дний в сезо́не* сбо́рный* дневно́й° спекта́кль°.

Не подлежа́ло* сомне́нию, что бу́дут каки́е-нибудь манифеста́ции*. Поспе́шно* сбро́сили° мы вое́нную амуни́цию*, и я, с не́сколькими това́рищами, помча́лся* в теа́тр, на галере́ю* шесто́го я́руса*. Теа́тр был перепо́лнен*.

Во вре́мя пе́рвого же антра́кта* кури́льная* напо́лнилась* возбуждённой° молодёжью. Знако́мые и незнако́мые восто́рженно* обме́нивались* впечатле́ниями.

Мы тут же пореши́ли возврати́ться° в зал и запе́ть* всем вме́сте « Бо́же, царя́ храни́*! »

Но вот донесли́сь° зву́ки му́зыки, и мы поспеши́ли обра́тно° в зал. Орке́стр игра́л уже́ гимн*; но зву́ки его́ ско́ро ста́ли утопа́ть* в кри́ках « ура́! » всех зри́телей°. Я ви́дел, как дирижёр* Баве́ри маха́л па́лочкой*, но не мог улови́ть* ни одного́ зву́ка грома́дного орке́стра. Баве́ри ко́нчил, но восто́рженные* кри́ки « ура́! » не прекраща́лись*. Он сно́ва замаха́л* па́лочкой*; я ви́дел движе́ние смычко́в*, ви́дел, как надува́лись* щёки музыка́нтов°, игра́вших на ме́дных° инструме́нтах°, но восто́рженные кри́ки опя́ть заглуша́ли* му́зыку. Баве́ри в тре́тий раз на́чал гимн. И то́лько тогда́, к са́мому концу́, отде́льные зву́ки ме́дных инструме́нтов ста́ли поро́й* проре́зывать* гул* челове́ческих голосо́в.

Таки́е же восто́рженные сце́ны повторя́лись и на у́лицах. То́лпы крестья́н и образо́ванных люде́й стоя́ли пе́ред Зи́мним дворцо́м* и крича́ли « ура́! » Когда́ царь показа́лся на у́лице, за его́ коля́ской* помча́лся* лику́ющий* наро́д. Ге́рцен был прав, сказа́вши два го́да спустя́°, когда́ Алекса́ндр II топи́л* по́льскую револю́цию в крови́, а Муравьёв-ве́шатель*² души́л* её на эшафо́те*: « Алекса́ндр Никола́евич, заче́м вы не у́мерли в э́тот день? Вы оста́лись бы геро́ем в исто́рии! »

Где же бы́ли восста́ния, предска́занные* крепостника́ми*? Тру́дно бы́ло приду́мать° состоя́ние бо́лее неопределённое*, чем то, кото́рое вводи́ло* « Положе́ние »*. Е́сли что́-нибудь могло́ вы́звать мяте-

subject
demonstrations hastily
  threw off
gear

rushed gallery tier
crowded
intermission smoking
  lounge
filled excited

excitedly exchanged

return

sing save

carried

back hymn

drown

spectators conductor

baton catch

excited ceased
started to wave baton
  violin bows
puffed out musicians

wind instruments

drowned out

at times cut through
  clamour

palace

carriage

rushed jubilant

later

drowned
"the hangman" suffocated
  scaffold

predicted

serf-owners imagine

indefinite introduced
"Emancipation Proclama-
  tion"

2. M. K. Muraviëv (1796–1866) was appointed governor-general of the areas in revolt in Poland. After crushing the revolt he inflicted brutal retribution on the Poles, including many hangings and the exile of entire families. He was therefore called the Hangman.

жи́*, то и́менно запу́танная* неопределённость* усло́вий, со́зданная зако́ном. А ме́жду тем, кро́ме двух мест, где бы́ли возмуще́ния*, да небольши́х беспоря́дков*, ко́е-где́* со́зданных, гла́вным о́бразом, непонима́нием, вся Росси́я остава́лась споко́йной — бо́лее споко́йной, чем когда́-либо*. С обы́чным здра́вым смы́слом крестья́не по́няли, что крепостно́му пра́ву поло́жен коне́ц, что пришла́ во́ля.

Я посети́л Нико́льское[3] в а́вгусте 1861 го́да, а зате́м сно́ва ле́том 1862 го́да, и был поражён° тем, как разу́мно и споко́йно при́няли крестья́не но́вые усло́вия. Они́ зна́ли о́чень хорошо́, как тяжело́ бу́дет плати́ть вы́куп*, кото́рый явля́лся, в су́щности°, вознагражде́нием* за дарово́й* труд ото́бранных* душ*; но они́ так высоко́ цени́ли° своё ли́чное освобожде́ние от ра́бства*, что при́няли да́же таки́е разори́тельные* усло́вия. Пра́вда, де́лалось э́то не без ро́пота*, но крестья́не покори́лись* необходи́мости. В пе́рвые ме́сяцы они́ пра́здновали* по́ два дня в неде́лю, уверя́я°, что грех° рабо́тать по пя́тницам; но когда́ наступи́ло ле́то, они́ приняли́сь за рабо́ту ещё с бо́льшим усе́рдием*, чем пре́жде.

revolts muddled in-
definiteness

unrest

disturbances here and there

ever

struck

land redemption price
essence compensation
gratis
"released peasants" valued
slavery
ruinous
complaint submitted
idled
averring sin

zeal

3. Nikolskoe, a family estate of the Kropotkins in Kaluga province.

Вопро́сы к те́ксту

1. Почему́ все ду́мали, что манифе́ст бу́дет объя́влен 19-го февраля́?

2. Что де́лал Кропо́ткин в э́тот день?

3. Что случи́лось 19-го февраля́?

4. Почему́ манифе́ст держа́ли в секре́те?

5. Что случи́лось у́тром 5-го ма́рта?

6. Где и когда́ чита́ли манифе́ст?

7. Как он был напи́сан?

8. Как до́лго крестья́не остава́лись ещё крепостны́ми?

9. Когда́ они́ должны́ бы́ли получи́ть наде́л и каки́м о́бразом?

10. Что случи́лось на разво́де?

11. Куда́ отпра́вился Кропо́ткин ве́чером?

12. Что произошло́ в теа́тре?

Подготовка к чтению

1. К тому́ же из крестья́н уже́ вы́делились таки́е ли́чности, кото́рые могли́ постоя́ть за их права́.

2. Раз нико́льский ста́роста Васи́лий Ивано́в пришёл ко мне с про́сьбой объясни́ть ему́ одно́ тёмное ме́сто в « Положе́нии ».

3. Я убеди́лся, что он отли́чно разобра́лся в запу́танных гла́вах и пара́графах, хотя́ и чита́л-то далеко́ не бо́йко.

4. Приходи́лось пло́хо тем, кото́рые не зна́ли никако́го ремесла́; а ме́жду тем большинство́ их предпочита́ло лу́чше перебива́ться ко́е-ка́к, чем остава́ться у пре́жних госпо́д.

5. Земля́, кото́рую оте́ц мой, предви́дя освобожде́ние, продава́л уча́стками по оди́ннадцати рубле́й за десяти́ну, крестья́нам ста́вилась в со́рок рубле́й.

6. Лет де́сять по́сле э́того па́мятного дня я попа́л в тамбо́вское име́нье, кото́рое доста́лось мне по насле́дству от отца́.

1. In addition, there had already begun to arise among the peasants individuals who could stand up for their rights.

2. Once the Nikolskoe elder Vasilii Ivanov came to me with a request to explain to him an unclear place in the "Emancipation Proclamation."

3. I became convinced that he made his way very well among the muddled chapters and paragraphs, even though he read far from fluently.

4. It was turning out badly for those who did not have any trade; but nevertheless, the majority of them preferred to make ends meet somehow rather than to remain with their previous masters.

5. The land that my father, in anticipation of the emancipation, had sold in lots at 11 rubles per dessiatine (2.7 acres) was priced at 40 rubles for the peasants.

6. About ten years after this memorable day, I happened to go to our Tambov estate, which I had inherited from my father.

4

Когда́ я уви́дел на́ших нико́льских крестья́н че́рез пятна́дцать ме́сяцев по́сле освобожде́ния, я не мог налюбова́ться* и́ми. Врождённая* доброта́° их и мя́гкость° оста́лись, но клеймо́* ра́бства* исче́зло. Крестья́не говори́ли со свои́ми пре́жними господа́ми*, как ра́вные с ра́вными, как бу́дто бы никогда́ и не существова́ло ины́х отноше́ний ме́жду ни́ми. К тому́ же из крестья́н уже́ вы́делились* таки́е ли́чности°, кото́рые могли́ постоя́ть за их права́. « Положе́ние » — бы́ло большо́й и тяжело́ напи́санной кни́гой. Я затра́тил* не ма́ло вре́мени, поку́да* по́нял её. Но когда́ раз нико́льский ста́роста° Васи́лий Ивано́в пришёл ко мне с про́сьбой объясни́ть одно́ тёмное ме́сто в « Положе́нии », я убеди́лся, что он отли́чно° разобра́лся° в запу́тан-ных* глава́х* и пара́графах, хотя́ и чита́л-то далеко́ не бо́йко*.

Ху́же всего́ бы́ло дворо́вым*. Они́ не получи́ли наде́ла*, да и вряд* ли зна́ли бы, что де́лать с ним, е́сли бы получи́ли. Дворо́вым* да́ли свобо́ду и ни-чего́ бо́льше. В на́шей окру́ге* почти́ все они́ оста́вили свои́х пре́жних госпо́д; у моего́ отца́, наприме́р, никто́ не оста́лся. Они́ разбрели́сь* в по́исках* за заня́тиями*. Мно́гие нашли́ сейча́с же места́ у купцо́в*, кото́рые горди́лись° тем, что у них слу́жит ку́чер° кня́зя тако́го-то и́ли по́вар* генера́ла тако́го-то. Зна́вшие* како́е-нибудь ремесло́* находи́ли рабо́ту в го́роде. Так, наприме́р, орке́стр моего́ отца́ так и оста́лся орке́стром, хоро-шо́ зараба́тывал* в Калу́ге и подде́рживал дру-желю́бные* отноше́ния с на́шим до́мом. При-ходи́лось пло́хо тем, кото́рые не зна́ли никако́го ремесла́*. А ме́жду тем большинство́ их пред-почита́ло* лу́чше перебива́ться° ко́е-ка́к*, чем остава́ться у пре́жних госпо́д.

Что каса́ется поме́щиков, то кру́пные землевладе́-льцы* всё пусти́ли в ход в Петербу́рге, чтобы возобнови́ть* крепостно́е пра́во под каки́м-нибудь

admire innate goodness

gentleness brand slavery

masters

arose
personalities

expended

until
elder

very well made his way
muddled chapters
"fluently"

household serfs
land allotment scarcely
household serfs

district

dispersed
search occupations
merchants took pride
coachman such and such
cook
those who knew
trade

made a living

friendly

trade
preferred make ends meet
somehow

landowners

resurrect

но́вым назва́нием° (отча́сти° они́ и успе́ли в э́том при Алекса́ндре III); но бо́льшая часть остальны́х поме́щиков покори́лась* рефо́рме, как неминуе́мому* бе́дствию*. Молодо́е поколе́ние дало́ Росси́и тех замеча́тельных мировы́х° посре́дников*,[1] а впосле́дствии мировы́х суде́й°, кото́рые соде́йствовали* так мно́го ми́рному проведе́нию* эмансипа́ции. Лю́ди же ста́рого поколе́ния то́лько мечта́ли заложи́ть* выкупны́е* свиде́тельства* (земля́ была́ оценена́° гора́здо вы́ше её сто́имости*) и сообража́ли*, как прокути́ть* э́ти де́ньги в рестора́нах и́ли же пусти́ть на зелёное* по́ле*. И действи́тельно, большинство́ из них прокути́ли* и́ли проигра́ли* выкупны́е* де́ньги, как то́лько получи́ли их.

Для мно́гих поме́щиков освобожде́ние крестья́н оказа́лось в су́щности вы́годной* сде́лкой*. Так, наприме́р, та земля́, кото́рую оте́ц мой, предви́дя* освобожде́ние, продава́л уча́стками* по оди́ннадцати рубле́й за десяти́ну*, крестья́нам ста́вилась* в со́рок рубле́й, то есть в три с полови́ной ра́за бо́льше. Так бы́ло везде́ в на́шей окру́ге*. В тамбо́вском[2] же степно́м* име́нии* отца́ мир° снял всю зе́млю на двена́дцать лет, и оте́ц получа́л вдво́е бо́льше чем пре́жде, когда́ зе́млю обраба́тывали* ему́ крепостны́е.

Лет де́сять по́сле э́того па́мятного° дня я попа́л в тамбо́вское име́ние*, кото́рое доста́лось мне по насле́дству* от отца́. Я про́жил там не́сколько неде́ль. Ве́чером, по́сле моего́ отъе́зда, наш молодо́й свяще́нник*, у́мный, незави́симого о́браза мы́слей (таки́е иногда́ встреча́ются в ю́жных губе́рниях), вы́шел погуля́ть*. Зака́т* со́лнца был великоле́пный. Из степи́ тяну́л° напоённый* арома́том* ветеро́к*. За дере́вней, на приго́рке*, он нашёл не о́чень ста́рого крестья́нина, Анто́на Саве́льева, кото́рый чита́л псалты́рь*. Крестья́нин с трудо́м разбира́л* по склада́м* церко́вную печа́ть и ча́сто чита́л кни́гу, начина́я с после́дней страни́цы. Ему́ нра́вился

Margin glosses:

name partly

submit
unavoidable calamity
commune mediators
judges
contributed carrying out

collateralize redemption
  certificates
appraised value
were figuring out
  squander
"green felt gambling tables"
squandered lost
redemption

advantageous deal
foreseeing
in lots
dessiatine (2.7 acres) was
  priced at
district
steppe estate
  village commune rented

worked

memorable

estate
inheritance

priest

stroll sunset
stretched saturated
  aroma breeze
hillock

Psalter made out
by syllables

1. The "village-community arbitrators" came into being through a royal decree of 1859. The arbitrators, all landowning nobles, were elected for a three-year term by the peasants. They mediated claims of land ownership and rights between the peasants and nobles.
2. Tambov, a province southeast of Moscow, noted as a bountiful agricultural area.

бо́льше всего́ проце́сс° чте́ния, зате́м како́е-нибудь сло́во поража́ло* его́, и ему́ бы́ло прия́тно повторе́ние* э́того сло́ва; тепе́рь он чита́л 106-й псало́м*, где ча́сто повторя́ется « ра́дуюсь° я ».

— Что вы чита́ете, Анто́н Саве́льевич? — спроси́л свяще́нник*.

— А вот, ба́тюшка°, расскажу́ вам. Четы́рнадцать лет тому́ наза́д прие́хал сюда́ ста́рый князь. Была́ зима́. Я то́лько что верну́лся домо́й с рабо́ты и совсе́м замёрз*. Кружи́ла° мете́ль*. То́лько стал я раздева́ться* — слы́шу ста́роста стучи́т в окно́ и кричи́т: « Ступа́й° к кня́зю; он тебя́ тре́бует! » Тут мы все, моя́ ба́ба и ребяти́шки* перепуга́лись*. « Заче́м э́то ты пона́добился° кня́зю? » — переполоши́лась* моя́ хозя́йка. Я перекрести́лся* и пошёл. Как переходи́л плоти́ну*, мете́ль* мне все глаза́ совсе́м залепи́ла*. Ну, обошло́сь* всё благополу́чно*. Ста́рый князь спал по́сле обе́да, прожда́л* я часа́ два в пере́дней°, а когда́ вы́спался* князь, то то́лько спроси́л меня́:

— А что, Анто́н Саве́льев, уме́ешь штукату́рить*?

— Уме́ю, ва́ше сия́тельство*.

— Ну, так приходи́ за́втра, попра́вишь° штукату́рку* в э́той ко́мнате.

Пошёл я домо́й совсе́м весёлый. То́лько прихожу́ на плоти́ну* — ви́жу хозя́йка моя́ стои́т. Всё вре́мя, в мете́ль, простоя́ла она́ с дитёй на рука́х — меня́ дожида́лась*.

— Что тако́е, Саве́льич? — спра́шивает.

— Ничего́, — говорю́ я, — всё благополу́чно*, штукату́рку* звал попра́вить. Так вот, ба́тюшка, как оно́ бы́ло при ста́ром кня́зе. А тепе́рь вот прие́хал молодо́й князь, пошёл я на него́ посмотре́ть. Сиди́т он в саду́, в холодке́*, о́коло до́ма, чай пьёт. Вы, ба́тюшка, сиди́те с ним, и волостно́й* старшина́* с меда́лью° тут же.

— Хо́чешь ча́ю, Саве́льич? — спра́шивает князь.
— Подса́живайся*. Дай ему́ стул, Пётр Григо́рьевич. И Пётр Григо́рьевич — уж каки́м сатано́й* был он для нас, когда́ служи́л управля́ющим° у ста́рого кня́зя — несёт стул! Се́ли мы за стол, каля́каем*, а он всем чай налива́ет*. — Ну, ба́тюш-

process	
struck	
repetition	
psalm rejoice	
priest	
father	
frozen swirled snowstorm	
undress	
go	
kids took fright	
needed	
"cried" crossed myself	
"bridge" snowstorm	
glued shut turned out	
all right waited	
entry hall woke up	
do plastering	
excellency	
repair	
plaster	
"bridge"	
waiting	
all right	
plaster	
cool place	
district	
elder "badge of office"	
have a seat	
devil	
manager	
chatting pours	

ка, сего́дня така́я благода́ть*, ве́чер хоро́ший, со степи́ во́здух* несёт тако́й лёгкий, — так вот я сижу́ и чита́ю: «Ра́дуюсь я! Ра́дуюсь я!»

Вот что означа́ла* во́ля для крестья́н!

bliss

air

meant

Вопро́сы к те́ксту

---

1. Како́е отноше́ние бы́ло ме́жду крестья́нами и их пре́жними господа́ми?

2. Кому́ бы́ло ху́же всех и почему́?

3. Кому́ из них приходи́лось не о́чень пло́хо?

4. Каки́е лю́ди вы́шли из молодо́го поколе́ния?

5. Что де́лало большинство́ из ста́рого поколе́ния?

6. Почему́ для мно́гих поме́щиков освобожде́ние крестья́н оказа́лось вы́годной сде́лкой?

7. Про кого́ расска́зывал Кропо́ткину молодо́й свяще́нник?

8. Почему́ князь вы́звал Анто́на Саве́льева?

9. Почему́ Анто́н Саве́льев э́того не мог забы́ть?

10. С кем он сра́внивал ста́рого кня́зя?

11. Почему́ Анто́н Саве́льев чита́л псалты́рь?

Подготовка к чтению

1. Они́ напо́лнили шар; но он, тем не ме́нее, упо́рно отка́зывался подня́ться. Водоро́д не́ был просу́шен.

1. They filled the balloon but it, nonetheless, stubbornly refused to rise; the hydrogen had not dried out.

2. Как оказа́лось пото́м, слу́чай с возду́шным ша́ром вы́шел о́чень кста́ти.

2. As it turned out later, the incident with the balloon came out most opportunely.

3. Солда́т стал нело́вко выта́скивать боевы́е патро́ны из су́мки; мину́ты две он вози́лся, достава́я их.

3. The soldier clumsily began to drag the live cartridges out of his pouch; he bumbled about for a couple of minutes getting them.

4. Неме́дленно зате́м скрипа́ч (и о́чень хоро́ший, до́лжен сказа́ть) заигра́л бе́шеную и подмыва́ющую мазу́рку Ко́нтского, как бы жела́я внуши́ть...

4. Soon afterwards the fiddler (and a very good one, I must say) began to play a wild and exciting mazurka of Kontski as if wishing to inspire [me]...

5. Я сбро́сил зелёный фланéлевый хала́т и пусти́лся бежа́ть.

5. I threw off the green flannel dressing gown and started to run.

Побег*   escape

1

Наконец, день побега* был назначен° — 29-е   escape appointed
июня, день Петра и Павла.[1] Друзья мои внесли
струйку* сантиментальности* и хотели освободить   "touch" sentimentalism
меня непременно в этот день. Они сообщили мне,
что на мой сигнал: « В тюрьме всё благополучно* »,   all right
они ответят: « Всё благополучно и у нас », вы-
пустив красный игрушечный* шар°. Тогда подъедет   toy balloon
пролётка*, и кто-нибудь будет петь песню, покуда*   carriage when
улица свободна.

Я вышел 29 июня, снял шапку и ждал воздушного°   air
шара; но его не было. Прошло полчаса. Я слышал,
как прошумели* колёса° пролётки* на улице; я   rumbled wheels carriage
слышал, как мужской голос выводил° незнакомую   "take up"
мне песню, но шара не было.

Прошёл час, и с упавшим° сердцем я возвратился   fallen
в свою комнату. « Случилось что-нибудь недоброе*,   bad
что-нибудь неладно* у них », думал я.   wrong

В тот день случилось невозможное. Около
Гостиного двора,[2] в Петербурге, продаются всегда
сотни° детских шаров. В этот же день не оказалось   hundreds
ни одного. Товарищи нигде° не могли найти шара.   nowhere
Наконец, они добыли° один у ребёнка*, но шар был   got child
старый и не летал°. Тогда товарищи мои кинулись*   fly rushed

1. The holiday of the two apostles St. Peter and St. Paul.
2. Gostiny Dvor, an extensive conglomerate of buildings and passages that housed numerous shops and trade enterprises of the most varied kind.

в опти́ческий* магази́н°, приобрели́° аппара́т для добыва́ния* водоро́да* и напо́лнили* им шар; но он, тем не ме́нее, упо́рно* отка́зывался° подня́ться°: водоро́д* не́ был просу́шен*. Вре́мя уходи́ло. Тогда́ одна́ да́ма привяза́ла* шар к своему́ зо́нтику* и, держа́ после́дний высоко́ над голово́й, начала́ ходи́ть взад* и вперёд по тротуа́ру*, под забо́ром° на́шего двора́. Но я ничего́ не ви́дел: забо́р был о́чень высо́кий, а да́ма — о́чень ма́ленькая.

Как оказа́лось пото́м, слу́чай с возду́шным ша́ром вы́шел о́чень кста́ти. Когда́ моя́ прогу́лка* ко́нчилась, пролётка* прое́хала по тем у́лицам, по кото́рым она́ должна́ была́ проскака́ть* в слу́чае моего́ побе́га. И тут, в у́зком переу́лке*, её задержа́ли* возы́° с дрова́ми° для го́спиталя*. Ло́шади шли в беспоря́дке*, одни́ по пра́вую сто́рону у́лицы, други́е — по ле́вую, и пролётка* могла́ дви́гаться то́лько ша́гом; на поворо́те° её совсе́м останови́ли. Е́сли бы я сиде́л в ней, нас наве́рное° бы пойма́ли°.

Тепе́рь това́рищи установи́ли° це́лый ряд° сигна́лов, что́бы дать знать, свобо́дны ли у́лицы и́ли нет. На протяже́нии* о́коло двух вёрст° от го́спиталя бы́ли расста́влены* часовы́е*. Оди́н до́лжен был ходи́ть взад* и вперёд с платко́м° в рука́х и спря́тать плато́к, как то́лько пока́жутся возы́°. Друго́й — сиде́л на тротуа́рной* ту́мбе* и ел ви́шни*; но как то́лько возы́ пока́зывались, он переста́вал°. И так шло по всей ли́нии. Все э́ти сигна́лы, передава́ясь° от часово́го* к часово́му, доходи́ли, наконе́ц, до пролётки. Мои́ друзья́ сня́ли та́кже упомя́нутую* вы́ше се́ренькую да́чу°, и у её откры́того окна́ помести́лся* скрипа́ч* со скри́пкой* в рука́х, гото́вый заигра́ть*, как то́лько полу́чит сигна́л: « У́лица свобо́дна ».

Побе́г назна́чили на сле́дующий день. Дальне́йшая отсро́чка* могла́ быть опа́сна: в го́спитале уже́ заме́тили пролётку*. Вла́сти*, должно́ быть, проню́хали° не́что подозри́тельное*, потому́ что накану́не побе́га, ве́чером, я слы́шал, как патру́льный* офице́р спроси́л часово́го*, стоя́вшего у моего́ окна́: « Где твои́ боевы́е° патро́ны*? » Солда́т стал их нело́вко выта́скивать* из су́мки*; мину́ты две он

optician's shop got
making hydrogen filled
stubbornly refused rise
hydrogen dried

fastened parasol

back sidewalk fence

opportunely walk
carriage
gallop through
lane
delayed carts firewood hospital
disorder
carriage
turn
probably caught

established series

distance versts (1 verst = 2/3 mile)
posted sentries
back handkerchief
carts
sidewalk curb cherries
ceased
being transmitted
sentry
mentioned
cottage
was placed fiddler fiddle
start playing

delay
carriage authorities
sniffed out suspicious
patrol
sentry
"live" cartridges
drag pouch

возился°, доставая° их. Патрульный офицер ругал- 〔fussed getting〕
ся°: «Разве не было приказано всем вам держать 〔swore〕
четыре боевых патрона* в кармане шинели?» Он 〔cartridges〕
отошёл только тогда, когда солдат это сделал.

— Гляди в оба!* — сказал офицер, отходя°. 〔"look sharp" leaving〕

Новую систему сигналов нужно было немедленно
же сообщить мне. На другой день, в два часа, в
тюрьму явилась дама, близкая мне родственница*, 〔relative〕
и попросила, чтобы мне передали часы. Всё про-
ходило обыкновенно через руки прокурора*; но как 〔procurator〕
то были просто часы, без футляра*, их передали. В 〔case〕
часах же находилась крошечная* зашифрованная* 〔tiny coded〕
записочка°, в которой излагался° весь план. Когда 〔note laid out〕
я увидал° её, меня просто охватил ужас, до такой 〔saw〕
степени поступок° поражал* своей смелостью*. 〔act struck boldness〕
Жандармы* уже разыскивали* даму по другому 〔gendarmes "looking for"〕
делу, и её задержали* бы на месте, если бы кто- 〔detained〕
нибудь вздумал* открыть крышку* часов, но я 〔taken into his head lid〕
видел, как моя родственница спокойно вышла из
тюрьмы и потихоньку* пошла по бульвару*, 〔slowly boulevard〕
крикнув° мне, стоявшему у окна: «А вы часы-то 〔shouted〕
проверьте°!» 〔check〕

Я вышел на прогулку*, по обыкновению*, в 〔walk usual〕
четыре часа и подал свой сигнал. Сейчас же я
услышал стук колёс° экипажа°, а через несколько 〔wheels carriage〕
минут из серого домика* до меня донеслись° звуки 〔little house were borne〕
скрипки*. Но я был в то время у другого конца 〔fiddle〕
здания. Когда же я вернулся по тропинке* к тому 〔path〕
концу, который был ближе к воротам, шагах в ста
от них, часовой стоял совсем у меня за спиной.
«Пройду ещё раз!» подумал я. Но прежде чем я
дошёл до дальнего конца тропинки*, звуки скрипки 〔path〕
внезапно оборвались*. 〔broke off〕

Прошло больше четверти часа в томительной* 〔tiresome〕
тревоге, прежде чем я понял причину перерыва*: в 〔interruption〕
ворота въехало* несколько тяжело нагруженных* 〔entered loaded〕
дровами* возов*, и они направились в другой 〔firewood carts〕
конец двора. Немедленно затем скрипач (и очень
хороший, должен сказать) заиграл бешеную* и 〔wild〕
подмывающую* мазурку* Контского, как бы 〔exciting mazurka〕
желая внушить*: «Теперь смелей°! Твоё время, — 〔inspire boldly〕
пора!» Я медленно подвигался* к тому концу 〔moved〕

тропи́нки*, кото́рый был побли́же к воро́там, дрожа́* при мы́сли, что зву́ки мазу́рки мо́гут оборва́ться*, пре́жде чем я дойду́ до конца́.

Когда́ я дости́г° его́, то огляну́лся°! Часово́й останови́лся в пяти́ и́ли шести́ шага́х за мной и смотре́л в другу́ю сто́рону. «Тепе́рь и́ли никогда́!», по́мню я, сверкну́ло* у меня́ в голове́. Я сбро́сил зелёный флане́левый* хала́т° и пусти́лся бежа́ть.

path
shaking
break off

reached   looked around

flashed
flannel   robe

Вопро́сы к те́ксту

1. На како́й день был назна́чен побе́г?

2. Как друзья́ собира́лись дать знать Кропо́ткину, что всё благополу́чно?

3. Почему́ с побе́гом в э́тот день ничего́ не вы́шло?

4. Почему́ Кропо́ткин был э́тому рад?

5. Что установи́ли тепе́рь това́рищи и как?

6. Где сиде́л скрипа́ч?

7. О чём спра́шивал солда́та патру́льный офице́р?

8. Как сообщи́ли но́вый план Кропо́ткину?

9. Почему́ зву́ки скри́пки внеза́пно оборва́лись?

10. Что сде́лал Кропо́ткин пе́ред тем, как побежа́л?

Подготóвка к чтéнию

1. Я терпелѝво упражнѧ́лся в моéй кóмнате до тех пор, покýда научѝлся дéлать э́то чѝсто, как солдáт ружéйные приёмы.

2. Не раз я имéл возмóжность восторгáться егó поразѝтельным мýжеством, смéлостью и сѝлой, становѝвшейся неимовéрной в минýту опáсности.

3. Я едвá не вы́крикнул ѝмени, но вóвремя спохватѝлся и, вмéсто э́того, захлóпал на бегý в ладóши, чтóбы застáвить сидѧ́щего оглянýться.

4. Я её, пóдлую, пéрвым дéлом под микроскóп сýнул.

5. Два жандáрма, стоѝ́щие у дверéй питéйного, óтдали честь воéнной фурáжке Вéймара.

6. Онá и смеѧ́лась, и плáкала, в то же врéмя умолѧ́я менѧ́ переодéться поскорéе и подстрѝчь бросáщуюся в глазá бóроду.

1. I patiently practiced in my room until I had learned to do this cleanly like a soldier [doing] arms drill.

2. Many times I had the opportunity to be delighted by his striking bravery, daring and strength which became incredible in a moment of danger.

3. I almost cried out the name but caught myself in time and instead of this I clapped my hands while running in order to force the sitting [figure] to look around.

4. The first thing I did was to shove it, the miserable little thing, under the microscope.

5. Two gendarmes who were standing by the doors of a tavern saluted Weimar's military cap.

6. She both laughed and cried simultaneously imploring me to change my clothes more quickly and to shave my eye-catching beard.

2

Задо́лго* до э́того я практикова́лся, как снима́ть мой бесконе́чный° и неуклю́жий* балахо́н*. Он был тако́й дли́нный, что мне приходи́лось таска́ть* подо́л* его́ на ле́вой руке́, как да́мы де́ржат шлейф* амазо́нки*. Несмотря́ на все стара́ния*, я не мог ски́нуть* хала́т в оди́н приём*. Я подпоро́л* швы* под мы́шками*, но и э́то не помога́ло. Тогда́ я реши́л научи́ться° снима́ть его́ в два приёма*: пе́рвый — ски́нуть* шлейф* с руки́, второ́й — сбро́сить хала́т на зе́млю. Я терпели́во* упражня́лся* в мое́й ко́мнате до тех пор, поку́да* научи́лся де́лать э́то чи́сто, как солда́т руже́йные* приёмы*: « Раз, два! » — и хала́т лежа́л на земле́.

Не о́чень-то доверя́я° мои́м си́лам, я побежа́л снача́ла ме́дленно, что́бы сбере́чь* их. Но едва́ я сде́лал не́сколько шаго́в, как крестья́не, скла́дывавшие* дрова́ на друго́м конце́ двора́, заголоси́ли*: « Бежи́т, держи́ его́! Лови́° его́! » — и ки́нулись* мне наперере́з* к воро́там. Тогда́ я помча́лся*, что бы́ло сил. Я ду́мал то́лько о том, что́бы бежа́ть скоре́е. Пре́жде меня́ беспоко́ила вы́боина*, кото́рую возы́ вы́рыли* у са́мых воро́т, тепе́рь я забы́л её. — Бежа́ть, бежа́ть! Наско́лько* хва́тит сил!

Друзья́ мои́, следи́вшие за всем из окна́ се́ренького* до́мика*, расска́зывали пото́м, что за мной погнали́сь* часово́й и три солда́та, сиде́вшие на крыле́чке* тюрьмы́. Не́сколько раз часово́й про́бовал° уда́рить меня́ сза́ди° штыко́м°, броса́я вперёд ру́ку с ружьём°. Оди́н раз друзья́ да́же поду́мали, что вот меня́ пойма́ли. Часово́й не стреля́л, так как был сли́шком уве́рен, что дого́нит° меня́. Но я удержа́л расстоя́ние. Добежа́вши* до воро́т, солда́т останови́лся.

Вы́скочив° за воро́та, я, к у́жасу моему́, заме́тил, что в проле́тке* сиди́т како́й-то шта́тский* в вое́нной фура́жке*. Он сиде́л, не обора́чиваясь* ко мне! « Пропа́ло* де́ло! » — мелькну́ло* у меня́. Това́ри-

for long

endless clumsy robe

drag
hem train

riding habit efforts
throw off movement
ripped out seams
armpits

learn movements

throw off train

patiently practiced

until

"arms drill"

trusting

conserve

piling started to shout

catch rushed

cut off dashed

rut

dug out

as much as

gray little house

chased

porch
tried from behind bayonet
rifle

overtake

having reached

having darted out
carriage civilian
forage cap turning
lost flashed

щи сообщи́ли мне в после́днем письме́: «Раз вы бу́дете на у́лице, не сдава́йтесь°; вблизи́* бу́дут друзья́, что́бы отби́ть* вас», и я во́все не жела́л вскочи́ть* в проле́тку*, е́сли там сиди́т враг. Одна́ко, когда́ я стал подбега́ть*, я заме́тил, что сиде́вший в проле́тке* челове́к с све́тлыми бакенба́рдами* о́чень похо́ж на одного́ моего́ дорого́го дру́га. Он не принадлежа́л к на́шему кружку́°, но мы бы́ли бли́зкими друзья́ми, и не раз я име́л возмо́жность восторга́ться* его́ порази́тельным* му́жеством*, сме́лостью* и си́лой, станови́вшейся неимове́рной* в мину́ту опа́сности°.

«С како́й ста́ти* он здесь? — поду́мал я. — Возмо́жно ли э́то?»

Я едва́ не вы́крикнул* и́мени, но во́-время° спохвати́лся* и, вме́сто э́того, захло́пал* на бегу́ в ладо́ши°, что́бы заста́вить сидя́щего огляну́ться. Он поверну́л° го́лову. Тепе́рь я узна́л, кто он.[1]

— Сюда́ скоре́е, скоре́е! — кри́кнул он, отча́янно* руга́я на чём свет стои́т* и меня́ и ку́чера, и держа́ в то же вре́мя наготове* револьве́р. — Гони́°! гони́! Убью́ тебя́, — крича́л он ку́черу. Великоле́пный призово́й* рыса́к*, специа́льно ку́пленный для э́той це́ли, помча́лся* сра́зу гало́пом*. Сза́ди слы́шались во́пли: «Держи́ его́! Лови́!», а друг в э́то вре́мя помога́л мне наде́ть пальто́ и цили́ндр*.

Но гла́вная опа́сность была́ не сто́лько со стороны́ пресле́довавших*, ско́лько со стороны́ солда́та, стоя́вшего у воро́т го́спиталя, почти́ напро́тив того́ ме́ста, где дожида́лась* проле́тка*. Он мог помеша́ть° мне вскочи́ть* в экипа́ж и́ли останови́ть ло́шадь, для чего́ ему́ доста́точно бы́ло бы забежа́ть не́сколько шаго́в вперёд. Поэ́тому одного́ из това́рищей командирова́ли°, что́бы отвле́чь* бесе́дой° внима́ние солда́та. Он вы́полнил° э́то с больши́м успе́хом. Солда́т одно́ вре́мя служи́л в госпита́льной лаборато́рии°; поэ́тому прия́тель завёл° разгово́р на учёные те́мы, и́менно: о микроско́пе и о чудеса́х°,

give up   near by
defend
jump in   carriage
ran up
carriage
muttonchops

circle

be delighted   striking
bravery   daring
incredible   danger

"purpose"

cried out   in time
caught myself   clapped
palms
turned

"wildly"
"for all he was worth"
at the ready   go

prize   trotter
started to run   at a gallop

top hat

pursuers

waited   carriage
hinder   jump in

commanded   distract
conversation
performed

laboratory   "started"
marvels

---

1. This was Dr. Orest Edvardovich Weimar, who later astonished everyone by his daring composure at first-aid stations during the Russo-Turkish War and who died of consumption at hard labor on the Kara, where he was sent in 1880 as a member of the People's Will Party.

которые мо́жно уви́деть посре́дством* его́. Речь — by means of
зашла́ о не́коем° парази́те* челове́ческого те́ла. — some sort of parasite

— Ви́дел ли ты, како́й большу́щий* хвост° у ней? — huge tail
— спроси́л прия́тель.

— Отку́да у ней хвост? — возража́л солда́т.

— Да как же! Во како́й — под микроско́пом.

— Не ври° ска́зок*! — отве́тил солда́т. — Я-то — "tell" fairy tales
лу́чше зна́ю. Я её, по́длую*, пе́рвым де́лом под — "miserable little thing"
микроско́п су́нул°. — shoved

Нау́чный° спор происходи́л как раз в тот моме́нт, — scientific
когда́ я пробега́л* ми́мо них и вска́кивал* в про- — ran past jumped into
лётку*. Оно́ похо́же на ска́зку, но ме́жду тем так — carriage
бы́ло в действи́тельности.

Экипа́ж кру́то* поверну́л в у́зкий переу́лок*, вдоль° — abruptly lane along
той са́мой стены́, у кото́рой крестья́не скла́дывали* — piled
дрова́ и где тепе́рь никого́ не́ было, так как все
погнали́сь* за мной. Поворо́т был тако́й круто́й, — chasing
что пролётка* едва́ не переверну́лась*. Она́ вы́- — carriage turned over
ровнялась* то́лько тогда́, когда́ я си́льно навали́л- — righted itself
ся* вовну́трь* и потяну́л° за собо́й прия́теля. — bent inward pulled
Ло́шадь тепе́рь бежа́ла кру́пной° краси́вой ры́сью* — "fast" trot
по у́зкому переу́лку*, и мы поверну́ли нале́во°. Два — lane left
жанда́рма, стоя́вшие у двере́й пите́йного*, о́тдали — tavern
честь° вое́нной фура́жке Ве́ймара. «Ти́ше, ти́ше, — — "salute"
говори́л я ему́, так как он был всё ещё стра́шно
возбуждён*. — Всё идёт отли́чно. Жанда́рмы да́же — excited
отдаю́т тебе́ честь!» Тут ку́чер оберну́лся ко мне, и
в сия́ющей от удово́льствия физионо́мии* я узна́л — physiognomy
друго́го прия́теля.

Всю́ду° по доро́ге мы встреча́ли друзе́й, кото́рые — everywhere
подми́гивали* нам и́ли жела́ли успе́ха, когда́ мы — winked
мча́лись* ми́мо них на на́шем великоле́пном ры- — rushed
саке́*. Мы вы́ехали на Не́вский проспе́кт,[2] повер- — trotter
ну́ли в бокову́ю* у́лицу и останови́лись у одного́ — side
подъе́зда°, где и отосла́ли* экипа́ж. Я вбежа́л* по — entrance sent away "ran up"
ле́стнице° и упа́л в объя́тия* мое́й ро́дственницы, — stair embrace
кото́рая дожида́лась* в мучи́тельной* тоске́*. Она́ — waited tormented anguish
и смея́лась, и пла́кала, в то же вре́мя умоля́я* меня́ — imploring
переоде́ться* поскоре́е° и подстри́чь* броса́ющуюся° — change clothes more quickly shave
в глаза́° бо́роду°. Че́рез де́сять мину́т мы с мои́м — eye-catching beard
дру́гом вы́шли из до́ма и взя́ли изво́зчичью* каре́ту°. — hackney cab

2. Nevsky Prospect, the main street in St. Petersburg.

Вопросы к тексту

1. Почему́ Кропо́ткин до́лжен был практикова́ться, как снима́ть хала́т?

2. Кто обрати́л внима́ние на его́ побе́г свои́ми кри́ками?

3. Кто погна́лся за Кропо́ткиным?

4. Почему́ часово́й не стреля́л?

5. Кто сиде́л в проле́тке?

6. Как Кропо́ткин обрати́л внима́ние э́того челове́ка на себя́?

7. В чём заключа́лась гла́вная опа́сность?

8. Кто отвлёк внима́ние солда́та у воро́т?

9. Куда́ они́ сперва́ пое́хали?

10. Что сде́лал там Кропо́ткин?

Подготовка к чтению

1. Что же касается скрипача и дамы, снявших серенький домик, то они тоже выбежали, присоединились к толпе вместе со старухой и слышали, таким образом, её совет.

2. Мы отправились к Донону, прошли залитые светом залы, наполненные обедающими, и взяли отдельный кабинет, где и провели вечер до назначенного нам часа.

3. Дня два спустя я должен был поселиться под чужим паспортом в квартире, снятой для меня.

4. Дама, которой предстояло сопровождать меня туда в карете, решила, для предосторожности, сперва поехать самой.

5. Царь был взбешён тем, что побег мог совершиться в его столице, среди бела дня, и он отдал приказ: « Разыскать во что бы то ни стало ».

6. Снабжённый паспортом одного из приятелей, я, в сопровождении одного товарища, проехал Финляндию и добрался до отдалённого порта в Ботническом заливе, откуда и переправился в Швецию.

1. As for the fiddler and the lady who had rented the little gray house, they also ran out, joined the crowd together with the old woman and thus heard her advice.

2. We set off for Donon's, passed through rooms flooded with light and filled with diners and took a separate room where we spent the evening until the hour that had been designated for us.

3. About two days later I, under a false passport, was supposed to have moved into an apartment that had been rented for me.

4. The lady who was to have accompanied me there in the carriage decided as a precaution to go alone at first.

5. The Tsar was enraged that the escape could have been made in his capital in broad daylight and he gave the order: "Find him at all costs."

6. Equipped with the passport of one of my friends, I, in the company of a comrade, got to a remote port on the Gulf of Bothnia from where I crossed over to Sweden.

3

Тем вре́менем карау́льный* офице́р в тюрьме́ и госпита́льные солда́ты вы́бежали° на у́лицу, не зна́я, что, со́бственно*, де́лать. На́ версту круго́м не́ было ни одного́ изво́зчика°, так как все бы́ли на́няты* това́рищами. Ста́рая ба́ба в толпе́ оказа́лась умне́е всех.

— Бе́дненькие*! — произнесла́ она́, как бу́дто* говоря́ сама́ с собо́ю. — Они́ наве́рное вы́едут на Не́вский, а там их и пойма́ют, е́сли кто́-нибудь поска́чет* напрями́к* э́тим переу́лком.

Ба́ба была́ соверше́нно права́. Офице́р побежа́л к ваго́ну ко́нки*, кото́рый стоя́л тут же, и потре́бовал у конду́кторов лошаде́й, что́бы посла́ть кого́-нибудь верхо́м° перехвати́ть* нас. Но конду́кторы наотре́з* отказа́лись выпряга́ть* лошаде́й, а офице́р не наста́ивал*.

Что же каса́ется скрипача́ и да́мы, сня́вших се́ренький* до́мик*, то они́ то́же вы́бежали, присоедини́лись* к толпе́ вме́сте со стару́хой и слы́шали, таки́м о́бразом, её сове́т; а когда́ толпа́ рассе́ялась*, они́ преспоко́йно* ушли́ к себе́ домо́й.

Был прекра́сный ве́чер. Мы покати́ли* на острова́°, куда́ шика́рный* Петербу́рг отправля́ется* ле́том в пого́жие* дни полюбова́ться° зака́том*. По доро́ге мы зае́хали* на далёкой у́лице к цырю́льнику*, кото́рый сбрил* мне бо́роду. Это, коне́чно, измени́ло меня́, но не о́чень си́льно. Мы ката́лись* бесце́льно* по острова́м, но не зна́ли, куда́ нам дева́ться*, так как нам веле́ли прие́хать то́лько по́здно ве́чером туда́, где я до́лжен был переночева́ть*.

— Что нам де́лать тепе́рь? — спроси́л я моего́ дру́га, кото́рый был в нереши́тельности*.

— К Доно́ну! — приказа́л он вдруг изво́зчику*. Никому́ не придёт в го́лову иска́ть нас в мо́дном* рестора́не. Они́ бу́дут иска́ть нас везде́, но то́лько не там; а мы пообе́даем* и вы́пьем та́кже за успе́шный* побе́г.

	guard
	ran out
	properly
	cab
	hired
	poor souls as if
	gallops straight
	"horse-drawn tram"
	on horse intercept flatly
	unhitch
	insist
	gray little house
	joined
	dispersed
	quietly
	drove
	islands elegant sets off
	fine enjoy sunset
	stopped off
	barber shaved
	drove
	aimlessly
	"kill time"
	spend the night
	indecision
	cabby
	fashionable
	dine
	successful

Могу́ ли я возрази́ть что́-нибудь про́тив тако́го благоразу́много* предложе́ния? Мы отпра́вились к Доно́ну, прошли́ за́литые* све́том за́лы, напо́лненные обе́дающими°, и взя́ли отде́льный кабине́т, где и провели́ ве́чер до назна́ченного нам ча́са. В дом же, куда́ мы заезжа́ли* пря́мо из тюрьмы́, нагря́нула*, часа́ два спустя́, жандарме́рия*. Произвели́ та́кже о́быск* почти́ у всех мои́х друзе́й. Никому́ не пришло́, одна́ко, в го́лову сде́лать о́быск у Доно́на.

Дня два спустя́ я до́лжен был посели́ться* под чужи́м* па́спортом в кварти́ре, сня́той для меня́. Но да́ма, кото́рой предстоя́ло* сопровожда́ть* меня́ туда́ в каре́те*, реши́ла, для предосторо́жности*, сперва́ пое́хать само́й. Оказа́лось, что вокру́г кварти́ры шпио́ны* кишмя́-киша́т*. Друзья́ так ча́сто справля́лись* там, всё ли обстои́т* благополу́чно*, что поли́ция заподо́зрила* что́-то. Кро́ме того́, моя́ ка́рточка* была́ в со́тнях экземпля́ров* распространена́* Тре́тьим отделе́нием° ме́жду полице́йскими° и дво́рниками*. Сы́щики*, зна́вшие меня́ в лицо́, иска́ли меня́ на у́лицах. Те же, кото́рые меня́ не зна́ли, броди́ли* в сопровожде́нии* солда́т и стра́жников*, ви́девших меня́ в тюрьме́. Царь был взбешён* тем, что побе́г мог соверши́ться в его́ столи́це, среди́ бе́ла дня, и он о́тдал прика́з: « Разыска́ть* во что́ бы то ни ста́ло*»́.

В Петербу́рге остава́ться бы́ло невозмо́жно, и я укрыва́лся* на да́чах, в окре́стностях*. Вме́сте с не́сколькими друзья́ми я про́жил под столи́цей в дере́вне, куда́ в то вре́мя го́да ча́сто отправля́лись петербу́ржцы* устра́ивать* пикники́*. Наконе́ц, това́рищи реши́ли, что мне сле́дует уе́хать за грани́цу. Но в шве́дской* газе́те я вы́читал, что во всех порто́вых* и пограни́чных* города́х Финля́ндии и Прибалти́йского* кра́я* нахо́дятся сы́щики*, зна́ющие меня́ в лицо́, поэ́тому я реши́л пое́хать по тако́му направле́нию*, где меня́ ме́ньше всего́ могли́ ожида́ть. Снабжённый* па́спортом одного́ из прия́телей, я, в сопровожде́нии* одного́ това́рища, прое́хал Финля́ндию и добра́лся* до отдалённого* по́рта в Ботни́ческом зали́ве*, отку́да и перепра́вился* в Шве́цию.

sensible	
flooded	
diners	
stopped off	
"raided"	gendarmerie
search	
settle	
someone else's	
"was to"	accompany
carriage	precaution
spies	aswarm
inquired	"is" all right
suspected	
picture	copies
distributed	policemen
janitors	detectives
wandered	company
guards	
enraged	
find	"find him at all costs"
hid	environs
St. Petersburg dwellers "have" picnics	
Swedish	
port	border
Baltic	area detectives
direction	
equipped	
company	
reached	remote
Gulf of Bothnia	
got across	

Когда́ я сел уже́ на парохо́д° пе́ред са́мым отхо́дом, това́рищ, сопровожда́вший* меня́ до грани́цы, сообщи́л мне петербу́ргские но́вости, кото́рые он обеща́л друзья́м не говори́ть мне ра́ньше°. Сестру́ Еле́ну заарестова́ли*, забра́ли* та́кже сестру́ жены́ моего́ бра́та, ходи́вшую ко мне на свида́ние° в тюрьму́ раз в ме́сяц по́сле того́, как брат Алекса́ндр был вы́слан* в Сиби́рь.

Сестра́ реши́тельно° ничего́ не зна́ла о приготовле́ниях* к побе́гу. Лишь по́сле того́, как я бежа́л, оди́н това́рищ пошёл к ней, что́бы сообщи́ть ра́достную весть. Сестра́ напра́сно заявля́ла жанда́рмам, что ничего́ не зна́ет. Её оторва́ли* от дете́й и продержа́ли* в тюрьме́ две неде́ли. Что же каса́ется мое́й своя́ченицы*, то она́ сму́тно* зна́ла о како́м-то приготовле́нии*, но не принима́ла в нём никако́го уча́стия. Здра́вый смысл до́лжен был бы подсказа́ть* власт́ям, что лицо́, откры́то посеща́вшее* меня́ в тюрьме́, не мо́жет быть запу́тано* в подо́бном де́ле. Тем не ме́нее, её продержа́ли* в тюрьме́ бо́льше двух ме́сяцев. Её муж, изве́стный адвока́т*, тще́тно* хлопота́л* об освобожде́нии.

— Мы тепе́рь зна́ем, — сказа́ли ему́ жанда́рмы, — что она́ соверше́нно неприча́стна* к побе́гу; но, ви́дите ли, мы доложи́ли* импера́тору, когда́ взя́ли её, что лицо́, организова́вшее° побе́г, откры́то и аресто́вано. Тепе́рь ну́жно вре́мя, что́бы подгото́вить госуда́ря к мы́сли, что взя́ли не настоя́щего вино́вника*.

Я прое́хал Шве́цию, нигде́ не остана́вливаясь°, и при́был в Христиа́нию, где прожда́л* не́сколько дней парохо́да в А́нглию, в Гулль*. На досу́ге* я собира́л све́дения о крестья́нской° па́ртии в Норве́жском сто́ртинге*. Отправля́ясь на парохо́д, я трево́жно спра́шивал себя́: «Под каки́м фла́гом° идёт он? Под норве́жским, герма́нским или англи́йским?» Но тут я увида́л на корме́° брита́нский флаг, под кото́рым нашло́ убе́жище* сто́лько ру́сских, италья́нских, францу́зских и венге́рских изгна́нников*. И я от души́ приве́тствовал* э́тот флаг.

Вопро́сы к те́ксту

1. Почему́ у тюрьмы́ не́ было ни одного́ изво́зчика?

2. Что посове́товала ба́ба в толпе́?

3. У кого́ хоте́л офице́р взять лошаде́й?

4. Куда́ пое́хал Кропо́ткин с това́рищем?

5. Где они́ провели́ вре́мя до ве́чера?

6. Почему́ он не посели́лся в кварти́ре, сня́той для него́?

7. Где укрыва́лся Кропо́ткин?

8. Куда́ и как уе́хал Кропо́ткин из Росси́и?

9. Что случи́лось с его́ сестро́й?

10. Где Христиа́ния?

11. Куда́ уе́хал, в конце́ концо́в, Кропо́ткин?

Посещёние папуáсской дерёвни

MIKLUKHO'S FATHER, a railroad construction engineer, died of tuberculosis at the age of forty leaving his widow and five small children with no pension and almost no money. The mother meagerly supported the family by working as a cartographer's copyist.

NIKOLAI
NIKOLAEVICH
MIKLUKHO-
MAKLAI

(*1846–1888*)

The future scholar's educational career in Russia was short and stormy. The half-Polish Miklukho was briefly expelled first from his secondary school and then from St. Petersburg University because of his participation in student demonstrations protesting Russia's bloody suppression of the Polish uprising (1863–64). By his seventeenth birthday Miklukho had already seen the inside of a tsarist prison. As a result of his final expulsion, he was deprived of the right to enter any Russian university. Somehow his mother scraped together some money and on the basis of a doctor's statement, Miklukho-Maklai obtained a passport to go abroad for medical treatment. Once abroad he enrolled as a student at Heidelberg University and then in the medical school at Leipzig. In 1866 he moved on to Jena to work with the great German Darwinist Ernst Haeckel. The young Russian scholar became a research assistant of the noted zoologist. In the following years, he traveled over much of Europe, North Africa, and the Middle East in connection with his studies.

Returning to Russia in 1869, Miklukho-Maklai already had established his name as a zoologist and obtained a position working in the Academy of Sciences. Here he drew up a research project for study of life in the South Seas. The program was approved and modestly funded by the Russian Geographical Society and this semi-official backing enabled him to get free passage on a Russian naval vessel, the *Vityaz*, which was making a round-the-world cruise.

Miklukho-Maklai landed on the northeast shore of New Guinea early in 1871. With him he had two assistants whom he had hired in Samoa. One was a Swedish beachcomber named Wilson, the other a Polynesian lad named "Boy." Both immediately fell ill. "Boy" died within a few weeks. Wilson, who survived the stay, was bed-ridden for most of the fifteen-month period. Thus, the anthropologist, who was himself subject to periodic malaria attacks, had to nurse his companions.

The natives, at first sullen, became more aggressive with the departure of the Russian vessel. Miklukho-Maklai wisely decided that his best defense was a feigned attitude of complete indifference to their threats. Only after many months was he able to overcome the distrust of the Papuans, largely due to his medical assistance to them and his promise to protect their women and children in the event of an attack by a neighboring tribe.

Although the personal safety of the anthropologist was now assured, his physical condition began to deteriorate. In order to maintain the reputation of invincibility that his strangeness and his indifference to danger had afforded him, Miklukho-Maklai carefully concealed his illness from the natives. The Papuans who had never before seen a person different in appearance from themselves called him *kaaram-tamo* meaning "moon man" and attributed magical powers to him. Gradually he built up a relationship with the Papuans that permitted him to gain deep insight into their way of life.

No firm plans had been made for evacuation and Miklukho-Maklai had more or less reconciled himself to spending an indefinitely long period on the island. However, late in December of 1872 a Russian naval vessel appeared and picked him up. Miklukho-Maklai spent the next five years traveling and working in the South

Pacific. In 1878 Miklukho had planned to return to Russia but his health was so poor that he was forced to go to Sydney, Australia, for prolonged medical treatment. In Australia, he took an active part in local scientific life—organizing the local zoological station and publishing a great many scientific articles. Miklukho returned to Russia only in 1882 after an eleven-year absence. Not only was he lionized in Russia, but also in Berlin, Paris, and London where he was invited to address various scientific bodies. Returning to Sydney in 1884, the Russian scholar married the daughter of a former minister of New South Wales and became a permanent resident of Australia.

The Russian anthropologist, in addition to his purely scholarly endeavors, worked to protect the peoples and islands of the South Pacific from the ruthless colonial exploitation of the time. The most important of his aims was to put an end to the slave trade in the islands. Among his other projects was a plan to establish a free Russian colony on New Guinea. Obtaining an audience with Aleksandr III, the anthropologist initially gained support for his scheme although it was later withdrawn.

Miklukho-Maklai's health, never strong, had been undermined by his years in the tropics, frequently under the most adverse circumstances. Often ill, he died at forty-two of acute neuralgia and rheumatism both contracted in the South Seas.

Throughout his travels, Miklukho-Maklai kept detailed accounts of his observations and experiences. When set ashore in New Guinea, the anthropologist had no idea whether or not he would survive until the arrival of another ship. Wanting to ensure the survival of his diaries and scientific records, he showed the officers of the departing vessel where his records would be found in the event of his death. To protect them from theft and the tropical climate, they were to be placed in copper canisters and buried near his hut. Fortunately, Miklukho-Maklai himself lived to dig up his records. The following diary entry is from the early part of his stay and concerns his initial visit to a native village.

Подготовка к чтению

1. Я, разумеется, не знал, какого рода приём меня ожидает в деревне, но, подумав, пришёл к заключению, что этого рода инструмент никак не может принести значительной пользы моему предприятию.

2. Пустив его в дело при кажущейся крайней необходимости, даже с полнейшим успехом, т.е. положи я на месте человек шесть, очень вероятно, что в первое время после такой удачи страх оградит меня, но надолго ли?

3. Мне кажется, что заранее человек не может быть уверен, как он поступит в каком-нибудь, дотоле не испытанном им случае.

4. Чем более я обдумывал своё положение, тем яснее становилось мне, что моя сила должна заключаться в спокойствии и терпении.

5. Вдруг пролетели, не знаю, нарочно или без умысла пущенные одна за другой две стрелы.

6. Стоявшие около меня туземцы громко заговорили, обращаясь, вероятно, к пустившим стрелы.

7. Но птицы там не оказалось, и мне подумалось, что туземцам хочется знать, каким образом я отнесусь к сюрпризу вроде очень близко от меня пролетевших стрел.

1. I, of course, did not know what sort of reception awaited me in the village but having thought about it, came to the conclusion that an instrument of that sort could in no way be of significant use to my undertaking.

2. Having put it into use in the event of seemingly dire need, even with the fullest success, i.e., if I killed about six people, it is very likely that at first after such a success, fear would protect me—but would it be for long?

3. It seems to me that beforehand a person cannot be sure how he will behave in a situation not hitherto experienced by him.

4. The more I considered my situation, the clearer it became to me that my strength must lie in calmness and patience.

5. Suddenly there flew by (I don't know whether deliberately or unintentionally), two arrows released one after the other.

6. The natives who were standing around me started talking loudly evidently addressing those who had released the arrows.

7. But there turned out not to be any bird there and it seemed to me that the natives wanted to know how I would react to a surprise such as the arrows that had flown past so close to me.

Посещение папуа́сской* дере́вни

Papuans

1

Просну́вшись* до рассве́та*, реши́л идти́ в одну́
из дереве́нь, — мне о́чень хо́чется познако́миться
с тузе́мцами* бли́же. Отправля́ясь, я останови́лся
пе́ред диле́ммой* — брать и́ли не брать револьве́р?
Я, разуме́ется, не знал, како́го ро́да прие́м° меня́
ожида́ет в дере́вне, но, поду́мав, пришёл к заклю-
че́нию, что э́того ро́да инструме́нт ника́к не мо́жет
принести́ значи́тельной по́льзы моему́ предпри-
я́тию°. Пусти́в его́ в де́ло при ка́жущейся кра́йней
необходи́мости, да́же с полне́йшим* успе́хом,
т. е. положи́ я на ме́сте челове́к шесть, о́чень веро-
я́тно, что в пе́рвое вре́мя по́сле тако́й уда́чи* страх
огради́т* меня́, но надо́лго* ли? Жела́ние ме́сти*,
многочи́сленность* тузе́мцев* в конце́ концо́в пре-
возмо́гут* страх пе́ред револьве́ром.

Зате́м размышле́ния* соверше́нно ино́го ро́да
укрепи́ли* моё реше́ние идти́ в дере́вню невооружённым*. Мне ка́жется, что зара́нее° челове́к не
мо́жет быть уве́рен, как он посту́пит° в како́м-
нибудь, дото́ле* не испы́танном° им слу́чае. Я не
уве́рен, как я, име́я револьве́р у по́яса°, поступлю́,
напр., сего́дня, е́сли тузе́мцы* в дере́вне начну́т
обраща́ться со мно́ю неподходя́щим* о́бразом,
смогу́ ли я оста́ться соверше́нно споко́йным и
индиффере́нтным* ко всем любе́зностям* папу-
а́сов*. Но я убежде́н°, что кака́я-нибудь пу́ля°,
пу́щенная* некста́ти*, мо́жет сде́лать достиже́ние°

having awakened	dawn
natives	
dilemma	
reception	
undertaking	
fullest	
success	
protect	for long	revenge
numerousness	natives
overcome	
reflections	
strengthened	
unarmed	beforehand
behave	
hitherto	experienced
belt	
natives	
unsuitable	
indifferent	pleasantries
Papuans	convinced	bullet
fired	inopportunely	gaining

доверия° туземцев* невозможным, т. е. совершенно разрушит* все шансы* на успех предприятия. Чем более я обдумывал* своё положение, тем яснее становилось мне, что моя сила должна заключаться в спокойствии° и терпении°. Я оставил револьвер дома, но не забыл записную* книжку и карандаш.

Я намеревался* итти в Горенду, т. е. ближайшую* от моей хижины* деревню, но в лесу нечаянно* попал на другую тропинку*, которая, как я полагал°, приведёт меня всё-таки в Горенду. Заметив, что я ошибся°, я решил продолжать путь, будучи уверен, что тропа* приведёт меня в какое-нибудь селение*.

Я был так погружён* в раздумье* о туземцах*, которых ещё почти что не знал, о предстоящей* встрече, что был изумлён*, когда очутился°, наконец, около деревни, но какой — я не имел понятия. Слышалось несколько голосов мужских и женских. Я остановился для того, чтобы сообразить*, где я и что должно теперь случиться. Пока я стоял в раздумье*, в нескольких шагах от меня появился мальчик лет четырнадцати или пятнадцати. Мы молча с секунду° глядели в недоумении* друг на друга... Говорить я не умел, подойти к нему — значило напугать* его ещё более. Я продолжал стоять на месте. Мальчик же стремглав* бросился* назад в деревню. Несколько громких возгласов*, женский визг*, и затем полнейшая тишина°.

Я вошёл на площадку°. Группа вооружённых° копьями* людей стояла посередине*, разговаривая оживлённо*, но вполголоса* между собою. Другие, все вооружённые, стояли поодаль*; ни женщин, ни детей не было — они, вероятно, попрятались*. Увидев меня, несколько копий* были подняты и некоторые туземцы* приняли очень воинственную* позу°, как бы готовясь пустить копьё. Несколько восклицаний* и коротких фраз с разных концов площадки имели результатом, что копья были опущены°. Усталый°, отчасти неприятно удивлённый° встречей, я продолжал медленно подвигаться*, смотря кругом и надеясь увидеть знакомое лицо. Такого не нашлось. Я остановился около

« Ба́рлы* », и ко мне подошло́ не́сколько тузе́мцев. Вдруг пролете́ли*, не зна́ю, наро́чно ли и́ли без у́мысла* пу́щенные* одна́ за друго́й две стрелы́*, о́чень бли́зко от меня́. Стоя́вшие о́коло меня́ тузе́мцы гро́мко заговори́ли, обраща́ясь, вероя́тно, к пусти́вшим* стре́лы*, а зате́м, обрати́вшись ко мне, показа́ли на де́рево, как бы жела́я объясни́ть, что стре́лы* бы́ли пу́щены с це́лью уби́ть пти́цу на де́реве. Но пти́цы там не оказа́лось, и мне поду́-малось, что тузе́мцам хо́чется знать, каки́м о́бразом я отнесу́сь к сюрпри́зу* вро́де° о́чень бли́зко ми́мо меня́ пролете́вших* стрел*. Я мог заме́тить, что как то́лько пролете́ла пе́рвая стрела́, мно́го глаз обрати́лись в мою́ сто́рону, как бы изуча́я° мою́ физионо́мию*, но кро́ме выраже́ния уста́лости и, мо́жет быть, не́которого любопы́тства°, вероя́тно, ничего́ не откры́ли в ней. Я в свою́ о́чередь стал гляде́ть круго́м — все угрю́мые*, встрево́женные*, недово́льные физионо́мии* и взгля́ды, как бу́дто говоря́щие, заче́м я пришёл наруша́ть* их споко́й-ную жизнь.

"native dwelling"
flew by

intention   released   arrows

released   arrows

arrows

surprise   of the type
flying   arrows

studying

features

curiosity

sullen   anxious
features
disrupt

Вопро́сы к те́ксту

---

1. Почему́ а́втор реши́л идти́ в одну́ из дереве́нь?

2. Над чем он заду́мался?

3. Почему́ он реши́л не брать с собо́й револьве́ра?

4. Кака́я ещё друга́я причи́на укрепи́ла его́ реше́ние идти́ в дере́вню невооружённым?

5. В чём должна́ была́ заключа́ться его́ си́ла?

6. В каку́ю дере́вню хоте́л он идти́?

7. Что он услы́шал, подходя́ к дере́вне?

8. Кого́ он уви́дел, сто́я в разду́мье?

9. Кто его́ встре́тил на площа́дке?

10. Каку́ю по́зу при́няли тузе́мцы?

11. Что случи́лось вдруг?

12. Как тузе́мцы хоте́ли объясни́ть почему́ и́ми бы́ли пу́щены стре́лы?

13. Что поду́малось а́втору?

Подготóвка к чтéнию

1. Оди́н из них был дáже так нахáлен, что копьём при какóй-то фрáзе, котóрую я, разумéется, не пóнял, вдруг размахну́лся и éле-éле не попáл мне в глаз и́ли в нос.

2. Движéние бы́ло замечáтельно бы́стро, и, конéчно, не я был причи́ной тогó, что нé был рáнен, а лóвкость и вéрность руки́ тузéмца, успéвшего останови́ть конéц своегó копья́.

3. Я был довóлен, что остáвил револьвéр дóма, не бу́дучи увéрен, так же ли хладнокрóвно отнёсся бы я ко вторóму óпыту, éсли бы мой проти́вник вздýмал егó повтори́ть.

4. Но éсли уж суждéно быть уби́тым, то всё равнó, бýдет ли э́то стóя, си́дя, лёжа на цынóвке и́ли же во сне.

1. One of them was even so brazen that at some phrase that I, of course, did not understand, he suddenly began to wave his spear and very nearly hit me in the eye or nose.

2. The motion was remarkably quick and, of course, it was not I who was the reason that I was not wounded but [rather] the adroitness and sureness of hand of the native who managed to stop the end of his spear.

3. I was content that I had left my revolver at home not being sure whether I would react so coolly to a second test if my opponent had taken it into his head to repeat it.

4. But if it were already fated that I was to be killed then it was all the same whether it would be standing, sitting, lying on a mat or [while] asleep.

2

Мне самому́ ка́к-то ста́ло нело́вко, заче́м прихожу́ я стесня́ть* э́тих люде́й? Никто́ не покида́л* ору́жия°, за исключе́нием двух и́ли трёх старико́в. Число́ тузе́мцев ста́ло прибыва́ть°; ка́жется, друга́я дере́вня была́ недалеко́, и трево́га, вы́званная мои́м прихо́дом, дошла́ и туда́. Небольша́я толпа́ окружи́ла меня́; дво́е и́ли тро́е говори́ли о́чень гро́мко, ка́к-то враждéбно° погля́дывая* на меня́. При э́том, ка́к бы в подкрепле́ние* свои́х слов, они́ разма́хивали* ко́пьями, кото́рые держа́ли в рука́х. Оди́н из них был да́же так наха́лен*, что копьём при како́й-то фра́зе, кото́рую я, разуме́ется, не по́нял, вдруг размахну́лся* и е́ле-е́ле* не попа́л мне в глаз и́ли в нос. Движе́ние бы́ло замеча́тельно бы́стро, и, коне́чно, не я был причи́ной того́, что не́ был ра́нен, — я не успе́л дви́нуться° с ме́ста, где стоя́л, — а ло́вкость* и ве́рность руки́ тузе́мца, успе́вшего останови́ть коне́ц своего́ копья́* в не́скольких сантиме́трах* от моего́ лица́. Я отошёл шага́ на́ два в сто́рону и мог расслы́шать* не́сколько голосо́в, кото́рые неодобри́тельно* (как мне, мо́жет быть, показа́лось) отнесли́сь к э́той бесцеремо́нности*.

В э́ту мину́ту я был дово́лен, что оста́вил револьве́р до́ма, не бу́дучи уве́рен, та́к же ли хладнокро́вно* отнёсся* бы я ко второ́му о́пыту, е́сли бы мой проти́вник взду́мал* его́ повтори́ть.

Моё положе́ние бы́ло глу́пое: не уме́я говори́ть, лу́чше бы́ло бы уйти́, но мне стра́шно захоте́лось спать. Домо́й идти́ далеко́. Отчего́ же не спать здесь? Всё равно́, я не могу́ говори́ть с тузе́мцами, и они́ не мо́гут меня́ поня́ть.

Недо́лго ду́мая, я вы́смотрел* ме́сто в тени́, притащи́л* туда́ но́вую цыно́вку* (вид кото́рой, ка́жется, по́дал мне пе́рвую мысль — спать здесь) и с грома́дным удово́льствием растяну́лся* на ней. Закры́ть глаза́, утомлённые* со́лнечным° све́том, бы́ло о́чень прия́тно. Пришло́сь, одна́ко, полуоткры́ть* их, что́бы развяза́ть* шнурки́* башмако́в*, расстегну́ть* штибле́ты*, распусти́ть* по́яс и найти́ что́-нибудь подложи́ть* под го́лову. Я

"bother"   threw down
weapons
increase

hostilely   looking
confirmation
waved

brazen

waved   very nearly

move
adroitness

centimeters
make out
disapprovingly
unceremoniousness

coolly
"react"
took into his head

sought out
dragged   mat

stretched out
tired   sun

half open   untie   laces
boots   unbutton   gaiters
   loosen
put under

увидел, что тузе́мцы ста́ли полукру́гом*, в не́которомм отдале́нии* от меня́, вероя́тно, удивля́ясь и де́лая предположе́ния* о том, что бу́дет да́льше. — semicircle / distance / guesses

Одна́ из фигу́р, кото́рую я ви́дел пе́ред тем, как сно́ва закры́л глаза́, оказа́лась тем са́мым тузе́мцем, кото́рый чуть не ра́нил* меня́. Он стоя́л недалеко́ и разгля́дывал* мои́ башмаки́*. Я припо́мнил* всё происше́дшее* и поду́мал, что всё э́то могло́ бы ко́нчиться о́чень серьёзно, и в то́ же вре́мя промелькну́ла* мысль, что, мо́жет быть, э́то то́лько нача́ло, а коне́ц ещё впереди́. Но е́сли уж суждено́* быть уби́тым, то всё равно́, бу́дет ли э́то сто́я, си́дя, лёжа на цыно́вке* и́ли же во сне. Да́лее я поду́мал, что е́сли бы пришло́сь умира́ть, то созна́ние, что при э́том 2, 3 или да́же 6 ди́ких° та́кже поплати́лись* жи́знью, бы́ло бы весьма́ небольши́м удово́льствием. Был сно́ва дово́лен, что не взял с собо́ю револьве́ра. — wounded / inspected boots remembered / that had taken place / flashed past / fated / mat / savages paid for

Когда́ я засыпа́л°, голоса́ птиц за́няли меня́; ре́зкий крик бы́стро лета́ющих ло́ри* не́сколько раз заставля́л° меня́ очну́ться*; оригина́льная жа́лобная* пе́сня «ко́ки*» (*Chlamydodera*), напро́тив, наводи́ла* сон; треск* цика́д* та́кже ниско́лько° не меша́л, а спосо́бствовал* сну. Мне ка́жется, я засну́л° ско́ро, так как встал о́чень ра́но и, пройдя́ часа́ два почти́ всё по со́лнцу, с непривы́чки* чу́вствовал большу́ю уста́лость, в осо́бенности уста́лость глаз от я́ркого дневно́го све́та. — falling asleep / parrots / forced wake up / complaining bird of paradise / induced chirping cicadas not at all / facilitated / went to sleep / want of habit

Просну́лся°, чу́вствуя себя́ о́чень освежённым*. Су́дя по положе́нию со́лнца, до́лжен был быть по кра́йней ме́ре тре́тий час. Зна́чит, я проспа́л два часа́ с ли́шком*. Откры́в глаза́, я уви́дел не́скольких тузе́мцев, сидя́щих вокру́г цыно́вки* шага́х в двух от неё; они́ разгова́ривали вполго́лоса*, жуя́* бе́тель*. Они́ бы́ли без ору́жия и смотре́ли на меня́ уже́ не так угрю́мо*. Я о́чень пожале́л°, что не уме́ю ещё говори́ть с ни́ми. Я реши́л идти́ домо́й и стал приводи́ть° свой костю́м° в поря́док. Э́та опера́ция о́чень заняла́ окружа́ющих° меня́ папуа́сов*. Зате́м я встал, кивну́л° голово́й в ра́зные сто́роны и напра́вился° по той же тропи́нке* в обра́тный° путь, показа́вшийся мне тепе́рь коро́че°, чем у́тром. — awoke refreshed / a little over / mat / at half voice chewing / betel nut / sullenly regretted / put costume / surrounding Papuans / nodded / set out path return / shorter

Вопро́сы к те́ксту

1. Почему́ а́втору ста́ло нело́вко?

2. Что сде́лал оди́н из тузе́мцев?

3. Почему́ а́втор не́ был ра́нен копьём?

4. Почему́ а́втор был дово́лен, что он оста́вил револьве́р до́ма?

5. Почему́ он счита́л своё положе́ние глу́пым?

6. Почему́ он реши́л спать тут же?

7. О чём он ду́мал, засыпа́я?

8. Что спосо́бствовало его́ сну?

9. Как до́лго он спал?

10. Что он сде́лал по́сле того́, как просну́лся?

Рýсский Шерлóк Холмс

AFTER THIRTY YEARS of wholly unenlightened despotism under Nicholas I (1825–55), the new Tsar, Aleksandr II, initiated a series of sweeping reforms that were nonetheless welcome for being several generations overdue. In the early years of his reign, Aleksandr presided over the emancipation of the serfs, the establishment of the zemstvo's—institutions that provided for a degree of local self-government—and, in 1864, a major reform of the judiciary system. The latter afforded the courts with a measure of security from the influence of the administration, introduced trial by jury, and made the practice of law an independent profession. The reforms of the 1860's and particularly that of the judiciary system produced a generation of leaders who dedicated themselves to implementing the provisions of the reforms, defending them, and attempting to promote still further reforms that might someday put Russia on a level with the middle-class democracies of Western Europe. A. F. Koni was one of the most remarkable of this first generation of lawyers.

Koni's background was unusual for a man destined to rise to the top of the Russian legal system. His father was a well-known writer of humorous vaudeville plays, some of which lampooned the administration of Nicholas I and members of the pro-government literary establishment. The future advocate's mother was a popular actress and also an author. Thus the young Koni grew up in a home in which he was surrounded by people

ANATOLII
FËDOROVICH
KONI
(*1844–1927*)

connected with the theater. It was perhaps due to this early setting that Koni subsequently enjoyed the reputation of being a spellbinding and somewhat flamboyant orator, both in the courtroom and at social gatherings.

Koni graduated from the law faculty at Moscow University in 1865, just one year after the adoption of Aleksandr's great legal reform. In his graduation dissertation which dealt with the right of necessary defense, the author argued that the populace had the right to protect themselves against illegal action undertaken by the central authorities. Thanks to a censor's report, Koni was barred from graduate study and was forced to give up his plan to become a law professor. Instead he accepted an appointment as the secretary to the St. Petersburg Judiciary Chamber. Soon repelled by the petty careerism and bureaucratism of the officials with whom he came in contact, Koni gave up his job in the capital and moved to southern Russia where he served in the new court system as a prosecuting attorney.

In the provinces, Koni soon made a name for himself not only by his legal knowledge and his courtroom skill, but as a man who was willing to undertake the prosecution of people who had hitherto been above the law. One of his most memorable cases concerned the head of a monastery who was engaged in counterfeiting. During these years, Koni made himself a master of criminal law. Thanks to his abilities, Koni was soon back in St. Petersburg and at the age of twenty-seven became chief prosecutor for the capital district court. In 1876, he was appointed to the faculty of the St. Petersburg law school. The following year he received the chairmanship of the St. Petersburg district court—one of the highest positions in the Russian legal system and one from which the office holder could not be removed by the government. Within days of Koni's assumption of office, F. F. Trepov, the governor-general of St. Petersburg, was shot and wounded by Vera Zasulich, a member of one of the radical political groups. Some months before, Trepov had been walking through the courtyard of one of the city prisons. One of the prisoners taking exercise in the yard failed to remove his hat in respect to the official. Flying into a rage, the governor-general knocked off the prisoner's hat, and ordered him beaten. Although illegal, the flogging was carried out and a public scandal ensued. Vera Zasulich's attempt on Trepov's life was made as a gesture of protest to underscore the brutality of the government. Koni was the presiding judge at the jury trial. Withstanding all threats from the Minister of Justice and the royal court, he ensured the accused an impartial trial and Vera Zasulich was acquitted by the jury. Official Russia was enraged and brought heavy pressures to bear on Koni in order to force his resignation. Seeing himself as the highest ranking representative of the new court system and hence as a model to all of the other judges in the country, Koni refused to resign. Koni held up under these pressures for nearly four years until the appointment of a new Minister of Justice. Exhausted by his long struggle, Koni accepted a new post in the civil law system, but in doing so he gave up the practice of criminal law and the drama of the courtroom. Only in 1885 did Koni return to criminal law, when he was appointed as chief prosecutor of the Court of Appeals.

With his literary-theatrical background, Koni was passionately interested in literature and maintained close ties with most of the leading writers of his day, including Nekrasov, Goncharov, Dostoevsky, Korolenko, and Tolstoy. A brilliant raconteur, he often told his writer friends of the dramatic cases that he had met within his legal work. Not surprisingly, some of these found their way into Russian literature. Tolstoy's third and last major novel, *Resurrection*, is based upon one of Koni's cases. In 1900 Koni was elected to the Academy of Sciences for his services to Russian literature.

Koni was seventy-three at the time of the Revolution, but unlike the great majority of his fellow middle-class liberals he did not emigrate—even when the young Soviet government offered to let him leave the country for medical treatment. Instead he chose to endure the privations of the civil war and its aftermath and accepted a professorship at Petrograd University. In addition to his university lectures and in spite of his increasingly poor health he gave hundreds of public lectures to factory workers, soldiers, and other groups on topics as diverse as art, literature, law, and history. Koni continued his educational work until his death at eighty-three.

Starting in 1912, Koni began publishing his memoirs *Na zhiznennom puti* (*On Life's Path*). Koni's rhetorical gifts are used to their full advantage in these writings and he provides vivid portraits of hundreds of his contemporaries and the events in which they participated. Koni's name, although honored at the time of his death, was soon largely forgotten and his memoirs went out of print. In the last decade, however, he has been rediscovered and now his memoirs are being reissued and eagerly read by a new generation who are entranced by Koni's engrossing picture of Russia's not-too-distant past. The following section from Koni's memoirs is a portrait of I. D. Putilin, the chief of detectives of the St. Petersburg police force during the 1870's.

Подгото́вка к чте́нию

---

1. Про́шлая де́ятельность Пути́лина, до поступле́ния его́ в соста́в сыскно́й поли́ции, была́, чего́ он сам не скрыва́л, зачасту́ю весьма́ риско́ванною в смы́сле зако́нности и стро́гой мора́ли.

2. По́сле ухо́да Тре́пова из градонача́льников, отсу́тствие надлежа́щего надзо́ра со стороны́ Пути́лина за де́йствиями не́которых из подчинённых вы́звало больши́е на него́ нарека́ния.

3. В ка́честве о́пытного при́става сле́дственных дел Христиано́вич призыва́лся для совеща́ния в коми́ссию по составле́нию Суде́бных Уста́вов.

4. Э́тим Уста́вам служи́л он как прави́тель канцеля́рии градонача́льника, де́йствуя, при перекреще́нии двух путе́й — администрати́вного усмотре́ния и суде́бной незави́симости — как доброcо́вестный стре́лочник.

5. Иску́сною руко́ю с та́ктом и досто́инством он устраня́л неизбе́жные разногла́сия, мо́гшие перейти́ в ре́зкие столкнове́ния, вре́дные для ро́ста и разви́тия на́шего молодо́го но́вого суда́.

6. Бли́зкое знако́мство с таки́м челове́ком и ко́свенная от него́ служе́бная зави́симость не могли́ не уде́рживать

1. The past activities of Putilin prior to his joining the staff of the detective force had frequently been highly questionable in the sense of legality and strict morality—[a fact] that he did not conceal.

2. After the departure of Trepov from the mayor's job, the absence of proper supervision on the part of Putilin over the actions of some of his subordinates had called forth great reproaches on him.

3. In his capacity of an experienced inspector of investigative affairs Khristianovich was called for consultation to the Commission for the Compiling of the Law Statutes.

4. He served these statutes as the director of office of the mayor, acting, at the intersection of two roads—those of administrative supervision and legal independence—as a conscientious switchman.

5. With an artful hand and with tact and dignity he smoothed away the unavoidable disagreements that could have become sharp clashes harmful for the growth and development of our young new court [system].

6. Close acquaintance with such a person and indirect professional dependence on him could not help but keep Putilin

Пути́лина в стро́гих ра́мках служе́бного до́лга и нра́вственного прили́чия.

within the strict limits of his official duty and of moral decency.

7. « Неу́жто жив? » — не отдава́я себе́ отчёта воскли́кнул Богро́в, утвержда́вший, что никако́го Боя́ринова знать не зна́ет — и созна́лся.

7. Bogrov, having asserted that he absolutely did not know any [one named] Boyarinov, and not realizing what he was saying, exclaimed "It can't really be that he is alive" and confessed.

Ру́сский Шерло́к Холмс

1

Нача́льник петербу́ргской сыскно́й* поли́ции° Ива́н Дми́триевич Пути́лин был одно́ю из тех дарови́тых* ли́чностей°, кото́рых уме́л иску́сно* выбира́ть° и не ме́нее иску́сно держа́ть в рука́х ста́рый петербу́ргский градонача́льник* Ф. Ф. Тре́пов. Про́шлая де́ятельность Пути́лина, до поступле́ния* его́ в соста́в° сыскно́й* поли́ции, была́, чего́ он сам не скрыва́л, зачасту́ю* весьма́ риско́ванною* в смы́сле зако́нности* и стро́гой мора́ли°; — по́сле ухо́да Тре́пова из градонача́льников*, отсу́тствие надлежа́щего* надзо́ра* со стороны́ Пути́лина за де́йствиями не́которых из подчинённых* вы́звало больши́е на него́ нарека́ния*. Но в то вре́мя, о кото́ром я говорю́ (1871–1875 г.г.*), Пути́лин не распуска́л* ни себя́, ни свои́х сотру́дников° — и рабо́тал над свои́м люби́мым* де́лом с несомне́нным жела́нием ока́зывать действи́тельную по́мощь тру́дным зада́чам сле́дственной* ча́сти. Э́тому, коне́чно, спосо́бствовало* в значи́тельной сте́пени и влия́ние таки́х люде́й, как, наприме́р, Серге́й Фили́ппович Христиано́вич, занима́вший до́лжность° прави́теля° канцеля́рии° градонача́льника*. Отли́чно образо́ванный, неподку́пно* че́стный, прекра́сный юри́ст* и большо́й знато́к* наро́дного бы́та и литерату́ры, бли́зкий друг И. Ф. Горбуно́ва,[1] Христиано́вич был

detective	police
gifted	personalities
cleverly	
select	
mayor	
joining	
staff	detective
often	"questionable"
legality	morality
mayoralty	
proper	supervision
subordinates	
reproaches	
years	
let get out of hand	
coworkers	
favorite	
investigative	
facilitated	
position	manager
office	mayor
incorruptibly	lawyer
connoisseur	

---

1. I. F. Gorbunov (1831–95), an actor, well-known for his masterful, comic performances of his own, largely improvised character sketches.

по ли́чному о́пыту знако́м с усло́виями и при-
ёмами° произво́дства° сле́дствий*. Его́ указа́ния° не
могли́ пройти́ бессле́дно* для Пути́лина. В ка́честве
о́пытного° при́става* сле́дственных* дел Христиа-
но́вич призыва́лся* для совеща́ния° в коми́ссию° по
составле́нию* Суде́бных* Уста́вов*.[2] Э́тим Уста́вам
служи́л он как прави́тель канцеля́рии градонача́ль-
ника, де́йствуя*, при перекреще́нии* двух путе́й —
администрати́вного усмотре́ния* и суде́бной не-
зави́симости* — как добросо́вестный*, чу́ткий* и
о́пытный стре́лочник*, устраня́я* иску́сною* руко́ю,
с та́ктом и досто́инством°, неизбе́жные* разногла́-
сия*, мо́гшие перейти́ в ре́зкие столкнове́ния*,
вре́дные° для ро́ста и разви́тия на́шего молодо́го,
но́вого суда́.[3] На слу́жбе э́тим же Уста́вам, в
ка́честве чле́на петербу́ргской суде́бной пала́ты°,
око́нчил он свою́ не шу́мную и не блестя́щую, но
и́стинно поле́зную жизнь. Бли́зкое знако́мство с
таки́м челове́ком и ко́свенная* от него́ служе́бная*
зави́симость* не могли́ не уде́рживать* Пути́лина в
стро́гих ра́мках* служе́бного до́лга и нра́вственного
прили́чия*.

По приро́де свое́й Пути́лин был чрезвыча́йно
дарови́т* и как бы со́здан для свое́й до́лжности.
Необыкнове́нно то́нкое внима́ние и чрезвыча́йная
наблюда́тельность*, в кото́рой бы́ло како́е-то
осо́бое чутьё*, заставля́вшее его́ вгля́дываться* в
то, ми́мо чего́ все проходи́ли безуча́стно*, — со-
единя́лись* в нём со споко́йною сде́ржанностью*,
больши́м ю́мором* и своеобра́зным* лука́вым*
доброду́шием*. У́мное лицо́, обрамлённое* дли́н-
ными густы́ми бакенба́рдами*, проница́тельные*
ка́рие* глаза́, мя́гкие мане́ры° и малоросси́йский*
вы́говор* бы́ли характе́рными нару́жными* при́-
знаками° Пути́лина. Он уме́л отли́чно расска́зывать
и ещё лу́чше вызыва́ть° други́х на разгово́р, — и

methods conducting in-
   vestigations instructions
without trace
experienced inspector
   investigative
was called upon consul-
   tation commission
compilation law statutes

acting intersection

supervision
independence conscien-
   tious sensitive
switchman smoothing
   away artful
dignity inescapable

disagreements clashes

harmful

chamber

indirect "professional"

dependence restrain

limits

decency

gifted

"power of observation"

sense look into

indifferently

combined restraint

humor unique crafty

geniality framed

muttonchops penetrating

hazel manners Ukrainian

pronunciation external

features

provoke

2. The title given the laws that established the judicial system, the
punishments to be imposed by the justices of the peace, and the criminal and civil court codes. These statutes gave shape to the judicial
reform of 1864.
3. One of the "great reforms" of Aleksandr II was the reorganization
of the legal system. A unified, simplified code of laws was instituted,
trial by jury was introduced, and the practice of law became an independent profession.

писа́л неду́рно* и скла́дно*, хотя́ ме́сто и сте́пень его́ образова́ния бы́ли, по выраже́нию И. Ф. Горбуно́ва, «покры́ты° мра́ком° неизве́стности°». К э́тому присоединя́лась* кра́йняя нахо́дчивость* в затрудни́тельных* слу́чаях, при чём про него́ мо́жно бы́ло сказа́ть *"qu'il connaissait son monde"*,[4] как говоря́т францу́зы. По де́лу о жесто́ком° уби́йстве° для ограбле́ния* купца́* Боя́ринова и служи́вшего у него́ ма́льчика, он разыска́л* по са́мым почти́ неулови́мым* при́знакам* заподо́зренного* им меща́нина* Богро́ва, кото́рый, каза́лось, доказа́л своё *alibi* (инобы́тность*) и с самоуве́ренной* усме́шечкой* согласи́лся пое́хать с Пути́линым к себе́ домо́й, отку́да всё бы́ло уже́ тща́тельно припря́тано*. Си́дя на изво́зчике° и ми́рно бесе́дуя°, Пути́лин внеза́пно° сказа́л: «А ведь мальчи́шка-то жив!» — «Неу́жто* жив?» — не отдава́я себе́ отчёта* воскли́кнул Богро́в, утвержда́вший°, что никако́го Боя́ринова знать не зна́ет — и созна́лся°...

not badly coherently

covered darkness
  obscurity
joined resourcefulness

difficult

cruel murder

robbery merchant

found

elusive signs suspected

small businessman

alibi self-assured

sneer

hidden cab talking

unexpectedly

really unwittingly

affirmed

confessed

4. "That he knew the crowd with whom he was dealing."

Вопро́сы к те́ксту

1. Кто вы́брал Пути́лина и на каку́ю до́лжность?

2. Чьи указа́ния отража́лись на рабо́те Пути́лина?

3. Кто был Тре́пов?

4. Кто был Христиано́вич?

5. Каки́м был Пути́лин по приро́де челове́ком?

6. Какова́ была́ его́ нару́жность?

7. Како́й фра́зой вы́звал он созна́ние Богро́ва?

8. В чём обвиня́ли Богро́ва?

Подготовка к чтению

1. Илларио́н жил в двух ко́мнатах отведённой ему́ ке́льи монастыря́, вёл за́мкнутое существова́ние и лишь и́зредка принима́л у себя́ пе́вчих и пои́л их ча́ем.

2. Седа́я борода́, за кото́рую его́, очеви́дно, хвата́л уби́йца, нанося́ свои́ уда́ры, была́ почти́ вся вы́рвана, и спу́танные, обры́зганные кро́вью кло́чья её валя́лись на полу́.

3. На столе́ у вхо́да стоя́л ме́дный подсве́чник в ви́де дово́льно глубо́кой ча́шки с невысо́ким помеще́нием для све́чки посреди́не; от сгоре́вшей све́чки оста́лись одни́ следы́.

4. Сама́ ча́шка была́ почти́ на у́ровень с края́ми напо́лнена кро́вью, ро́вно засты́вшею без вся́ких следо́в бры́зг.

5. Оказа́лось, что в монастыре́ вре́менно прожива́ли, без вся́кой пропи́ски, послу́шники други́х монастыре́й.

6. Они́ уходи́ли совсе́м из ла́вры, не то́лько никому́ не сказа́вшись, но да́же по бо́льшей ча́сти проводи́ли но́чи в го́роде, перелеза́я в одно́м специа́льно приспосо́бленном ме́сте че́рез огра́ду свято́й оби́тели.

1. Illarion lived in two rooms of the monastery living quarters set aside for him, led a closed-off existence and only rarely received the chanters and treated them to tea.

2. The long gray beard by which the murderer evidently had seized him while inflicting his blows was almost torn out and tangled, blood-spattered tufts of it were scattered about on the floor.

3. On the table by the entrance stood a copper candlestick in the form of a rather deep cup with a low mounting for the candle in the middle; there remained only traces of the burned candle.

4. The cup itself was filled almost level with the sides with blood that had, as it were, curdled without any traces of splashing.

5. It turned out that in the monastery there were staying temporarily, without any sort of registration, novices from other monasteries.

6. They used to leave the abbey not only not having told anyone but most of the time spending the nights in town and climbing back over the wall of the cloister in a specially prepared place.

7. Достáвленный к слéдователю, он сознáлся в убийстве, и был затéм осуждён присяжными заседáтелями, но до отправлéния в Сибирь сошёл с умá.

7. Brought to the investigator he confessed the murder and was subsequently convicted by the jury members, but before his departure to Siberia he went mad.

2

В Петербу́рге, в пе́рвой полови́не семидеся́тых годо́в, не́ было ни одного́ большо́го и сло́жного° уголо́вного* де́ла, в ро́зыск* по кото́рому Пути́лин не вложи́л* бы своего́ труда́. Мне пришло́сь нагля́дно* познако́миться с его́ удиви́тельными спо́бностями для иссле́дования° преступле́ний° в январе́ 1873 го́да, когда́ в Алекса́ндро-Не́вской ла́вре[1] бы́ло обнару́жено* уби́йство иеромона́ха* Иларио́на. Иларио́н жил в двух ко́мнатах отведённой° ему́ ке́льи* монастыря́°, вёл за́мкнутое* существова́ние° и лишь и́зредка° принима́л у себя́ пе́вчих* и пои́л* их ча́ем. Когда́ дверь его́ ке́льи*, отку́да он не выходи́л два дня, была́ откры́та, то воше́дшим* предста́вилось ужа́сное° зре́лище*. Иларио́н лежа́л мёртвый в огро́мной лу́же* запе́кшейся* кро́ви, натёкшей* из ма́ссы ран, нанесённых* ему́ ножо́м.° Его́ ру́ки и лицо́ носи́ли следы́ борьбы́ и поре́зов*, а дли́нная седа́я борода́, за кото́рую его́, очеви́дно, хвата́л уби́йца°, нанося́* свои́ уда́ры, была́ почти́ вся вы́рвана*, и спу́танные*, обры́зганные* кро́вью кло́чья* её валя́лись° на полу́ в обе́их ко́мнатах. На столе́ стоя́л самова́р и стака́н° с оста́тками* недопи́того* ча́я. Из комо́да* была́ похи́щена* су́мка* с золото́й моне́той* (оте́ц Иларио́н пла́вал° за грани́цей на суда́х° в ка́честве иеромона́ха*). Уби́йца иска́л де́нег ме́жду бельём° и тща́тельно его́ пересмотре́л*, но, дойдя́ до газе́тной* бума́ги, кото́рою обыкнове́нно покрыва́ется* дно° я́щиков° в коммо́дах*, её не припо́днял*, а под не́ю-то и лежа́ли проце́нтные* бума́ги* на большу́ю су́мму. На столе́ у вхо́да стоя́л ме́дный подсве́чник* в ви́де дово́льно глубо́кой ча́шки° с невысо́ким* помеще́нием° для све́чки* посреди́не*, при чём от сгоре́вшей* све́чки оста́лись одни́

complicated
criminal investigation
invest
at first hand
investigation crimes

discovered hieromonach

set aside cell monastery
closed-off
existence rarely
chanters gave to drink
cell
those who entered terrible
sight
puddle
congealed flowed
inflicted knife
slashes
seized murderer inflicting
torn out tangled
spattered tufts scattered
glass remnants undrunk
commode
stolen purse coins
sailed ships
monk, priest linen
inspected
newspaper
is covered bottom
drawers commode lift
"interest bearing bonds"

candleholder goblet
low mounting candle
in the middle
burned

1. A monastery founded by Peter the Great in 1710 in St. Petersburg to commemorate the victory of the Russians under the command of Aleksandr Nevsky (c. 1220–63) over the Swedes in 1240 at the Neva River.

следы́, а сама́ ча́шка была́ почти́ на у́ровень° с — level
края́ми напо́лнена кро́вью, ро́вно засты́вшею* без — curdled
вся́ких следо́в брызг*. — splashings

Суде́бные* вла́сти° при́были на ме́сто как раз в — legal authorities
то вре́мя, когда́ в собо́ре* соверша́лась* торже́ст- — cathedral performed
венная° панихи́да* по Спера́нском[2] — столе́тие° со — solemn requiem centenary
дня его́ рожде́ния°. На ней прису́тствовали — — birth
Госуда́рь[3] и весь официа́льный Петербу́рг. Поку́да* — while
в собо́ре пе́ли чу́дные° слова́ заупоко́йных* моли́тв*, — marvelous requiem prayers
— в двух шага́х от него́, в освещённой° зи́мним° — lighted winter
со́лнцем ке́лье*, происходи́ло вскры́тие* тру́па° — cell autopsy body
несча́стного старика́. Состоя́ние пи́щи° в желу́дке* — food stomach
да́ло возмо́жность определи́ть°, что поко́йный° был — determine deceased
уби́т два дня наза́д ве́чером. По весьма́ вероя́тным
предположе́ниям*, уби́йство бы́ло совершено́* кем- — suppositions done
нибудь из послу́шников*, кото́рого стари́к при- — novices
гласи́л пить чай. Но кто мог быть э́тот послу́шник
— вы́яснить* бы́ло невозмо́жно, так как оказа́лось, — clarify
что в монастыре́ вре́менно° прожива́ли, без вся́кой — temporarily
пропи́ски*, послу́шники други́х монастыре́й, при — registration
чём они́ уходи́ли совсе́м из ла́вры*, — в кото́рой — abbey
прожива́л сам митрополи́т*, — не то́лько никому́ — metropolitan
не сказа́вшись, но да́же по бо́льшей ча́сти проводи́ли
но́чи в го́роде, перелеза́я* в одно́м специа́льно при- — climbing over
спосо́бленном* ме́сте че́рез огра́ду* свято́й оби́- — prepared wall
тели*. — cloister

Во вре́мя составле́ния* протоко́ла* осмо́тра* — compilation record inspection
тру́па прие́хал Пути́лин. Сле́дователь° сообщи́л — investigator
ему́ о затрудне́нии* найти́ обвиня́емого*. Он стал — difficulties guilty party
тихо́нько* ходи́ть по ко́мнатам, посма́тривая туда́ — quietly
и сюда́, а зате́м, заду́мавшись, стал у окна́, слегка́
бараба́ня* па́льцами по стеклу́°. — drumming glass pane

« Я пошлю́, — сказа́л он мне зате́м вполго́лоса*, — at half voice
— аге́нтов* (он выгова́ривал* ахе́нтов) по при́- — agents pronounced
городным* желе́зным доро́гам. Уби́йца, вероя́тно, — suburban

---

2. M. M. Speransky (1772–1839), an important councilor of Aleksandr I (reigned 1801–25). His projects for political reform and freedom for the serfs caused the nobility to hate him.
3. Aleksandr II (1818–81), the "tsar liberator," carried out the "great
reforms": the liberation of the serfs (1861), the establishment of the
zemstvo—local self-government (1864), the reorganization of the law
courts (1864), and the establishment of universal military service
(1874) with service reduced from twenty-five to six years. He reigned
from 1855 to 1881.

кути́т* где́-нибудь в тракти́ре*, о́коло ста́нции. — Но как же они́ узна́ют уби́йцу? — спроси́л я. — Он ра́нен в кисть* пра́вой руки́, — убеждённо° сказа́л Пути́лин. — Э́то почему́? — спроси́л я. — Ви́дите э́тот подсве́чник*? На нём о́чень мно́го кро́ви, и она́ натекла́* не бры́згами*, а ро́вной струёй*. Поэ́тому э́то не кровь уби́того, да и натекла́ она́ по́сле уби́йства. Ведь нельзя́ предположи́ть*, что́бы напа́вший* ре́зал° старика́ со свечо́ю в рука́х: его́ ру́ки бы́ли за́няты — в одно́й был нож, а друго́ю, как ви́дно, он хвата́л старика́ за бо́роду. — Ну, хорошо́. Но почему́ же он ра́нен в пра́вую ру́ку? — А вот почему́. Пожа́луйте° сюда́ к комо́ду. Ви́дите: уби́йца тща́тельно переры́л* всё бельё, оты́скивая* ме́жду ним спря́танных де́нег. Вот, наприме́р, дю́жина* полоте́нец*. Он внима́тельно° перевора́чивал* ка́ждое, как перели́стывают* страни́цы кни́ги, и ви́дите — на ка́ждом свёрнутом* полоте́нце сни́зу* — пятно́ кро́ви. Э́то пра́вая рука́, а не ле́вая: при перевёртывании* ле́вой руко́й пя́тна бы́ли бы све́рху... »

Rev: revelling tavern

hand "with conviction"

candleholder
flowed spurts stream

suppose
attacker slashed

if you please

dug through searching
dozen
towels attentively turned
 over
leafing

turned over from below

turning over

По́здно ве́чером, в тот же день, мне да́ли знать, что уби́йца аресто́ван в тракти́ре* на ста́нции Люба́нь.[4] Он оказа́лся ра́неным в ладо́нь° пра́вой руки́ и распла́чивался* зо́лотом. Доста́вленный* к сле́дователю, он созна́лся в уби́йстве и был зате́м осуждён* прися́жными* заседа́телями*, но до отправле́ния* в Сиби́рь сошёл с ума́. Ему́, несча́стному, в неи́стовом* бреду́*, всё каза́лось, что к нему́ ле́зет° оте́ц Илларио́н, угрожа́я* и проклина́я*...

tavern

palm
squandering brought

convicted jury
departure
violent delirium
crawling threatening
cursing

4. Lyuban, a town some fifty miles from the center of St. Petersburg along the railroad to Moscow.

Вопро́сы к те́ксту

1. Когда́ Ко́ни познако́мился с удиви́тельными спосо́бностями Пути́лина?

2. Кто был Илларио́н и где он жил?

3. Где нашли́ его́ труп?

4. Как вы́глядела его́ седа́я борода́?

5. Что бы́ло похи́щено?

6. Где лежа́ли проце́нтные бума́ги?

7. Где стоя́л подсве́чник в ви́де ча́шки?

8. Что происходи́ло в собо́ре в э́то вре́мя?

9. Что определи́ло вскры́тие тру́па?

10. Что реши́л сде́лать Пути́лин?

11. Как мо́жно бы́ло узна́ть уби́йцу?

12. Почему́ Пути́лин ду́мал, что уби́йца ра́нен в кисть пра́вой руки́?

13. Где пойма́ли уби́йцу?

14. Что с ним случи́лось?

Красная смерть

THE ACCESSION of Aleksandr III (1881–94) following the assassination of his father, Aleksandr II, brought with it a large number of measures aimed at the repression of the radicals. The universities, as potential cradles of political dissidence, were subject to a new set of regulations that restricted those freedoms that had been granted during the liberal reform period of the 1860's. One of the measures was the prohibition of the so-called *zemylachestva.* These were groups formed by the students coming from a single town or area. Although the clubs were largely social in nature, they also attempted to protect the interests of the students and to act as their representatives. Involvement in politics was strictly forbidden. The banning of these groups was one of the sources of the wave of student disorders in 1886 The disturbances passed but the *zemlyachestva* continued to exist, albeit unofficially. Maklakov, then a student at Moscow University, strongly felt that the student organizations fulfilled a legitimate and necessary function. As a result, he initiated a movement to form a central student union in which all of the local *zemlyachestva* would be represented.

In 1889 there was an International Exposition in Paris. Maklakov's father, a prominent professor of ophthalmology, decided to take his twenty-year-old son along. Since students could not ordinarily receive foreign passports, a faked medical certificate was arranged. The young Maklakov went abroad for "medical treatment."

VASILII
ALEKSEEVICH
MAKLAKOV
(*1870–1957*)

The government's fear of permitting Russian students to be exposed to the political liberties prevalent in the West was not without foundation. France, celebrating the one hundredth anniversary of her great revolution, made an enormous impression on the young Russian.

Maklakov immediately established close ties with the French Student Association. His new friends asked him why Russia, alone of all the European powers, had never sent delegates to the International Student Congress. The Russian student received a letter from the French Student Association empowering him to represent the international body and to arrange future Russian participation. On his return to Russia, Maklakov began to publish articles of the French Student Association and to speak at various meetings. In 1890, a new wave of student disorders broke out in Moscow and Maklakov, although he had opposed the demonstrations, was arrested and expelled from the university for one year.

The young Maklakov had long been interested in Tolstoy's moral philosophy and had briefly been a member of a utopian communal farm established by some of Tolstoy's followers. The peasants, learning of the "nonresistance to evil" doctrine of their strange new neighbors, took a horse one day on the grounds that their need for it was greater than that of the settlers. The Tolstoians meekly acquiesced. The next day the peasants, impressed by this display of Christian meekness, returned and stole everything. Thus the farm ended tragically.

Russia was struck by famine in 1891, and Maklakov, as a student leader, was involved in various activities to alleviate the suffering of the peasants. In the course of the famine relief work, the young man became a close friend of Tolstoy, whose home was a center of the relief effort. The strength of the old man's personality was such that Maklakov fell strongly under his influence.

Reentering the university, Maklakov changed his field of study from the natural sciences to history and hoped to go on to an academic career. Thanks, however, to his undergraduate activities, he was denied entrance to graduate work. Barred from continuing his education, the new graduate was sent off to fulfill his obligatory military service. On his release from the army, Maklakov seriously began to think of a career. Feeling that legal reform was the solution to his country's problems, Maklakov decided to become a lawyer. The reforms of Aleksandr II had established an independent court system that, in principle, protected the rights of the accused. In practice, however, local authorities often ignored these protections. On receiving his law degree, Maklakov decided to specialize in what would now be called civil rights work—the defense of religious and political dissenters from prosecution.

The 1890's and early 1900's were a period of sustained officially endorsed persecution of both religious and political minorities. In Western Russia, pogroms were launched against the Jewish population. In the south, the ancient rites and privileges of the Armenian church were restricted and its property confiscated. In Russia itself, the religious sects that had split away from the official Orthodox church in the sixteenth century came under persecution. Most of this activity was under the supervision of Nicholas' former tutor and now Procurator of the Holy Synod, K. Pobedonostsev. Perhaps the strongest single center of resistance to this was Tolstoy, who worked unremittingly to alleviate the plight of the religious dissenters. Maklakov received many of his early cases from Tolstoy.

Following the revolution of 1905, the Tsar was forced to allow the formation of a National Assembly—the Duma. In the new body, the largest party was that of the Constitutional Democrats, or Cadets as they were called. Maklakov, who soon became a major figure in the new party, served in three of the four Dumas held before 1917. The Cadet party also played an important role in the Provisional Government, which was set up in February 1917, following the abdication of Nicholas. Kerensky's short-lived government selected Maklakov as its ambassador to France where he chose to remain as a private citizen after the Bolshevik Revolution in October of 1917.

During his forty years in exile, Maklakov published

several volumes of memoirs. The earlier books are primarily political histories of the role of the Duma. The final volume is, however, of a more personal nature. Called simply *Iz vospominanii*, it gives an engrossing portrait of Russian life during the reign of the last two Romanovs. The following selection, taken from that volume, is an account of Maklakov's defense of a Russian peasant, a religious dissenter accused of "ritual murder."

Подготовка к чтению

1. Он мне писа́л, что в произво́дстве суда́ нахо́дится кра́йне интере́сное де́ло, кото́рое, вероя́тно, пройдёт без приглашённой защи́ты, а так как оно́ бу́дет слу́шаться в Шу́йском уе́зде, то не бу́дет, вероя́тно, и защи́тника по назначе́нию, а защища́ть бу́дет кандида́т на суде́бные до́лжности.

2. Но де́ло так интере́сно, что заслу́живало бы ино́го к себе́ отноше́ния.

3. Своё происхожде́ние они́ вели́ ещё с рефо́рмы Ни́кона. Убеждённые проти́вники тогда́шней рефо́рмы, они́ отверга́ли не то́лько испра́вленные богослуже́бные кни́ги, не то́лько реформи́рованную це́рковь, как попа́вшую во власть Анти́христа, но и всё, что бы́ло с це́рковью свя́зано, то́ есть, пре́жде всего, госуда́рство.

4. Старообря́дцев, не посеща́вших це́рковь, признаю́щих то́лько свою́ духо́вную власть, бы́ло мно́го и поми́мо бегуно́в.

5. Бы́ло заме́чено, что э́ти отпа́вшие от це́ркви, состоя́тельные, безупре́чные лю́ди, жилы́е бегуны́, исчеза́ли бессле́дно.

6. Казённые миссионе́ры повторя́ли э́ти слу́хи, добива́ясь, что́бы се́кта « бегуно́в » была́ при́знана в устано́вленном

1. He wrote me that in the docket of the court there is an extremely interesting case that, probably, would be without a defense [counsel] invited [by the accused] and because it would be heard in Shuya province, there would probably not even be an appointed attorney but rather a law clerk would defend [the accused].

2. But the case was so interesting that it merited another attitude toward itself.

3. They set their origin from Nikon's reform: convinced opponents of that reform, they rejected not only the corrected divine service books, not only the reformed church, as having fallen into the power of the Antichrist, but also everything that is connected with the church, that is, first of all the state.

4. Even apart from the Runners, there were a lot of Old Believers, who did not attend church, recognizing only their own spiritual authority.

5. It was noticed that these well-off, irreproachable people who had fallen away from the church, the "worldly" Runners, disappeared without a trace.

6. Government missionaries repeated these rumors intending that the sect of the Runners be recognized in official circles

порядке « особо вредной » сектой, как скопцы, чтобы можно было карать за одну к ней принадлежность.

as an "especially harmful" sect like the Castrati so that it would be possible to punish [people] merely for membership in it.

Красная смерть

1

...Дело о « ритуа́льном* » уби́йстве... тогда́ на себя́ не обрати́ло внима́ния, осо́бенно потому́, что оно́ слу́шалось при закры́тых дверя́х и газе́тных отчётов° о нём быть не могло́. А в нём бы́ло всё характе́рно и интере́сно. Я был то́лько помо́щником°, когда́ получи́л письмо́ от университе́тского това́рища В. Соколо́ва, позднее ви́дного* сле́дователя по « осо́бо ва́жным дела́м » в Петербу́рге и челове́ка о́чень досто́йного°. В то вре́мя он был кандида́том* на суде́бные* до́лжности* при Влади́мирском[1] суде́. Он мне написа́л, что в произво́дстве* суда́ нахо́дится кра́йне интере́сное де́ло, кото́рое, вероя́тно, пойдёт без приглашённой защи́ты, а так как оно́ бу́дет слу́шаться в Шу́йском уе́зде*,[2] то не бу́дет, вероя́тно, и защи́тника° по назначе́нию°, а защища́ть бу́дет кандида́т* на суде́бные* до́лжности*. Но де́ло так интере́сно, что заслу́живало* бы ино́го к себе́ отноше́ния. Са́мое тако́е обраще́ние уже́ бы́ло типи́чно*. Че́рез не́сколько лет все во Влади́мире зна́ли бы, к кому́ с э́тим обрати́ться: уже́ была́ организа́ция°, специа́льно для э́того со́зданная. Тепе́рь же Соколо́в обраща́лся по знако́мству ли́чно ко мне, хотя́ знал меня́ то́лько

ritual

accounts

assistant
eminent

worthy
"law clerk"

"docket"

district
defense lawyer   appoint-
ment

"law clerk"   merited

typical

organization

1. Vladimir, an old, historical, provincial capital, about 120 miles east of Moscow.
2. A district around the town of Shuya, about 160 miles northeast of Moscow.

тогда́, когда́ я ещё и не собира́лся° быть адво-   getting ready
ка́том*. Поздне́е, для защи́ты подо́бного де́ла яви́-   lawyer
лась бы ма́сса жела́ющих*. Я пое́хал во Влади́мир,   volunteers
как когда́-то° по про́сьбе Толсто́го³· пое́хал в   at one time
Калу́гу, и ознако́мился° с де́лом. Вот вкра́тце* его́   acquainted myself in short
содержа́ние. Во Влади́мирской, Костромско́й, Яро-
сла́вской и Олоне́цкой⁴ губе́рниях жи́ло мно́го   members of a religious sect
секта́нтов*, кото́рым дава́ли назва́ние « бегуно́в* ».   Runners
Своё происхожде́ние° они́ вели́ ещё с рефо́рмы   origin
Ни́кона.⁵ Убеждённые проти́вники тогда́шней* ре-   at that time
фо́рмы, они́ отверга́ли* не то́лько испра́вленные*   rejected corrected
богослуже́бные* кни́ги, не то́лько реформи́рован-   divine service
ную* це́рковь, как попа́вшую* во власть Анти́-   reformed "having fallen"
христа*, но и всё, что бы́ло с це́рковью свя́зано°,   Antichrist connected
то́ есть, пре́жде всего́, госуда́рство°. Госуда́рство,   state
прави́тельство — все носи́ли на себе́ печа́ть Анти́-
христа. Бегуны́ же, и́стинно правосла́вные*, не   Orthodox
должны́ бы́ли име́ть с ни́ми де́ла. Они́ принуждены́*   forced
бы́ли для э́того жить вне° госуда́рства, не брать   outside
докуме́нтов°, не обраща́ться к властя́м, не употре-   documents
бля́ть да́же де́нежных* зна́ков*. Жизнь в ми́ре   bank notes
станови́лась для них « невозмо́жной », да́же в те
времена́, когда́ госуда́рство бы́ло сла́бо; « бегуны́ »
ска́пливались* поэ́тому в се́верных полуди́ких*   accumulated semiwild
губе́рниях, жи́ли в леса́х, в деревня́х, о кото́рых
власть не зна́ла, скрыва́ли там своё со́бственное
секта́нтское* духове́нство* и вообще́ от люде́й   sect clergy
пря́тались°. Мо́жет быть, потому́ им и да́ли на-   hid
зва́ние « бегуно́в ».

Коне́чно, им бы́ло невозмо́жно соверше́нно исче́з-
нуть из ми́ра, и они́ с ним сноси́лись* че́рез по-   communicated
сре́дников*; в бо́лее по́зднее вре́мя, когда́ аппара́т*   intermediaries apparatus
госуда́рственной вла́сти уси́лился*, число́ насто-   strengthened
я́щих, после́довательных* бегуно́в уменьша́лось*.   steadfast decreased

3. L. N. Tolstoy, the famous novelist, whom Maklakov knew quite
well.
4. Kostroma and Yaroslavl were provinces (and towns) northeast of
Moscow. Olónetsk is near Lake Ladoga.
5. The reforms of Nikon. Nikon (1605–81), the Patriarch of Moscow,
carried out reforms that consisted largely of correcting the church
books and unifying the liturgy. These efforts, supported by Tsar
Aleksey Mikhailovich, brought about the schism, or *raskol*. Those who
continued to observe the old books and rites became known as the
Old Believers or Old Ritualists, and were persecuted by the church and
also by the state.

Компроми́ссы* с ми́ром станови́лись необходи́мыми, и из се́кты « бегуно́в » постепе́нно° выдели́лась* осо́бая катего́рия, кото́рые получи́ли назва́ние « жиловы́х* бегуно́в ». Они́ жи́ли в миру́, признава́ли и госуда́рство, и власть, и де́ньги, не признава́ли то́лько существу́ющей це́ркви; но и её не тро́гали° и не осужда́ли°, а то́лько мо́лча° от неё отошли́. Старообря́дцев*, не посеща́вших* це́рковь, признаю́щих* то́лько свою́ духо́вную° власть, бы́ло мно́го и поми́мо* них; бегуно́в поэ́тому не́ было по́вода* тро́гать. Прозелити́зма* же, проповеда́ния*, совраще́ния* за ни́ми не наблюда́лось°. Но так как они́ бы́ли всё-таки полны́ религио́зного одушевле́ния*, то бы́ли че́стны и возде́ржаны* в свое́й ли́чной жи́зни и потому́ обыкнове́нно бы́ли зажи́точнее* и бога́че други́х. Возмо́жно, что они́ дава́ли поли́ции взя́тки*, что́бы к ним не придира́лись*. Ко́со* смотре́ло на них одно́ духове́нство*. Но поста́вить им в вину́ бы́ло нельзя́ ничего́. Пра́вда, у них ча́сто быва́ли, жива́ли° и пото́м исчеза́ли° никому́ не изве́стные лю́ди, и недоброжела́тели* их подозрева́ли, что они́ пристанодержа́тели*, ску́пщики* кра́денного* и что из э́той профе́ссии возника́ли их состоя́ния°, но доказа́тельств° на э́то всё-таки не́ было, а у поли́ции бы́ли свои́ причи́ны относи́ться к ним снисходи́тельно*. На де́ле э́ти « незнако́мцы* » — бы́ли « настоя́щие бегуны́ », кото́рым « жилы́е* бегуны́ » дава́ли приста́нище* и иногда́ сре́дства к жи́зни. Так стоя́ло де́ло, пока́ не ста́ли обраща́ть внима́ние на оди́н стра́нный, но повторя́вшийся факт. Бы́ло заме́чено, что э́ти отпа́вшие* от це́ркви, состоя́тельные*, безупре́чные* лю́ди, жилы́е бегуны́, исчеза́ли бессле́дно*. Никто́ не вида́л, ни как они́ умира́ли, ни как их хорони́ли*. Мно́гие старики́ э́той се́кты тяжело́ боле́ли не́сколько вре́мени; всё селе́ние* и́ли го́род жда́ли их сме́рти, но вдруг узнава́ли, со слов семьи́, что больно́й попра́вился° и « ушёл в Иеруса́лим Бо́гу моли́ться* ». Э́то бы́ло обы́чное объясне́ние, кото́рому ско́ро переста́ли ве́рить. Замеча́ли и то, что тако́й ухо́д « Бо́гу моли́ться » обыкнове́нно совпада́л* с прису́тствием в их до́ме

---

compromises
gradually
"form"
"worldly"

touch   condemn   silently
Old Believers   attend
recognizing   spiritual
besides
cause   proselytism
preaching   debauchery
  observed

animation   abstemious

better off

bribes

find fault   askance   clergy

lived

disappeared

ill-wishers
keepers of thieves' den
  middlemen   "stolen
  goods"
prosperity
proof

leniently

strangers

"worldly"

refuge

having fallen away from
  well-off
irreproachable

without trace

buried

settlement

recovered

pray

coincided

и таки́м же исчезнове́нием* незнако́мых люде́й. От-
сю́да° пошла́ леге́нда*, неизве́стно кем сочинённая°,
но кото́рой в э́тих места́х все ве́рили, бу́дто
э́тих ста́рых люде́й убива́ли; бы́ло приду́мано* и
объясне́ние: так как они́ свое́й жи́знью в миру́ бы́ли
грешны́* пе́ред Бо́гом, то они́ должны́ бы́ли ис-
купи́ть* э́ти грехи́ мучени́ческой* сме́ртью. Потому́
их единомы́шленники*, с их согла́сия, их убива́ли.
Э́тот ритуа́л* и называ́лся «кра́сной сме́ртью».
«Кра́сная» была́, вероя́тно, равнозна́чаща* «пре-
кра́сной», «жела́нной» сме́рти. Пото́м же э́то ста́ли
понима́ть буква́льнее* и проза́ичнее* и утвержда́ть,
бу́дто их души́ли* кра́сной поду́шкой°. Тако́е
мне́ние возни́кло, существова́ло, его́ повторя́ли
казённые* миссионе́ры*, добива́ясь*, что́бы се́кта
«бегуно́в» была́ при́знана° в устано́вленном* по-
ря́дке* «осо́бо вре́дной» се́ктой, как скопцы́*, что́бы
мо́жно бы́ло кара́ть* за одну́ к ней принадле́ж-
ность*. Но кро́ме непоня́тного° фа́кта исчезнове́ния*
и возмо́жного его́ объясне́ния, про́тив них ничего́
не́ было. И вот, наконе́ц, тако́й факт появи́лся.

disappearance
from here   legend
    composed

invented

sinful

expiate   martyr's

fellow believers

ritual

equivalent

literally   prosaically

suffocated   pillow

state   missionaries   aiming

recognized   established

order   castrates

punish
membership   incomprehen-
    sible   disappearance

Вопро́сы к те́ксту

1. Почему́ обрати́лись к Маклако́ву с про́сьбой взять защи́ту э́того де́ла?

2. Кто бы́ли « бегуны́ »?

3. Почему́ они́ отошли́ от це́ркви?

4. Где жи́ли бегуны́?

5. Кто бы́ли « жиловы́е бегуны́ »?

6. Кто смотре́л на них ко́со?

7. Что бы́ло, наконе́ц, заме́чено?

8. Чем объясня́ли бегуны́ исчезнове́ние свои́х старико́в?

9. Кака́я леге́нда пошла́ про них?

10. Чего́ добива́лись лю́ди, кото́рые повторя́ли э́то мне́ние?

Подготóвка к чтéнию

1. По заключéнию уéздного врачá, котóрый за неимéнием специалúста по судéбной медицúне дéлал вскрытие трупа, на нём не оказáлось никакúх внéшних знáков насúлия.

2. По трéбованию Синóда, емý были высланы кóпии с дéла, и послéдовала экспертúза казáнского профéссора по богослóвию Ивановского.

3. Ссылка на тóчечные образовáния в кровú в разложúвшемся трупе бессмыслица; онú моглú быть не прижúзненным явлéнием, а трупной имбибúцией.

4. Искýсственно сóзданный миф о « ритуáльном убúйстве » сбил с тóлку экспертúзу.

5. Это ещё кудá бы ни шло, éсли бы на трупе оказáлась хотя бы « крáсная нúтка », но этого нé было.

6. Я пóдал прошéние о вызове экспéртом проф. Нéйдинга, но срок для вызова свидéтелей и экспéртов истёк ещё рáньше моегó приéзда, и мне было за прóпуском срóка откáзано.

1. According to the conclusion of the district doctor, who for lack of a specialist in legal medicine did the autopsy of the body, there were no external marks of violence on it.

2. At the request of the Holy Synod, copies of the case were sent to it and the expertise of the Kazan professor of theology followed.

3. The reference to speck formations in the blood in a decomposed corpse is nonsense; they could be not a premortem phenomenon but a postmortem imbibition.

4. The artificially created myth about « ritual murder » had gotten the expertise off the track.

5. This still might have been believed, if there had turned out to be even a single red thread on the corpse; but there wasn't.

6. I submitted a request for the calling of Professor Neiding as an expert but the period for the calling of witnesses and experts had elapsed still before my arrival and I was refused because of the expiration of the period.

2

В одно́м селе́нии* Шу́йского уе́зда*, я не по́мню
и́мени ни селе́ния, ни де́йствующих* лиц, жил
тако́й «жилово́й бегу́н», кото́рый на вопро́с о его́
ве́ре всегда́ называ́л себя́ «правосла́вным*», а
долголе́тнее* непосеще́ние* це́ркви объясня́л не-
досу́гом* и нездоро́вьем*. С ним случи́лось то же,
что и други́ми. Он заболе́л° и у него́ появи́лись
незнако́мые лю́ди; пото́м все исче́зли, а че́рез не́-
сколько дней жена́ объясни́ла, что больно́й по-
пра́вился и ушёл «Бо́гу моли́ться». До тех пор всё
шло по ритуа́лу. Но че́рез не́сколько ме́сяцев, уже́
в сентябре́, когда́ ребя́та* в лесу́ собира́ли грибы́*,
соба́ка ста́ла рыть* зе́млю и доры́лась* до тру́па.
Он так разложи́лся*, что нельзя́ бы́ло определи́ть
да́же во́зраста. Но по оде́жде° и други́м при́знакам
удостове́рились*, что э́то был исче́знувший стари́к.
По заключе́нию уе́здного* врача́, кото́рый за
неиме́нием° специали́ста по суде́бной медици́не
де́лал вскры́тие* тру́па, на нём не оказа́лось ни-
каки́х вне́шних зна́ков наси́лия*. Врач констати́ро-
вал* то́лько увеличе́ние* се́рдца, жирово́е* его́
перерожде́ние*. Но по каки́м-то кровяны́м* то́чкам
экспе́рт заключи́л, что он у́мер от удуше́ния*
«кра́сной поду́шкой». Эксперти́за* таки́м о́бразом
то́лько подтверди́ла° общераспространённую* ве́р-
сию*, и́ли верне́е была́ сама́ е́ю вдохновлена́*.
Ка́к-то удало́сь найти́ тех незнако́мцев*, кото́рые
бы́ли у поко́йного° пе́ред его́ сме́ртью. Их тождест-
во́* бы́ло свиде́телями° устано́влено*, в том числе́ и
жено́й. Но они́ говори́ли, как и жена́, что стари́к
ушёл из до́ма ещё до сме́рти. Де́лом заинтересова́л-
ся* Сино́д*. По его́ тре́бованию°, ему́ бы́ли
вы́сланы* ко́пии* с де́ла, и после́довала эксперти́за*
каза́нского* профе́ссора по богосло́вию* Ивано́в-
ского, кото́рый леге́нду* о кра́сной сме́рти призна́л и
соверше́нно возмо́жной, и логи́чески* правдоподо́б-
ной*. Е́сли поко́йный был, действи́тельно, удушён*,
как э́то утвержда́ет медици́нская эксперти́за,

	settlement district
	"participating"
	Orthodox
	"for many years" non-attendance
	lack of time ill-health
	fell ill
	children mushrooms
	dig dug to
	decomposed
	clothing
	"established"
	district
	lack
	autopsy
	violence
	stated enlargement fatty
	degeneration bloody
	suffocation
	expertise
	confirmed popular
	version inspired
	strangers
	deceased
	identity witnesses established
	became interested Holy Synod demand
	sent copies expertise
	Kazan theology
	legend
	logical
	plausible suffocated

то остально́е стано́вится я́сным. Всё де́ло бы́ло таки́м о́бразом то́лько в ней. Я попроси́л Соколо́ва дать мне ко́пию с э́той эксперти́зы, привёз её в Москву́ и показа́л профе́ссору суде́бной медици́ны Не́йдингу. Он и помо́щник его́ прозе́ктор* Минако́в заинтересова́лись э́тим де́лом, так как, по их слова́м, никогда́ не вида́ли бо́лее безгра́мотной* эксперти́зы. Указа́ние на удуше́ние*, как на причи́ну сме́рти для тру́па, кото́рый не́сколько ле́тних ме́сяцев лежа́л в земле́, бы́ло вообще́ невозмо́жно; ра́зве е́сли бы оказа́лись нару́жные* поврежде́ния* го́рла, дыха́тельных* путе́й и т. д. Ссы́лка* же на то́чечные* образова́ния в крови́ в разложи́вшемся* тру́пе бессмы́слица*; они́ могли́ быть не прижи́зненным* явле́нием, а тру́пной* имбиби́цией*. Наконе́ц, сам экспе́рт, ви́девший труп, установи́л, что поко́йный страда́л° « перерожде́нием* » и « расшире́нием* » се́рдца; э́то расшире́ние ука́зывало на дли́тельную* серде́чную* боле́знь и не могло́ произойти́ мгнове́нно* от одного́ удуше́ния*. Де́ло станови́лось я́сно. Иску́сственно* со́зданный миф* о « ритуа́льном уби́йстве » сбил* с то́лку° эксперти́зу. Созда́телем* всего́ э́того де́ла был уе́здный* врач, кото́рый в свое́й наи́вности* и безгра́мотности* дошёл до того́, что говори́л об « удуше́нии* кра́сной поду́шкой ». Э́то ещё куда́ бы ни шло, е́сли бы на тру́пе оказа́лась хотя́ бы « кра́сная ни́тка* », но э́того не́ было; всё бы́ло взя́то из той леге́нды*, кото́рую на́до бы́ло снача́ла прове́рить*. Подо́бная эксперти́за была́ одна́ко одо́брена* Влади́мирским* губе́рнским* правле́нием* и, к стыду́° его́, медици́нским департа́ментом° в Петербу́рге.

Нельзя́ бы́ло оста́вить тако́е де́ло без защи́ты. Соколо́в списа́лся* с нача́льником Шу́йской тюрьмы́, кото́рого я пото́м вида́л не́сколько раз и сохрани́л о нём воспомина́ние°, как о добре́йшем* челове́ке, кото́рых в те времена́ мо́жно бы́ло встреча́ть на несоотве́тствующих* их хара́ктерам должностя́х. Обвиня́емые* заяви́ли° суду́ о жела́нии име́ть меня́ свои́м защи́тником. Я же по́дал° проше́ние* о вы́зове экспе́ртом проф. Не́йдинга, но срок° для вы́зова свиде́телей и экспе́ртов истёк* ещё

Marginal glosses:
- dissectionist
- illiterate
- suffocation
- external injuries
- respiratory reference
- speck decomposed
- nonsense
- premortem corpse imbibition
- suffered degeneration
- expansion
- prolonged heart
- instantly suffocation
- artificially myth
- knock away sense
- creator district
- naiveté illiteracy
- suffocation
- thread
- legend
- check
- approved Vladimir
- provincial government shame
- department
- exchanged letters
- memory most kind
- not corresponding
- accused declared
- submitted
- request
- period elapsed

ра́ньше моего́ прие́зда° во Влади́мир, и мне бы́ло за про́пуском* сро́ка отка́зано*. Я попыта́лся* привле́чь* к защи́те бо́лее авторите́тных* люде́й, чем я. Проси́л Плева́ко.[1] Он не отказа́л, но согласи́лся усло́вно*: е́сли по хо́ду проце́сса° я уви́жу, что он необходи́м, что́бы я ему́ посла́л телегра́мму, и тогда́ он прие́дет. Я её, действи́тельно, посла́л в тру́дный моме́нт, но он не прие́хал, сосла́вшись* на что́-то, что ему́ помеша́ло. Бо́льше всего́, вероя́тно, помеша́ли ему́ его́ отноше́ния с Победоно́сцевым,[2] кото́рый, как и весь Сино́д*, э́тим де́лом был заинтересо́ван. Э́то и была́ одна́ из причи́н, почему́ я осо́бенно дорожи́л* уча́стием в э́том де́ле и́менно Плева́ко. Пришло́сь мне защища́ть одному́. Не бу́ду расска́зывать всего́ хо́да проце́сса. Свиде́тели внесли́ ма́ло но́вого и возбужда́ли улы́бки, когда́ объясня́ли, почему́ деся́тки* лет они́ в це́рковь не хо́дят. Ока́зывалось всё по « случа́йности », кото́рые повторя́лись мно́гие го́ды. Но от свиде́телей ничего́ и не жда́ли. Гла́вным материа́лом каза́лись две эксперти́зы — медици́нская и духо́вная*, в лице́ проф. Ивано́вского. Суд не пожела́л вы́слушать° но́вого специали́ста врача́, но Не́йдинг и осо́бенно Минако́в меня́ доста́точно « начини́ли* » и проси́ли на вся́кий слу́чай запи́сывать* в протоко́л показа́ния* экспе́ртов. Их бы́ло дво́е — уе́здный* врач и губе́рнский враче́бный* инспе́ктор. Я на́чал с того́, что проси́л суд их допра́шивать* по́рознь*, в отсу́тствии друг дру́га. С экспе́ртами так обыкнове́нно не поступа́ют°, на что мне и указа́л председа́тель Кобы́лкин. Я наста́ивал*, и он согласи́лся. Зате́м я стал проси́ть отве́ты экспе́рта на не́которые вопро́сы целико́м* запи́сывать* в протоко́л.

Russian	Gloss
прие́зда°	arrival
про́пуском / отка́зано	expiration refused
попыта́лся	attempted
привле́чь / авторите́тных	attract authoritative
усло́вно / проце́сса°	conditionally trial
сосла́вшись	citing
Сино́д	Synod
дорожи́л	valued
деся́тки	decades
духо́вная	theological
вы́слушать°	hear
начини́ли	"primed"
запи́сывать / протоко́л	enter official record
показа́ния	testimony
уе́здный	district
враче́бный	medical
допра́шивать / по́рознь	question separately
не поступа́ют°	act
наста́ивал	insisted
целико́м / запи́сывать	as a whole record

1. F. N. Plevako (1842–1908), a well-known criminal lawyer.
2. K. P. Pobedonostsev (1827–1907), an important statesman and (from 1880 to 1905) Procurator of the Holy Synod of the Russian Orthodox church. He was the gray eminence behind the reactionary policies of Aleksandr III.

Вопро́сы к те́ксту

1. Почему́ « жилово́й бегу́н » не посеща́л це́ркви?

2. Как нашли́ труп старика́?

3. Что заключи́л врач по́сле вскры́тия тру́па?

4. Что говори́ли незнако́мцы?

5. Кто заинтересова́лся э́тим де́лом?

6. Почему́ эксперти́за была́ безгра́мотна?

7. Чем боле́л поко́йный стари́к?

8. Что сби́ло с то́лку эксперти́зу?

9. Почему́ Плева́ко не прие́хал помо́чь в защи́те?

10. Каки́е две эксперти́зы бы́ли гла́вным материа́лом в хо́де проце́сса?

11. Почему́ Макла́ков наста́ивал, что́бы отве́ты экспе́рта целико́м запи́сывали в протоко́л?

Подгото́вка к чте́нию

---

1. В доверше́ние всего́ уе́здный член суда́, кото́рый сиде́л в соста́ве прису́тствия, проси́л уе́здного врача́ объясни́ть, из чего́ он заключи́л, что поко́йный был удушён кра́сной поду́шкой.

2. Правосла́вные не хотя́т допусти́ть, что́бы те хоро́шие лю́ди, кото́рые помога́ют свои́м и кото́рые ра́ди э́того жи́ли в ми́ре в грехе́, в грехе́ бы и у́мерли.

3. Пе́ред сме́ртью они́ их из домо́в уно́сят, что́бы они́ у́мерли среди́ не гре́шного, людско́го, а Бо́жьего ми́ра, и что́бы ру́ки нечести́вых к ним не дотра́гивались.

4. Я сосла́лся на обы́чай, когда́ да́же цари́ пе́ред сме́ртью принима́ли схи́му, что́бы умере́ть пра́ведниками вне гре́шного ми́ра.

5. Им был Л. В. Скопи́нский, поздне́е ста́вший прокуро́ром ви́ленской суде́бной пала́ты и, е́сли па́мять мне не изменя́ет, до револю́ции поги́б же́ртвой террористи́ческого а́кта.

1. To crown everything, the district member of the court who sat in the presiding commission requested the district doctor to explain from what he concluded that the deceased was suffocated with a red pillow.

2. The Orthodox [believers] do not wish to concede that these good people who help their own and who for the sake of this lived in the world in sin, would also die in sin.

3. Before death they carry them away from their homes so that they may die not amidst the sinful profane [world] but in God's world and so that the hands of the impure would not touch them.

4. I referred to the custom when even tsars donned the monk's habit before death in order to die as righteous men outside the sinful world.

5. He was L. V. Skopinski who later became the prosecutor of the Vilnius judicial chamber and, if memory doesn't betray me, perished before the revolution as the victim of a terrorist act.

3

На вопро́с, заче́м мне э́то ну́жно, я объясни́л, что по зако́ну, е́сли свиде́тель* бу́дет осуждён* за заве́домо* ло́жное* показа́ние* на суде́, то э́то осужде́ние* мо́жет быть осно́вой для пересмо́тра* проце́сса. Э́то, очеви́дно, должно́ относи́ться и к экспе́ртам. Для э́того-то мне необходи́мо*, что́бы в протоко́ле их показа́ния* бы́ли то́чно запи́саны. Э́то мне ну́жно не для прися́жных*, а для дальне́йшего направле́ния де́ла. Э́то предупрежде́ние* о возмо́жности обвине́ния° про́тив экспе́ртов име́ло благоде́тельный* результа́т. Они́ испуга́лись и ста́ли и́ли противоре́чить° друг дру́гу и́ли от отве́тов уклоня́ться*. Так на вопро́сы, за́данные им по́рознь* — счита́ют ли они́ увеличе́ние* се́рдца сле́дствием* удуше́ния* и́ли дли́тельным* проце́ссом, а то́чки в сосу́дах* явле́нием « прижи́зненным* » и́ли « тру́пным* » явле́нием, они́ дава́ли таки́е отве́ты, что са́ми прися́жные* улыба́лись. В доверше́ние* всего́ уе́здный* член суда́, кото́рый сиде́л в соста́ве* прису́тствия*, проси́л уе́здного врача́ объясни́ть, из чего́ он заключи́л, что поко́йный был удушён « кра́сной поду́шкой »? На что экспе́рт име́л наи́вность отве́тить, что он так заключи́л потому́, что ина́че почему́ бы э́та смерть называ́лась « кра́сною »? Сло́вом, медици́нская эксперти́за была́ для обвине́ния* по́лным прова́лом*. Положе́ние попра́вил экспе́рт богосло́вия* Ивано́вский: он добросо́вестно* призна́л, что э́то де́ло бу́дет реша́ться ме́диками*, а не богосло́вами*. Но е́сли дока́зано*, что поко́йный удушён и после́дние лю́ди, кото́рых потерпе́вший* ви́дел, бы́ли бегуны́, то изуче́ние° их заблужде́ния* позволя́ет понима́ть моти́в° тако́го уби́йства. Он рассказа́л про рефо́рму Ни́кона, про раско́л*, про уче́ние, что в правосла́вную* це́рковь всели́лся* Анти́христ*; указа́л, что « жилы́е бегуны́ » необходи́мы, что́бы настоя́щие бегуны́ могли́ существова́ть, но что с их то́чки зре́ния° они́ подда́ли́сь* уже́ диа́волу*, что э́тот их грех мо́жет быть

	witness found guilty knowingly false testimony
	judgment reexamination
	necessary
	testimony
	jurors
	warning
	accusation
	beneficial
	contradict
	decline separately
	enlargement consequence
	suffocation prolonged
	blood vessels premortem
	"postmortem"
	jurors consummation district "presiding commission"
	prosecution failure
	theology
	conscientiously medical people theologians proved
	victim study
	delusion motive
	schism Orthodox
	penetrated Antichrist
	view
	yielded devil

иску́плен* му́ченической* кончи́ной* и что в э́том обвине́ние° нахо́дит своё по́лное объясне́ние. Как прися́жные* к э́тому отнесу́тся, де́ло их со́вести. Он же даёт объясне́ние, кото́рое мо́жет быть им поле́зным, что́бы реши́ть, доста́точно ли э́тих моти́вов и́ли на́до иска́ть каки́х-либо други́х. Заседа́ние° бы́ло пре́рвано* до утра́, и тогда́ произошёл па́мятный* для меня́ эпизо́д.

Я сиде́л в гости́нице° и гото́вился° к ре́чи, когда́ кто́-то ко мне постуча́л*, и вошёл дре́вний* стари́к с бе́лой бородо́й, в чёрном подря́снике*. Он на́чал с того́, что пришёл откры́ть мне « вели́кую та́йну »; раз* я, как э́то он зна́ет, стара́юсь помо́чь « правосла́вным », кото́рые страда́ют за то, что остаю́тся верны́ ве́ре отцо́в и на кото́рых за э́то клеве́щут*. Никого́ из свои́х старико́в они́ не убива́ют. Э́то всё слуги́° Анти́христа вы́думали°. Но « правосла́вные » не хотя́т допусти́ть°, что́бы те хоро́шие лю́ди, кото́рые помога́ют свои́м и кото́рые ра́ди э́того жи́ли в ми́ре в грехе́, в грехе́ бы и у́мерли. Потому́ пе́ред сме́ртью они́ их из домо́в и уно́сят*, что́бы они́ у́мерли среди́ не гре́шного*, людско́го°, а Бо́жьего* ми́ра, и что́бы ру́ки нечести́вых* к ним не дотра́гивались*. Потому́ их пе́ред сме́ртью уно́сят в сад, огоро́д° и́ли лес и там погреба́ют*, а нечести́вцам* говоря́т, что они́ « ушли́ Бо́гу моли́ться ». Я спроси́л старика́, согла́сен ли он э́то суду́ объясни́ть? Он на меня́ рассерди́лся.

— Я вам э́то откры́л потому́, что ду́мал, что вы вме́сте с на́ми, а е́сли вы на их стороне́, то жале́ю°, что вам э́ту та́йну откры́л.

Я его́ успоко́ил°, дал ему́ сло́во, что об его́ визи́те* ко мне я суду́ не скажу́. А он проси́л переда́ть подсуди́мому* приве́т от ста́рца* — и́мени его́ я не запо́мнил*. Я не мог нару́шить* своего́ обеща́ния, да э́то бы́ло бы и не́ к чему*. Я его́ показа́ние* испо́льзовал° ина́че. В свое́й защити́тельной* ре́чи я бо́лее всего́ заня́лся доктора́ми. Э́то бы́ло легко́. Переходя́° к эксперти́зе Ивано́вского, я его́ похвали́л*, но сказа́л, что его́ эксперти́за есть то́лько фанта́зия°, осно́ванная на том, что экспе́рты призна́ли смерть удуше́нием*. Но э́то сказа́ли таки́е

expiated martyrs end
accusation

jurors

session
adjourned memorable

hotel preparing
knocked ancient
garment

since

slander

servants dreamed up
concede

carry away
sinful human
God's sinful ones
touch
vegetable garden bury
sinful ones

regret

calmed
visit
accused elder
recall violate
"would be to no purpose"
    testimony
utilized defense

proceeding
praised
fantasy
suffocation

экспе́рты, кото́рым ве́рить нельзя́. Потому́ остаётся в де́ле оди́н то́лько факт: бессле́дное* исчезнове́ние* ста́рых люде́й. Почему́ же не допусти́ть друго́го, бо́лее просто́го объясне́ния? И я изложи́л* от себя́ то, что рассказа́л мне накану́не стари́к. Сосла́лся* на обы́чай, когда́ да́же цари́ пе́ред сме́ртью принима́ли схи́му*, что́бы умере́ть пра́ведниками* вне гре́ш-ного* ми́ра. Тогда́ всё бу́дет я́сно, без вся́ких предположе́ний* уби́йства. Пе́ред ва́ми не уби́йцы, а хоро́шие лю́ди, кото́рые помогли́ «своему́» умере́ть, как, по их мне́нию, прили́чно* христиани́-ну, вне мирско́го* собла́зна*.

Подсуди́мые* бы́ли опра́вданы*, к огорче́нию* прокуро́ра*. Им был Л. В. Скопи́нский, поздне́е ста́вший прокуро́ром* ви́ленской* суде́бной пала́ты и, е́сли па́мять мне не изменя́ет*, до револю́ции поги́б° же́ртвой° террористи́ческого* а́кта°. Он за оправда́ние* вини́л* суд, кото́рый не хорошо́ формули́ровал* вопро́сы. Вопро́сы обвиня́ли* обо́их в уби́йстве, а ну́жно бы́ло допусти́ть возмо́жность, что уби́л кто́-то друго́й, а они́ бы́ли то́лько уча́ст-никами°. Он мог быть и прав, су́дя по разгово́ру, кото́рый был у меня́ с прися́жными* на вокза́ле при моём отъе́зде из Шу́и. Они́ там меня́ обступи́ли*, бы́ли о́чень дово́льны, что я разнёс* докторо́в, но всё же приба́вили:

— Коне́чно, доктора́ сплохова́ли*, но то́лько мы́-то зна́ем, что «кра́сная смерть» существу́ет. У вас в Москве́ э́того не зна́ют. Там нет «бегуно́в», а мы допо́длинно* зна́ем, что «кра́сная смерть» практику́ется*.

И шли каки́е-то приме́ры и имена́.

— Но е́сли бегуны́ и употребля́ют «кра́сную смерть», то никто́ не мо́жет сказа́ть, что и́менно э́ти лю́ди уби́ли: мо́жет быть, и они́. Потому́ мы их и оправда́ли*.

Так про́сто иногда́ объясня́ются непоня́тные с пе́рвого взгля́да верди́кты* прися́жных*.

Glossary:
- бессле́дное — traceless
- исчезнове́ние — disappearance
- изложи́л — expounded
- Сосла́лся — referred
- схи́му — monk's habit
- пра́ведниками — righteous men
- гре́шного — sinful
- предположе́ний — supposition
- прили́чно — decently
- мирско́го — wordly
- собла́зна — temptation
- Подсуди́мые — accused
- опра́вданы — acquitted
- огорче́нию — distress
- прокуро́ра — prosecutor
- прокуро́ром — public prosecutor
- ви́ленской — Vilnius
- изменя́ет — betray
- поги́б — perished
- же́ртвой — victim
- террористи́ческого — terrorist
- а́кта — act
- оправда́ние — acquittal
- вини́л — blamed
- формули́ровал — formulated
- обвиня́ли — accused
- уча́стниками — accessories
- прися́жными — jurors
- обступи́ли — surrounded
- разнёс — "torn apart"
- сплохова́ли — blundered
- допо́длинно — for sure
- практику́ется — is practiced
- оправда́ли — acquitted
- верди́кты — verdicts
- прися́жных — jurors

Вопро́сы к те́ксту

1. Почему́ экспе́рты испуга́лись?

2. Каки́е отве́ты дава́ли экспе́рты?

3. Про что рассказа́л экспе́рт богосло́вия Ивано́вский?

4. Кто пришёл к Макла́кову в гости́ницу?

5. Что рассказа́л стари́к Макла́кову?

6. Что обеша́л Макла́ков старику́?

7. Каки́м о́бразом Макла́ков воспо́льзовался э́тим сообще́нием?

8. Чем зако́нчился проце́сс?

9. Что ду́мали прися́жные?

Созда́ние но́вой ро́ли

PART OF THE ROMANTIC APPEAL of Shalyapin, one of the greatest Russian singers, comes from his rise from ignorance and poverty to the heights of creative art, world fame, and success. He was born in Kazan, the one-time Tartar capital on the middle Volga, in 1873. His father was a copying clerk who vented his frustrations in beating members of the family and in drinking. Hunger eventually drove his mother to begging. At ten Shalyapin began a series of apprenticeships, none of which lasted more than a few months because he found the tasks given him dull and frequently not connected with learning a trade, and because his willful, restless nature rebelled against the cruel punishments he received. His formal schooling was also fitful and ended at thirteen when he successfully completed the fourth grade.

He had already been a choir boy for three years when at thirteen he saw his first play and then his first opera. From then on his life-long passion for the stage began. He spent all the time he could with singers and actors, haunted the theater, and was often taken on for mass scenes and bit parts, usually without pay. Because of this his relations with his father became even more strained, and by consent he left home at fifteen, completely independent, to lead a precarious existence as he sought to find a place for himself in the theater. The only systematic voice training he received came in 1892–93 from D. A. Usatov, a warm-hearted, retired opera

FËDOR IVANOVICH SHALYAPIN

(1873–1938)

singer, who gave him free lessons. An unsuccessful
season at the state-administered Mariinsky Theater in
St. Petersburg in 1894–95 was followed by what became
the turning point in his career: he met S. I. Mamontov,
the millionaire industrialist, sculptor, and spirited
avant-garde patron of the arts, who invited him to join
his Moscow Private Russian Opera. Here Shalyapin
was first given free rein to follow his artistic impulses
and give shape to several of his memorable roles. From
1899 to 1922, at the height of his powers, he was the
featured bass soloist at the Bolshoi Theater in Moscow.
In 1901 came the first of several successful singing tours
that took him to Italy, France, Germany, England, and
the United States.

His quick intelligence and energy helped overcome
the numerous deficiencies in his knowledge. He was
aided musically by his contact with such authorities
as the composers Rimsky-Korsakov, Glazunov, and
Rachmaninov, who was a conductor in Mamontov's
opera and who became a close friend. The famous
historian Klyuchevsky often welcomed him and expounded on the character of Boris Godunov and his
contemporaries. Stasov, the venerable art historian and
music critic, helped him. The painters Repin, Korvin,
Serov, and Vrubel opened to him the world of stage design
and costume. Dalsky and Fedotova were among the many
actors from whom he learned to act. He was accepted
as an active member of the lively circle of writers
that formed around Maxim Gorky and included Leonid
Andreev and Ivan Bunin. Learning from all, he incor-
porated this knowledge into his own artistic endeavors.

Shalyapin was exceptionally gifted not only in music,
but in drawing and sculpture as well, and as an actor
he had few equals. At times extravagant and undisciplined, given to spontaneous, impulsive actions, he was
frequently the despair of his friends and the delight of
jealous enemies. His performances were notable not
only because of his fine voice and superb musicianship,
but also because in a creative way he combined these
with visual aspects—great acting, effective make-up,
and imaginative costume—into a unified representation
of a character.

At first Shalyapin greeted the Revolution. He gave many benefit performances and became the art director of the Mariinsky Theater. However, he left Russia in 1922, never to return. He toured extensively abroad, appearing in opera and concert, including eight seasons with the New York Metropolitan Opera Company. Shalyapin died in Paris in 1938.

Shalyapin first met Gorky in 1900 and they soon became lifelong friends, drawn together by many similarities in background and interests. In the summer of 1916 they went to the Crimea because of Gorky's health. There Shalyapin dictated the story of his life to a stenographer, who typed the notes and gave them to Gorky, who then edited, revised, and added material he remembered from earlier conversations and sent the work to a literary journal, where it appeared serially in 1917. It appeared in book form in 1926, entitled *Stranitsy iz moei zhizni* (*Pages from My Life*). In addition to being a remarkable personal document, the work is interesting for its pictures of Russian life, especially of the art world. The selection that follows is an account of how Shalyapin first came into the international limelight in 1901.

Подготовка к чтению

1. Всё-таки я послал телеграмму в Милан с просьбою повторить текст: не верилось мне в серьёзность предложения.

2. Двое суток провёл в волнении, не ел, наконец, додумался до чего-то, посмотрел клавир оперы Бойто и нашёл, что его Мефистофель по голосу мне.

3. Ах, если б и в Милане трактирщики так же любили музыку, как этот.

4. Хотелось каких-то особенных линий. Но — как выйти на сцену голым, чтоб это не шокировало публику.

5. Я встал в тупик.

6. Мне рисовалась какая-то железная фигура, что-то металлическое. Могучее. Но строй спектакля, ряд отдельных сцен, быстро сменявших одна другую и отделённых короткими антрактами, стеснял меня.

1. All the same, I sent a telegram to Milan with a request to repeat the text [since] I could scarcely believe in the seriousness of the offer.

2. I spent two days in agitation, didn't eat, and at last coming to some sort of conclusion, I looked at the transposed score of Boito's opera and found that his Mephistopheles suited my voice.

3. Ah, if only in Milan too the tavern keepers love music as much as this one.

4. Some sort of special delineation was wanted; but—how to go out on the stage nude without shocking the audience.

5. I had arrived at a dead end.

6. I conceived some sort of iron figure, something metallic, mighty; but the structure of the spectacle, a series of separate scenes that rapidly succeeded one another and separated by short entr'actes, constricted me.

Созда́ние° но́вой ро́ли creation

1

Э́та пое́здка в Пари́ж° и пе́ние* на вечера́х* повлекли́* за собо́ю результа́т, неожи́данный° мно́ю и кра́йне ва́жный для меня́, — весно́ю сле́дующего го́да я получи́л телегра́мму от мила́нского° теа́тра *La Scala*: мне предлага́ли петь « Мефисто́феля* » Бо́йто[1] и спра́шивали мои́ усло́вия°. Снача́ла я поду́мал, что э́то чья́-то недо́брая* шу́тка, но жена́ убеди́ла меня́ отнести́сь к телегра́мме серьёзно. Всё-таки я посла́л телегра́мму в Мила́н с про́сьбою повтори́ть текст: не ве́рилось мне в серьёзность° предложе́ния. Получи́л другу́ю телегра́мму и, по́няв, что э́то не шу́тка, растеря́лся*, ста́ло стра́шно. Я не пел по-италья́нски, не знал о́перу Бо́йто и не реша́лся отве́тить Мила́ну утверди́тельно*. Дво́е су́ток* провёл в волне́нии°, не ел, наконе́ц, доду́мался* до чего́-то, посмотре́л клави́р* о́перы Бо́йто и нашёл, что его́ Мефисто́фель по го́лосу мне. Но и э́то не внуши́ло* мне уве́ренности, и я посла́л телегра́мму в Мила́н, назнача́я 15 000 фра́нков* за де́сять спекта́клей*, в та́йной наде́жде, что дире́кция* теа́тра не согласи́тся на э́то. Но — она́ согласи́лась!

Чу́вство ра́дости чередова́лось* у меня́ с чу́вством стра́ха. Не дожида́ясь партиту́ры*, я неме́дленно приня́лся разу́чивать* о́перу и реши́л е́хать на ле́то

Paris singing soirées
entailed unexpected

Milan
Mephistopheles
conditions
bad

seriousness

went to pieces

affirmatively
days agitation
came to a conclusion
  transposed score

inspire
franks
performances
administration

alternated
full score
rehearse

---

1. A. Boito (1842–1918), the Italian composer, poet, and librettist.

в Ита́лию. Рахма́нииов[2] был пе́рвым, с кем я по-
дели́лся* мое́й ра́достью, стра́хом и наме́рениями.   shared
Он вы́разил жела́ние е́хать вме́сте со мно́ю, сказа́в:
— Отли́чно. Я бу́ду занима́ться там му́зыкой, а в
свобо́дне вре́мя помогу́ тебе́ разу́чивать* о́перу.   learn

Он так же, как и я, глубоко́ понима́л серьёзность
предстоя́щего* выступле́ния°, обо́им нам каза́лось   forthcoming appearance
о́чень ва́жным то, что ру́сский певе́ц° приглашён в   singer
Ита́лию, страну́ знамени́тых певцо́в.

Мы пое́хали в Вара́дзэ*, месте́чко* недалеко́ от   Varazze small town
Ге́нуи*, по доро́ге в Сан-Ре́мо, и зажи́ли там о́чень   Genoa
скро́мно, ра́но встава́я°, ра́но ложа́сь спать, бро́сив   arising
кури́ть* таба́к°. Рабо́та была́ для меня́ наслаж-   smoking tobacco
де́нием°, и я о́чень бы́стро усва́ивал* язы́к, чему́   delight mastered
весьма́ спосо́бствовали* раду́шные*, просты́е пре-   contributed cordial
дупреди́тельные* италья́нцы.   courteous

Чуде́сная, ми́лая страна́ очарова́ла* меня́ свое́й   enchanted
великоле́пной приро́дой и весёлостью* её жи́телей.   gaiety
В ма́леньком погребке́*, куда́ я ходи́л пить вино́,   cellar
его́ хозя́ин, узна́в, что я бу́ду петь Мефисто́феля в
Мила́не, относи́лся ко мне так, как бу́дто я был
са́мым лу́чшим дру́гом его́. Он всё ободря́л* меня́,   encouraged
расска́зывая о Мила́не и его́ знамени́том теа́тре, с
го́рдостью° говори́л, что ка́ждый раз, когда́ он бы-   pride
ва́ет в го́роде, то обяза́тельно° идёт в *La Scala*.   without fail
Слу́шал я его́ и ду́мал:

«Ах, е́сли б и в Мила́не тракти́рщики* так же   tavern keepers
люби́ли му́зыку, как э́тот!»

Осе́нний сезо́н* в импера́торском* теа́тре я про-   season imperial
вёл о́чень не́рвно°, ду́мая то́лько о Мефисто́феле и   nervously
Мила́не. О́перу Бо́йто я вы́учил* за ле́то целико́м*,   mastered as a whole
зна́я, по обыкнове́нию*, не то́лько свою́ па́ртию°,   usual role
но и все други́е.

Я давно́ мечта́л о том, чтоб сыгра́ть° Мефисто́-   play
феля го́лым. У э́того отвлечённого* о́браза должна́   abstract
быть кака́я-то осо́бенная пла́стика*, чёрт в костю́ме   plasticity
— не настоя́щий чёрт. Хоте́лось каки́х-то осо́бенных
ли́ний. Но — как вы́йти на сце́ну го́лым, чтоб э́то
не шоки́ровало* пу́блику.   shock

Я рассказа́л о мое́й зате́е* прия́телям — худо́ж-   concept

2. Sergey V. Rachmaninov (1873–1942), the celebrated Russian pianist and composer.

никам, они́ о́чень одо́брили* её, и А. Я. Голови́н[3] сде́лал мне не́сколько рису́нков°, хотя́ го́лого Мефисто́феля он не́ дал мне. Ко́е-чем* воспо́льзовавшись у Головина́, я реши́л игра́ть хоть проло́г* оголённым* от плеч до по́яса°. Но э́того бы́ло ма́ло в сравне́нии с тем, что рисова́лось° мне. Да и це́нтром° ро́ли был не проло́г, а ша́баш* на Бро́кене*.

Я встал в тупи́к*. Мне рисова́лась кака́я-то желе́зная фигу́ра, что́-то металли́ческое*. Могу́чее°. Но строй спекта́кля, ряд° отде́льных сцен, бы́стро сменя́вших* одна́ другу́ю и отделённых коро́ткими антра́ктами*, стесня́л* меня́. Пришло́сь уступи́ть° необходи́мости, примири́вшись* с таки́м о́бразом Мефисто́феля на Бро́кене, как его́ изобража́ют° все, я внёс° то́лько не́которые измене́ния в костю́м. Э́то коне́чно, не удовлетвори́ло* меня́.

Сде́лав костю́мы, я отпра́вился в Мила́н. На э́тот раз я как бу́дто не ви́дел Ита́лии, поглощённый* всеце́ло* мы́слями о теа́тре. Дире́ктор *La Scala*, инжене́р по образова́нию, при́нял меня́ о́чень раду́шно*, сообщи́л, что репети́ции* у них уже́ начали́сь и что меня́ про́сят за́втра же яви́ться на сце́ну°.

Взволно́ванный, не спа́вший не́сколько ноче́й, я на друго́й день пошёл в теа́тр — он показа́лся мне вели́чественным* и огро́мным, — я буква́льно* а́хнул* от изумле́ния*, увида́в, как глубока́ сце́на. Кто́-то хло́пнул* ладо́нями, пока́зывая мне резона́нс*, — звук поплы́л* широ́кой, густо́ю волно́й°, так легко́, гармони́чно*.

Дирижёр* Тоскани́ни[4] — молодо́й челове́к, говори́вший ту́склым* хри́плым* го́лосом, сказа́л мне, что здесь ра́ньше была́ це́рковь во и́мя « Мадо́нны* де́лла Ска́ла », пото́м це́рковь переде́лали* в теа́тр. Я о́чень удиви́лся, — в Росси́и превраще́ние* одного́ хра́ма* в друго́й бы́ло бы невозмо́жно.

Разгля́дывая* всё, что пока́зывали мне, я ощуща́л* нево́льный тре́пет* стра́ха, — как бу́ду я петь в э́том колосса́льном теа́тре, на чужо́м* языке́, с

Marginal glosses:
approved — sketches — a little something — prologue — naked waist — pictured — central sabbath — Brocken (mountain; scene in opera) — dead end — metallic mighty — series — succeeded — entr'actes constricted yield — having reconciled myself — depict — introduced — satisfy — swallowed up — completely — cordially rehearsals — stage — majestic literally — exclaimed amazement — clapped — resonance swam wave — harmoniously — conductor — dull hoarse — Madonna — remade — conversion — temple — viewing — felt tremor — foreign

3. A. Ya. Golovin (1863–1930), a noted painter and theatrical designer. He painted some fine portraits of his friend Shalyapin.
4. Arturo Toscanini (1867–1957), the famous conductor.

чужи́ми людьми́? Все арти́сты°, в их числе́ Кару́зо,[5] тогда́ ещё то́лько что начина́вший петь молодо́й челове́к, на́чали репети́цию* вполго́лоса*. Я то́же стал петь как все, вполго́лоса, бу́дучи утомлён* и находя́, что нело́вко ка́к-то петь по́лным го́лосом, когда́ никто́ не поёт так. Молодо́й дирижёр* показа́лся мне о́чень свире́пым*, он был о́чень скуп* на слова́, не улыба́лся как все, поправля́л° певцо́в дово́льно суро́во° и о́чень кра́тко°. Чу́вствовалось, что э́тот челове́к зна́ет своё де́ло и не те́рпит° возраже́ний*.

performers

rehearsal   at half voice
tired

conductor
fierce   parsimonious
corrected
sternly   shortly
endure
objections

5. Enrico Caruso (1873–1921), the renowned Italian dramatic tenor.

Вопро́сы к те́ксту

1. Како́й был результа́т пое́здки Шаля́пина в Пари́ж?

2. О чём была́ телегра́мма из Мила́на?

3. Пове́рил ли Шаля́пин э́той телегра́мме?

4. Что он сде́лал, что́бы прове́рить её?

5. На что согласи́лась дире́кция теа́тра?

6. С кем он пое́хал в Ита́лию?

7. Кто относи́лся к Шаля́пину о́чень хорошо́ в Вара́дзэ?

8. Как Шаля́пин вы́учил о́перу « Мефисто́фель » Бо́йто?

9. О чём Шаля́пин давно́ мечта́л?

10. Что он наконе́ц реши́л сде́лать?

11. Что сказа́л дире́ктор Шаля́пину?

12. Как опи́сывает Шаля́пин Тоскани́ни?

Подгото́вка к чте́нию

1. От всего́ вокру́г ве́яло че́м-то, что внуша́ло уваже́ние.

2. Мы ско́ро перейдём к репети́циям на сце́не, с хо́ром и орке́стром, но предвари́тельно вам на́до поме́рить костю́мы.

3. Но позво́льте мне на генера́льной репети́ции игра́ть по-сво́ему, как мне рису́ется э́та роль.

4. Арти́сты окружи́ли меня́, а́хая и восторга́ясь, то́чно де́ти, дотра́гивались па́льцами, щу́пали, а увида́в, что му́скулы у меня́ подрисо́ваны, оконча́тельно пришли́ в восто́рг.

5. Я веле́л гнать их в ше́ю.

6. Когда́ их попроси́ли убира́ться ко всем чертя́м, они́ ушли́, заяви́в, что синьо́р Шаля́пин пожале́ет о них.

1. From everything around it breathed of something that inspired respect.

2. We shall soon move on to rehearsals on the stage with the chorus and orchestra, but your costume has to be fitted beforehand.

3. But at the general rehearsal, permit me to play [it] in my own way as I picture the role.

4. The performers gathered around me exclaiming and going into raptures like children, touching with their fingers and squeezing; having seen that my muscles were painted on, they really went into ecstasy.

5. I ordered them thrown out.

6. When we requested them to get the hell out, they left, having declared that Signor Shalyapin would regret this.

2

Посреди́не* репети́ции* он вдруг обрати́лся ко мне, хри́пло* говоря́:

— Послу́шайте, синьо́р*! Вы так и наме́рены петь о́перу, как поёте её тепе́рь?

Я смути́лся*.

— Нет, коне́чно!

— Но, ви́дите ли, дорого́й синьо́р, я не име́л че́сти быть в Росси́и и слы́шать вас там, я не зна́ю ваш го́лос. Так вы бу́дьте любе́зны петь так, как на спекта́кле!

Я по́нял, что он прав, и на́чал петь по́лным го́лосом. Тоскани́ни ча́сто остана́вливал други́х певцо́в, де́лая им разли́чные замеча́ния, дава́я сове́ты, но мне не сказа́л ни зву́ка. Я не знал, как э́то поня́ть, и ушёл домо́й встрево́женный*.

На сле́дующий день — сно́ва репети́ция в фойе́*, прекра́сной ко́мнате, сте́ны кото́рой бы́ли укра́шены* стари́нными° портре́тами и карти́нами. От всего́ вокру́г ве́яло* чéм-то, что внуша́ло* уваже́ние°. Каки́х то́лько арти́стов не́ было в э́той ко́мнате!

На́чали репети́цию с проло́га. Я вступи́л* по́лным го́лосом, а когда́ ко́нчил, Тоскани́ни на мину́ту останови́лся и, с рука́ми, ещё лежа́вшими на клави́шах*, наклони́в* го́лову немно́го вбок*, произнёс свои́м охри́пшим* го́лосом:

— Бра́во.

Э́то прозвуча́ло* неожи́данно° и то́чно вы́стрел°. Снача́ла я да́же не по́нял, что э́то отно́сится ко мне́, но так как пел оди́н я, приходи́лось приня́ть одобре́ние* на свой счёт. О́чень обра́дованный*, я продолжа́л петь с больши́м подъёмом*, но Тоскани́ни не сказа́л мне ни сло́ва бо́лее.

Ко́нчилась репети́ция — меня́ позва́ли к дире́ктору, он встре́тил меня́ о́чень ла́сково° и заяви́л:

— Рад сказа́ть вам, вы о́чень понра́вились дирижёру*. Мы ско́ро перейдём к репети́циям на сце́не, с хо́ром° и орке́стром, но предвари́тельно* вам на́до поме́рить* костю́мы.

in the middle	rehearsal
hoarsely	
signor	
became flustered	
anxious	
foyer	
decorated	antique
breathed	inspired
respect	
entered	
keyboard	bent aside
husky	
sounded	unexpectedly
shot	
approval	gladdened
enthusiasm	
kindly	
conductor	
chorus	in advance
fit	

— Костю́мы я привёз* с собо́ю!

Он как бу́дто удиви́лся:

— Ага́*, так! А вы ви́дели когда́-нибудь э́ту о́перу?

— Нет, не вида́л.

— Каки́е же у вас костю́мы? У нас, ви́дите ли, существу́ет изве́стная тради́ция. Мне хоте́лось бы зара́нее ви́деть, как вы бу́дете оде́ты°.

— В проло́ге я ду́маю изобрази́ть* Мефисто́феля полуго́лым*...

— Как?

Я ви́дел, что дире́ктор стра́шно испуга́лся, мне показа́лось, что он ду́мает:

«Вот ва́рвар*, чёрт его́ возьми́! Он сде́лает нам сканда́л*!»

— Но, послу́шайте, — убеди́тельно* заговори́л он, — ведь э́то едва́ ли возмо́жно!

Я на́чал объясня́ть ему́, как ду́маю изобрази́ть* Мефисто́феля, он слу́шал и, покру́чивая* усы́*, недове́рчиво* мыча́л*:

— Мм... Ага́...

На сле́дующих репети́циях я заме́тил, что явля́юсь предме́том беспоко́йного* внима́ния и дире́кции* и тру́ппы*, а секрета́рь дире́ктора, до́брый ма́лый*, с кото́рым я бы́стро и дру́жески* сошёлся*, пря́мо заяви́л мне, что я напуга́л* всех мои́м наме́рением игра́ть Мефисто́феля го́лым.

Изобража́ть Мефисто́феля в пиджаке́° и брю́ках* мне бы́ло тру́дно. Тоскани́ни, заве́дывавший* и сце́ной, подходи́л ко мне́ и говори́л, что он проси́л бы меня́ встать та́к-то, сесть вот так, пройти́ вот э́дак*, и то зави́нчивал* одну́ свою́ но́гу вокру́г друго́й што́пором*, то по-наполео́новски скла́дывал* ру́ки на груди́ и вообще́ пока́зывал мне все приёмы° тамбо́вских° тра́гиков*,[1] знако́мые мне по сце́нам ру́сской прови́нции*. Когда́ я спра́шивал его́: почему́ он нахо́дит э́ту и́ли ину́ю по́зу° необходи́мой? — он уве́ренно отвеча́л: *Perchè questo è una vera posa diabolica!* Потому́ что э́то настоя́щая дья́вольская* по́за!

— Мае́стро*, — сказа́л я ему́, — я запо́мнил* все

	brought
	aha
	dressed
	depict
	seminude
	barbarian
	scandal
	earnestly
	depict
	twirling mustaches
	mistrustfully grunted
	disquiet administration
	cast fellow
	amiably hit it off with
	frightened
	jacket trousers
	who directed
	like so wind
	corkscrew
	fold
	ploys Tambov tragedians
	provinces
	pose
	diabolic
	Maestro remembered

1. Tambov tragedians: Tambov is a provincial capital, therefore the reference is to the stereotyped gestures of Russian provincial actors.

ва́ши указа́ния°, вы не беспоко́йтесь! Но позво́льте мне на генера́льной* репети́ции игра́ть по-своему°, как мне рису́ется э́та роль!

Он внима́тельно посмотре́л на меня и сказа́л:
— Хорошо́! *Va bene!*

На репети́ции в костю́мах и гри́ме* я увида́л, что италья́нцы отно́сятся к гри́му в высо́кой сте́пени пренебрежи́тельно*. В теа́тре не́ было парикма́хера*, парики́* и бо́роды сде́ланы примити́вно*, всё э́то надева́ется° и накле́ивается* ко́е-ка́к*.

Когда́ я вы́шел на сце́ну оде́тый в свой костю́м и загримиро́ванный*, э́то вы́звало настоя́щую сенса́цию*, о́чень ле́стную* для меня. Арти́сты, хори́сты*, да́же рабо́чие окружи́ли меня, а́хая* и восторга́ясь°, то́чно де́ти, дотра́гивались* па́льцами, щу́пали*, а увида́в, что му́скулы* у меня подрисо́ваны*, оконча́тельно° пришли́ в восто́рг*!

Италья́нцы — э́то наро́д, кото́рый не уме́ет и не хо́чет скрыва́ть поры́вы* свое́й впечатли́тельной* души́°.

Коне́чно, я был рад их ра́дости и о́чень тро́нут. Ко́нчив проло́г, я подошёл к Тоскани́ни и спроси́л его́, согла́сен ли он с тем, как я игра́ю? Он впервы́е откры́то и по-де́тски* ми́ло улыбну́лся, хло́пнул* меня по плечу́ и прохрипе́л*.

— *Non parliamo più!* — Не бу́дем говори́ть бо́льше об э́том!

Приближа́лся° день спекта́кля, а тем вре́менем в Мила́не шла обы́чная рабо́та театра́льных* парази́тов*. Нигде́ в ми́ре нет тако́го оби́лия* люде́й, занима́ющихся вся́кого ро́да спекуля́циями* о́коло теа́тра, и нигде́ нет тако́й назо́йливой* и наха́льной* кла́ки*, как в Ита́лии! Все арти́сты, ещё неизве́стные пу́блике, обя́заны плати́ть кла́ке дань*, су́мма кото́рой зави́сит° от окла́да* арти́ста. Разуме́ется, я не́ был знако́м с э́тим институ́том* и да́же никогда́ не слыха́л о том, что он существу́ет. Вдруг мне говоря́т, что приходи́ли каки́е-то лю́ди, кото́рые беру́тся «сде́лать мне успе́х» и поэ́тому про́сят дать им не́сколько деся́тков* биле́тов, а пото́м заплати́ть им 4000 фра́нков за то, что они́ бу́дут аплоди́ровать* мне на пе́рвом представле́нии°.

Я веле́л гнать их в ше́ю. Но всё-таки э́то по́длое* предложе́ние обеспоко́ило* меня́: неприя́тно бы́ло чу́вствовать ка́плю° гря́зного я́да* в ку́бке* того́ свяще́нного* мёда*, кото́рый я носи́л в се́рдце моём.

Э́ти лю́ди пришли́ на сле́дующий день за отве́том и сказа́ли:

— Мы берём то́лько 4000 фра́нков с синьо́ра Шаля́пина потому́, что он нам симпати́чен*, — мы ви́дели его́ на у́лице и нахо́дим, что у него́ сла́вное° лицо́! С друго́го мы взя́ли бы доро́же*...

Когда́ их попроси́ли убра́ться* ко всем чертя́м, они́ ушли́, заяви́в, что синьо́р Шаля́пин пожале́ет° о них!

mean

disquieted

drop   poison   goblet

holy   honey

simpatico

nice

more

"go"

regret

Вопро́сы к те́ксту

1. О чём попроси́л Тоскани́ни Шаля́пина?

2. Что сказа́л Тоскани́ни по́сле репети́ции?

3. Где была́ репети́ция на сле́дующий день?

4. Како́е замеча́ние сде́лал Тоскани́ни?

5. Почему́ дире́ктор теа́тра испуга́лся?

6. Кого́ Шаля́пин напуга́л свои́м наме́рением?

7. Кто заве́довал сце́ной?

8. Како́го мне́ния был Шаля́пин об италья́нских приёмах на сце́не?

9. На что согласи́лся Тоскани́ни?

10. Как отнесли́сь в теа́тре к костю́му Шаля́пина?

11. Чем занима́лась театра́льная кла́ка в Мила́не?

12. Как отнёсся к ней Шаля́пин?

Подготовка к чтению

1. Директор принял всё это очень близко к сердцу, успокоил меня и обещал охранить от нахальных притязаний клаки.

2. В день спектакля я шёл в театр с таким ощущением, как будто из меня что-то вынули и я отправляюсь на страшный суд, где меня неизбежно осудят.

3. Меня вывезли на каких-то колёсиках в облака, я встал в дыре, затянутой марлей, и запел.

4. У меня билось сердце, не хватало дыхания, меркло в глазах, и всё вокруг меня шаталось, плыло.

5. Чашки моих колен стукались одна о другую, грудь заливала волна страха и восторга.

---

1. The director took all this very much to heart, calmed me, and promised to protect me from the arrogant pretensions of the claque.

2. On the day of the performance I went to the theater with a sensation as if something were being pulled out of me and I was setting off for Judgment Day where they would inescapably condemn me.

3. They wheeled me out on some sort of casters to the cloud [sets]; I stood up in an opening stretched over with gauze and started to sing.

4. My heart pounded, I was short of breath, it grew dark before my eyes, and everything around me reeled and swam.

5. My kneecaps knocked together; a wave of fright and rapture overflowed my chest.

3

Возмущённый* и взбешенный*, я отправился к директору театра и сказал ему:

— Я приехал к вам сюда с таким чувством, с каким верующий* идёт причащаться*. Эти люди действуют* на меня угнетающе*. Я и без их помощи ночей не сплю, боясь провалиться*. Уж лучше я вернусь в Россию, у нас там таких штук* не делают!

Директор принял всё это очень близко к сердцу, успокоил меня и обещал охранить* от нахальных* притязаний* клаки. Но, к сожалению, приём*, который он избрал для моей защиты, оказался весьма неудачен* и смутил* меня: на другой день, когда я ещё спал, ко мне явились какие-то люди в штатских* костюмах, присланные комиссаром° полиции, и заявили моей тёще*, что они переодетая* полиция, которой поручено* арестовать* клакёров*, как только сии* последние явятся ко мне. Тёща* и другие родственники мои предупредили* меня, что будет гораздо лучше, если я предложу полицейским уйти к чёрту, — в Италии не любят прибегать* к защите полиции.

Я оделся, вышел к полицейским и стал уговаривать* их — уйти! Я сказал им, что могу посидеть, побеседовать* с ними, выпить вина, но что мне будет крайне неприятно, если в моей квартире кого-то арестуют, — этого я не могу допустить. Полицейские, видимо°, поняли моё положение и очень любезно объяснили мне:

— Вы, синьор Шаляпин, правы, но вы не можете отменить* распоряжение° нашего комиссара, мы должны выполнить его поручение*, хотя и понимаем, что для вас это неприятно!

Я снова бросился к директору, убеждая его убрать° полицию, он телефонировал* комиссару, и этих милых людей убрали. Я успокоился. Но этот случай стал известен в театральном мире и в городе.

В день спектакля я шёл в театр с таким ощущением°, как будто из меня что-то вынули* и я

(margin glossary, right column)

agitated enraged

believer communion
act oppressively
fail
things

protect brazen
pretensions ploy

unsuccessful embarassed

civilian commissioner
mother-in-law "disguised"
ordered arrest claqueurs
these
warned

resort

persuade
chat

obviously

revoke order
command

remove telephone

sensation extracted

отправля́юсь на стра́шный* суд*, где меня́ неизбе́ж-но* осу́дят*. Вообще́ ничего́ хоро́шего не вы́йдет из э́того спекта́кля, и я, наве́рное, торже́ственно провалю́сь*. — Judgment Day / without fail condemn / flop

В теа́тр я пришёл ра́но, ра́ньше всех, меня́ встре́-тили два портье́*, лю́ди, кото́рые почему́-то о́чень полюби́ли меня́, постоя́нно во вре́мя репети́ции торча́ли* за сце́ной и уха́живали* за мно́ю, то́чно ня́ньки*. Ко мне́ все в теа́тре относи́лись о́чень хорошо́, дру́жески*, но э́ти дво́е изумля́ли* меня́ свои́ми забо́тами°. Оди́н из них был стари́к с си́ль-ной про́седью* в волоса́х, но чёрными уса́ми*, друго́й — то́же челове́к почте́нного* во́зраста, то́л-стенький* и пуза́тый*. О́ба — весёлые, как де́ти, о́ба люби́ли вы́пить вина́ и о́ба бы́ли о́чень заба́вны*. Они́ зна́ли всех арти́стов, кото́рые пе́ли в La Scala за после́дние два деся́тка* лет, критикова́ли их мане́ру петь, изобража́ли приёмы* и по́зы ка́ждого, са́ми пе́ли, пляса́ли*, хохота́ли° и каза́лись мне смешны́ми, до́брыми ге́ниями* теа́тра. — Не вол-ну́йтесь, синьо́р Шаля́пино, — говори́ли они́, встре́-тив меня́. — Бу́дет большо́й успе́х, мы э́то зна́ем! О, да, бу́дет успе́х! Мы слу́жим здесь два деся́тка лет, вида́ли ра́зных арти́стов, слы́шали знамени́тые спекта́кли, — уж е́сли мы вам говори́м — успе́х бу́дет! Э́то ве́рно! Мы зна́ем! — doormen / hung about tended after / nurse maids / amiably amazed / concern / grizzling mustaches / respected / stoutish pot-bellied / amusing / decades / ploys / danced laughed / djinni

О́чень ободри́ли* меня́ э́ти сла́вные° лю́ди! — cheered up fine

Начался́ спекта́кль. Я дрожа́л так же, как на пе́рвом дебю́те* в Уфе́,[1] в «Га́льке»,[2] так же не чу́вствовал под собо́ю сце́ны и но́ги у меня́ бы́ли ва́тные*. Сквозь тума́н ви́дел огро́мный зал, ту́го* наби́тый* пу́бликой. — debut / cotton wadding tightly / crammed

Меня́ вы́везли* на каки́х-то колёсиках* в облака́, я встал в дыре́*, затя́нутой* ма́рлей*, и запе́л: — brought out casters / hole stretched gauze

— Хвала́*, Госпо́дь! — praise

Пел, ничего́ не чу́вствуя, про́сто пел наизу́сть то, что знал, дава́я сто́лько го́лоса, ско́лько мог. У меня́ би́лось се́рдце, не хвата́ло дыха́ния, ме́ркло* в глаза́х, и всё вокру́г меня́ шата́лось*, плы́ло. — got dim / reeled

1. Ufa, a provincial town on the west slope of the Ural Mountains. Now the capital of the Bashkir Autonomous Republic.
2. The opera *Halka* by the Polish composer S. Moniuszko (1819–72).

Когда́ я ко́нчил после́дние слова́, по́сле кото́рых до́лжен был вступи́ть* хор, вдруг что́-то гро́мко и стра́нно тре́снуло*. Мне показа́лось, что слома́лись* колёсики*, на кото́рых я е́хал, и́ли па́дает декора́ция, я инстинкти́вно* нагну́лся°, но то́тчас по́нял, что э́тот гро́зный, глухова́тый* шум течёт из за́ла.

Там происходи́ло не́что невообрази́мое*. Тот, кто быва́л в италья́нских теа́трах, тот мо́жет себе́ предста́вить, что тако́е аплодисме́нты* и́ли проте́сты италья́нцев. Зал безу́мствовал*, прерва́в* «Проло́г» посреди́не, а я чу́вствовал, что весь размя́к*, распада́юсь*, не могу́ стоя́ть. Ча́шки* мои́х коле́н° сту́кались* одна́ о другу́ю, грудь залива́ла* волна́ стра́ха и восто́рга. О́коло меня́ очути́лся дире́ктор во фра́ке*; бле́дный, подпры́гивая*, разма́хивая* фа́лдами, он крича́л:

— Иди́те, что же вы? Иди́те! Благодари́те! Кла́няйтесь°! Иди́те!

Тут же оказа́лся и то́лстенький* портье́*; припля́сывая*, он ора́л°:

— Ага́, ви́дите? Что я вам говори́л? Уж я зна́ю! Нет, уж э́то ко́нчено! Бра́во!

Он аплоди́ровал и ора́л так же, как пу́блика, а пото́м, пританцо́вывая*, пошёл на своё ме́сто.

По́мню, сто́я у ра́мпы*, я ви́дел огро́мный зал, бе́лые пя́тна лиц, пле́чи же́нщин, блеск драгоце́нностей* и трепета́ния* ты́сяч рук, то́чно пти́чьи* кры́лья° би́лись в за́ле. Никогда́ ещё я не наблюда́л тако́го энтузиа́зма пу́блики.

Да́льше петь бы́ло ле́гче, но по́сле напряже́ния° в «Проло́ге» я чу́вствовал себя́ обесси́ленным*, не́рвы° упа́ли. Но всё-таки весь спекта́кль прошёл с больши́м успе́хом. Я всё-таки ждал каки́х-то вы́ходок* со стороны́ клакёров, оби́женных° мно́ю, одна́ко ничего́ не́ бы́ло, ни одного́ свистка́*, ни шипе́ния*. По́сле я узна́л, что и клакёры в Ита́лии лю́бят иску́сство, как вся остальна́я пу́блика. Оказа́лось, я и клакёрам понра́вился.

Отноше́ние дире́ктора и арти́стов и да́же рабо́чих ко мне бы́ло чуде́сно, — они́ так ра́достно, так дру́жески* поздравля́ли меня́, что я был тро́нут до глубины́ души́.

enter
crackled breaking
casters
instinctively ducked
deafening
unimaginable

applause
went out of its mind
interrupted

went limp dissolved caps
knees knocked flooded

swallowtails bouncing
fluttering coattails

bow
stoutish doorman
dancing yelled

dancing up and down
footlights

jewelry clapping birds
wings

tension
enervated
nerves

pranks offended
whistle
hissing

amiably

Вопро́сы к те́ксту

1. Что сде́лал дире́ктор, когда́ Шаля́пин пожа́ловался ему́ на клакёров?

2. Почему́ Шаля́пин не хоте́л поли́ции?

3. Кто узна́л об ухо́де поли́ции?

4. Кто встре́тил Шаля́пина в теа́тре?

5. Что они́ говори́ли?

6. Как пел Шаля́пин?

7. Что случи́лось посреди́не проло́га?

8. Что по́мнил Шаля́пин?

9. Как все в теа́тре отнесли́сь к Шаля́пину?

10. Почему́ клакёры оста́вили Шаля́пина в поко́е?

Зимние за́работки

Шальны́е де́ньги

ALEKSANDR GORBATOV was one of ten children of a peasant family. Notwithstanding the industry of the father, there was sometimes not enough to eat. Bread, the staple of the Russian peasant diet, often ran out by New Year's when the grain stored from the fall harvest was exhausted. There were quarrels among the children about their portions.

The Gorbatovs were, however, more fortunate than many families; they had a plot of land, a cow, and a plow horse. One of Aleksandr's first memories concerns the death of their horse just before spring plowing. The carcass was carefully skinned so that the hide could be sold for three or four rubles, thus providing money toward the purchase of another beast. After the fall harvest it was the custom (and a necessity) for the men in the village to go look for work in the larger villages and towns in order to make enough money to tide their families over to the next harvest. The senior Gorbatov's trade was processing sheep hides. Each fall he would leave home and continue his journey until he found work. Then he would write for Aleksandr and his brother to join him. If luck were with them, they could earn twenty or thirty rubles before returning home at Easter to start the spring plowing. There were few village schools and although the nearest one was some distance away Aleksandr attended it for the full three-year

ALEKSANDR
VASILEVICH
GORBATOV

(*1892–*)

program. At eleven he was put to work, first with his father and then as an apprentice to a shoemaker where, as was the custom, he received room and board, but no money for the several years in which he was learning the trade. Aleksandr remained until his twenty-first year when he was called up for army service. His older brother, a factory worker, had had to flee to Siberia to avoid arrest for political agitation. (The brother, later drafted, was shot for spreading antiwar propaganda in the early months of the First World War.)

Drafted into the cavalry in 1912, the young soldier was still in the army at the start of the First World War—a war in which 2,300,000 Russian soldiers died at the front while the internal situation in the country degenerated into economic and political chaos. The Bolshevik propaganda slogan "Bread, Peace, and Land" could not have been more effectively designed to rally the people to its cause. After the signing of the peace treaty with Germany, the old army was demobilized and the Red Army was created to secure the young Soviet regime against the interventionist forces of the English, French, and Americans as well as those of the White (anti-Communist Russian) armies.

For the now battle-hardened young peasant there was no question as to which of the two sides best answered the needs of the poverty-stricken peasants. In joining the Communist Party, Gorbatov made a moral commitment that was never to waver even in the darkest periods of his life. As a Red Army officer, Gorbatov fought for three years defeating first the Whites and then the Poles who had seized upon Russia's precarious position to launch an attack on their eastern neighbor. When peace finally came, Gorbatov assumed that the Party would probably muster him out of the army and replace him with a man of higher educational attainments. Instead, the young cavalry commander was asked to stay in the service and was given further training.

Gorbatov led the uneventful life of a peacetime soldier through the rest of the 1920's and into the 1930's. Then one morning in the spring of 1937, he opened his newspaper and learned that the NKVD had unmasked a fascist plot in the highest ranks of the Soviet Army. Marshal Tukhachevsky, a member of the general staff, had been arrested. It was the beginning of the purge of the Red Army. In October of 1937, Gorbatov's turn came. One morning he went to the quartermaster's office to pick up his winter uniform. The supply officer had just received a telegram from Moscow ordering him not to issue Gorbatov a new uniform. The General went to Moscow to clarify the situation. At 2:00 A.M., there was a knock on his hotel room door. In answer to his query, "Who is it?" a woman's voice replied, "A telegram." Gorbatov opened the door and three armed men walked in. One ripped the medals off his tunic and the other his insignia.

In the first of his many prison cells, he found seven men—all of whom were seemingly loyal Soviet citizens and officials. Some were members of the Party. Gorbatov shared one thing with the hundreds of people he met in the following four years. He was innocent of any crime against the Soviet state and had, in fact, devoted his life to it. Gorbatov differed from his fellow prisoners in only one respect—he did not break down under torture and sign a false confession. Nonetheless, after a four-minute trial he was sentenced to fifteen years in a labor camp in northeast Siberia. Gorbatov very nearly died in the camp. In 1940, thanks to the efforts of his wife, Gorbatov's case was reopened and in March of the following year he was released—after signing an oath not to reveal his experiences.

The former "enemy of the people" went on to become one of the major Soviet heroes in the Second World War. He was present at the famous meeting of the Russian and American forces on the Elbe and subsequently became the Soviet Commandant of Berlin. In the postwar years, he was elected to the Supreme Soviet (the Soviet Parliament) and later to a position on the Central Committee of the Communist Party—the most powerful body in the Soviet Union.

In 1964, General Gorbatov's memoirs started to appear in the journal *Novyi mir* the voice of the liberal writers' camp. Although by no means the first of the exposés of the Stalinist purges and prison camps, the Gorbatov memoirs were widely discussed. Most of the now-extensive camp literature has been written by intellectuals who as a group were the hardest hit by the purges. Much of their work represents the continuation of a long tradition in Russian literature—art as social protest. Gorbatov's memoirs cannot be viewed in this light. He is a man of the people, the Russian peasantry. Two qualities emerge through the laconic prose of his memoirs: his essential humaneness as a person and his absolute total commitment to the Communist ideal notwithstanding the imperfections of its historical realization.

Gorbatov's memoirs are simply called *Gody i voiny*. In them, Gorbatov describes the long and eventful course of his life from hungry peasant boy to ranking member of the Soviet elite. The following selection contains two episodes from Gorbatov's youth and gives the reader a picture of the life of a Russian peasant family around the turn of the century.

Подгото́вка к чте́нию

1. О́коло часо́вни протека́л ручей́ с целе́бной водо́й — мне ве́лено бы́ло умы́ться из него́ и напи́ться.

2. Часо́вня была́ больша́я, сру́бленная из кру́пных брёвен, дверь заперта́ на огро́мный замо́к.

3. У хозя́ина ко́нчилась дратва́, он стал смоли́ть ва́ром но́вый коне́ц.

4. В огоро́де лежа́ла теле́га без колёс, на её деревя́нных оси́х бы́ло мно́го засты́вшего ли́пкого дёгтя.

5. Как отдохну́ла бы мать от забо́т, е́сли бы у неё был хоть рубль, что́бы ко́е-что́ купи́ть для обихо́да!

---

1. Near the chapel a stream with healing water flowed past—I had been ordered to wash myself from it and to drink my fill.

2. The chapel was big, hewn from great logs [and] the door was locked with a huge padlock.

3. The waxed thread of the owner had been used up [and] he started to smear cobbler's wax on a new end.

4. In the garden lay a cart without wheels [and] on its wooden axles there was a lot of hardened sticky pitch.

5. How my mother would [be able] to rest from her worries if she had even a ruble to buy something for everyday needs!

Зи́мние за́работки

1

По́сле неуда́чной* пое́здки в Сара́товскую[1] гу-
бе́рнию оте́ц тепе́рь всегда́ иска́л рабо́ту на́ зиму
побли́же к до́му. Так бы́ло и в э́тот раз. Он сообщи́л
письмо́м, что нашёл рабо́ту в ста пяти́десяти вер-
ста́х от до́ма. То́чно указа́л маршру́т*, кото́рого я
до́лжен был держа́ться, назва́л те дере́вни, че́рез
кото́рые я до́лжен был пройти́, и упомяну́л*, что в
середи́не° пути́ бу́дет большо́й лес и в нём часо́вня*,
о́коло кото́рой протека́ет* ручей* с целе́бной*
водо́й, — мне ве́лено бы́ло умы́ться* из него́ и на-
пи́ться.

Мать, как всегда́, пое́хала на ло́шади проводи́ть
меня́: «Всё поме́ньше вёрст бу́дешь шага́ть°,
Са́нька»°. Путь был рассчи́тан* на шесть дней. Шёл
я и ночева́л° там, где указа́л оте́ц. Наконе́ц дошёл
до большо́го ле́са. Вдоль доро́ги вила́сь* тропи́нка*,
и она́ меня́ привела́ пря́мо к часо́вне* с родником*,
отку́да вытека́л* ручеёк* све́тлой холо́дной воды́.
То́чно вы́полнив отцо́вский* нака́з*: умы́вшись в
ручье́*, вы́пив воды́, я помоли́лся* на часо́вню и
обошёл* её круго́м. Часо́вня была́ больша́я, сру́б-
ленная* из кру́пных брёвен*, дверь заперта́* на
огро́мный замо́к*. Я знал, что у часо́вни всегда́
вися́т кру́жки* для сбо́ра* дая́ний*; я поду́мал, что
хорошо́ бы и мне бро́сить в кру́жку* моне́ту* —

unsuccessful	
route	
mentioned	
middle	chapel
flows past	stream healing
wash	
walk	
Aleksandr	figured
spent the night	
wound	path
chapel	spring
flowed out	brook
father's	instruction
stream	prayed
went around	
hewn	logs locked
padlock	
cups	collection offerings
cup	coin

1. Saratov province, an important economic area on the lower Volga.

авось* Бог обрати́л бы внима́ние на мой дар и посла́л исполне́ние° жела́ний. Но де́нег у меня́ не́ было, да и кру́жки у часо́вни не́ было. Я заинтересова́лся: почему́ нет кру́жки? Эх, како́й же я дура́к, поду́мал я, ра́зве мо́жно пове́сить кру́жку в тако́м большо́м лесу́? Ско́лько хо́дит ра́зных люде́й, они́ мо́гут её сорва́ть* и унести́. Я подошёл к одному́ из о́кон часо́вни. Ра́мы* в нём бы́ли за́браны* желе́зной решёткой*. Пригляде́вшись*, я заме́тил, что в одно́й ши́пке* нет стёклышка*. Взгляну́л внутрь — и велико́ же бы́ло моё удивле́ние: на полу́ валя́лось° мно́го медяко́в*, видне́лись* и сере́бряные гри́венники*... С са́мых ра́нних лет я привы́к слы́шать в семье́, что «де́ньги на полу́ не валя́ются», а тут де́ньги валя́лись на полу́!

Я снял с себя́ груз*, отдохну́л°, запра́вился* куско́м хле́ба, да́нным мне хозя́йкой на после́дней ночёвке*, вы́пил ещё целе́бной* води́чки*. Мо́жно бы́ло идти́ да́льше, но меня́ неудержи́мо* тяну́ло° к часо́вне. Обошёл её раз, ещё раз взгляну́л на валя́вшиеся де́ньги и то́лько тогда́, вздохну́в, тро́нулся в путь.

Мысль о деньга́х, валя́ющихся на полу́, ле́зла* мне в го́лову. А что, е́сли бы я попо́льзовался* и́ми? Ра́зве Бог не зна́ет, как мы нужда́емся°? Неуже́ли не прости́т меня́, е́сли я подберу́* немно́го? Я помолю́сь° и пообеща́ю поста́вить ему́ све́чку* на обра́тном пути́... Но как взять э́ти де́ньги?

Незаме́тно° я очути́лся° на опу́шке* ле́са, невдалеке́* видне́лась* дере́вня. Темне́ло*, пора́ бы́ло остана́вливаться на ночёвку*. Го́рький о́пыт мои́х пре́жних хожде́ний* заста́вил иска́ть дом не бога́тый и не бе́дный: в бога́тый не пу́стят, а в бе́дном не нако́рмят* — не́чем. Оди́н дом показа́лся подходя́щим. О́коло него́ стоя́ла же́нщина сре́дних лет, приве́тливого* ви́да. На мою́ про́сьбу пусти́ть переночева́ть* она́ спроси́ла, отку́да я, куда́ иду́. Отве́тил, что я из дере́вни ря́дом* с Пале́хом (рассчи́тывая*, что Пале́х зна́ют мно́гие), а иду́ в село́ Лопа́тино, в семи́десяти верста́х отсю́да, на по́мощь к отцу́, кото́рый там рабо́тает по вы́делке* овчи́н*.

---

perhaps
fulfillment

tear off

window frames
"covered"   grating
having looked
frame   pane

were scattered   coppers
were visible   10-kopeck coins

load   rested   fortified myself

night resting place   healing water
irresistibly   pulled

"nagged"
took advantage
need
pick up
pray   candle

unawares   found myself   edge
not far   was visible   getting dark
night's rest
travels

feed

affable
spend the night
next to
figuring

processing   sheep hides

Хозя́йка посочу́вствовала* мне, что прошёл уже́ сто́лько, а ещё впереди́ мно́го вёрст, и разреши́ла° переночева́ть*. Войдя́ в избу́°, она́ сказа́ла хозя́ину, подшива́вшему* ва́ленки*, что привела́ ночле́жника*. Ничего́ не отве́тил хозя́ин, ме́льком* взгляну́л на меня́ и что́-то пробурча́л* под нос. Собра́в* на стол, хозя́йка сы́тно* накорми́ла° меня́ и отпра́вила спать на ла́вку* у две́ри. Но, несмотря́ на уста́лость, засну́ть я ника́к не мог. Неотсту́пно* стоя́ли пе́ред глаза́ми де́ньги, валя́ющиеся на полу́.

У хозя́ина ко́нчилась дра́тва*, он стал смоли́ть* ва́ром* но́вый коне́ц. Что́-то толкну́ло* меня́, вот что мне пригоди́тся*! Притворя́сь* спя́щим*, я внима́тельно следи́л, куда́ хозя́ин поло́жит вар*. Утром чуть° свет хозя́йка зажгла́* ла́мпу° и пошла́ дои́ть* коро́ву°. Я то́же потихо́ньку* собра́лся, взял кусо́чек* ва́ра*, но не уходи́л в наде́жде, что хозя́йка меня́ че́м-нибудь покорми́т*. Я не оши́бся: она́ дала́ мне большу́ю кру́жку* молока́°, а на доро́гу заверну́ла* кусо́к пирога́° с карто́шкой*.

Горячо́ поблагодари́в хозя́йку за её доброту́*, я ушёл из до́ма. Минова́л* не́сколько дворо́в, сверну́л* на задво́рки* и поверну́л к часо́вне. В огоро́де лежа́ла теле́га без колёс, на её деревя́нных° ося́х* бы́ло мно́го засты́вшего* ли́пкого* дёгтя*; наскрёб* я и его́, заверну́л* в тря́пку* и зашага́л* к часо́вне. Подойдя́ к ней, я испыта́л* си́льную трево́гу: ведь э́то грех! Мо́жет, нечи́стая* си́ла искуша́ет*? Но так нужны́ бы́ли сейча́с де́ньги, когда́ оте́ц ещё ничего́ не зарабо́тал* и сиди́т на чужо́й° стороне́°. Как отдохну́ла бы мать от забо́т, е́сли б у неё был хоть рубль, что́бы ко́е-что́* купи́ть для обихо́да*!

Russian	Gloss
посочу́вствовала	felt sorry
разреши́ла	allowed
переночева́ть / избу́	spend the night hut
подшива́вшему / ва́ленки	stitching up felt boots
ночле́жника / ме́льком	night lodger cursorily
пробурча́л / Собра́в	muttered having set
сы́тно / накорми́ла	full fed
ла́вку	bench
Неотсту́пно	persistently
дра́тва / смоли́ть	waxed thread "smear"
ва́ром / толкну́ло / пригоди́тся	cobbler's wax struck be of use
Притворя́сь / спя́щим	pretending sleeping
вар	wax
чуть / зажгла́ / ла́мпу	barely lit lamp
дои́ть / коро́ву / потихо́ньку	milk cow quietly
кусо́чек / ва́ра	piece wax
покорми́т	feed
кру́жку / молока́	cup milk
заверну́ла / пирога́ / карто́шкой	wrapped pie potato
доброту́	kindness
Минова́л	passed
сверну́л / задво́рки	turned back street
ося́х	wooden axles
засты́вшего / ли́пкого / дёгтя	dried up sticky pitch
наскрёб / заверну́л / тря́пку / зашага́л	scraped wrapped rag set off
испыта́л	experienced
нечи́стая	unclean
искуша́ет	tempts
зарабо́тал	earn
стороне́	"strange place"
ко́е-что́	something
обихо́да	everyday needs

Вопро́сы к те́ксту

1. Где нашёл рабо́ту оте́ц?

2. Что оте́ц веле́л Са́ньке сде́лать по доро́ге?

3. На ско́лько дней был рассчи́тан путь?

4. Почему́ мать проводи́ла сы́на?

5. Почему́ он реши́л для ночёвки иска́ть дом не бога́тый и не бе́дный?

6. Что сде́лал Са́нька, когда́ он пришёл к часо́вне?

7. Что он уви́дел у часо́вни?

8. О чём он всё вре́мя ду́мал?

9. Как он стара́лся пе́ред сами́м собо́й оправда́ть жела́ние воспо́льзоваться э́тими деньга́ми?

10. Кто пусти́л его́ переночева́ть?

11. Что де́лал хозя́ин?

12. Почему́ Са́нька взял кусо́к ва́ра?

13. Что он взял с теле́ги?

Подгото́вка к чте́нию

1. В отве́рстие разби́того окна́ просу́нул свою́ берёзку, наце́лился на пята́к; он прили́п, бу́дто то́лько того́ и дожида́лся.

2. Начали́сь допро́сы: отку́да? Пришло́сь вы́ложить всё начистоту́.

3. Оте́ц про́сто затря́сся от гне́ва и уже́ занёс ру́ку, что́бы проучи́ть за де́рзость, но всё сошло́ мне сравни́тельно благополу́чно.

4. Пора́ бы́ло ква́сить овчи́ны, но рубля́ на муку́ не́ было и бакале́йщик не дава́л бо́льше в долг.

5. Одному́ то́лько и ве́рю из всего́, что ты наговори́л, — что Бог везде́ оди́н.

1. Into the opening of the broken window I thrust through my birch rod and aimed [it] at a 5-kopeck piece; it stuck as if it had just been waiting for this.

2. The interrogation started: where was it from? I had to come clean.

3. Father simply started to shake from anger and had already drawn back his arm in order to teach me a lesson for my insolence, but everything came off relatively well for me.

4. It was time to start fermenting the sheepskins but we were short a ruble for flour and the grocer would not give us anything more on credit.

5. I believe only one thing out of what you have said—that God is everywhere the same.

2

Дóлго я моли́лся, стóя на колéнях, попи́л из родника́*, потóм вы́брал дли́нную, тóнкую берёзку*, с трудóм скрути́л* её у кóрня*, зама́зал* ни́жний° конéц ва́ром* и дёгтем* и приступи́л к дéлу.

spring birch
twisted root smeared lower
wax pitch "set"

В отвéрстие* разби́того° окна́ просу́нул* свою́ берёзку*, нацéлился* на пята́к*. Он прили́п*, бу́дто тóлько тогó и дожида́лся*. Рабóта пошла́ бы́стро. Сперва́ я нацéливался* на пятаки́, потóм дошла́ óчередь до мéлких монéт, и́зредка прилипа́л* гри́венник*. Лы́сина* на полу́ всё увели́чивалась*, берёзка до дéнег достава́ла всё труднéе, да и мысль беспокóила: не разгнéвался* бы Бог. Забрóсив* берёзку пода́льше в кусты́, я подсчита́л* дéньги и а́хнул* — два рубля́ и вóсемь копéек! Бы́стро оттёр* монéты* от дёгтя* и ва́ра*, ещё раз усéрдно* помоли́лся* Бóгу и ещё раз подтверди́л да́нное ужé обеща́ние поста́вить свéчку*. Пéред хозя́ином дóма, где я ночева́л, мне бы́ло не так сóвестно*: ведь цéлый фунт° ва́ра* стóил одну́ копéйку, а я взял совсéм ма́ленький кусóчек*. Всё-таки, верну́вшись на ночёвку* в то же селó, я пошёл задворка́ми* в другóй конéц. Ещё друга́я тревóга° не оставля́ла в покóе мою́ бéдную гóлову: как спря́тать дéньги от отца́? Все дéньги ведь я хотéл отда́ть ма́тери.

opening broken thrust
birch rod aimed 5-kopeck piece stuck
waited
aimed
adhered
10-kopeck coin bare spot grew bigger
become angry having thrown
counted
exclaimed wiped off coins pitch wax earnestly
prayed
candle
ashamed
pound wax
piece
night resting place back streets
anxiety

Моему́ прихóду отéц был óчень рад, но, как я ни перепря́тывал* своё богáтство, он в концé концóв егó обнару́жил*. Начали́сь допрóсы*: откýда? Пришлóсь вы́ложить* всё начистоту́*. Отéц отлупи́л*, пригова́ривая*: «Ах ты, негóдный! Как посмéл° у Бóга дéньги взять?» Велéл немéдленно отнести́* дéньги в часóвню. Тут уж и я вскипéл*: «Ведь э́то три дня туда́ да три обра́тно, а помога́ть тебé кто бу́дет? А я, мóжет, не брóшу° дéньги в часóвню, а тóлько скажу́, что брóсил? Пойдём обра́тно, тогда́ и брóсим». Отéц прóсто затря́сся* от гнéва и ужé занёс* ру́ку, чтóбы проучи́ть* за дéрзость*, но я закрича́л: «Трóнешь — уйду́ сейча́с же». Верóятно, отéц вспóмнил прошлогóдний слу́чай, и всё сошлó*

hid
discover interrogation
"I had to come clean" thrashed
repeating dare
take back
boiled over
throw
started to shake
pulled back teach a lesson impertinence
came off

мне сравни́тельно* благополу́чно*. То́лько когда́ — relatively all right
мы собра́ли полторы́ со́тни овчи́н* и пора́ была́ их — sheep hides
ква́сить*, рубля́ на муку́° не́ было и бакале́йщик* не — ferment flour grocer
дава́л бо́льше в долг, а я предложи́л взять рубль из
« мои́х » де́нег, — оте́ц сно́ва разбушева́лся*: « Э́то — enraged
из каки́х твои́х? Они́ Бо́жьи* ». Опя́ть подняла́сь — God's
бы́ло на меня́ его́ рука́. Да, ви́димо, оте́ц по́мнил
моё обеща́ние уйти́. Кро́ме того́, как он ни руга́лся,
всё же пришло́сь ему́ взять из « мои́х » де́нег рубль…
А пото́м нужда́ всё бо́лее дави́ла° нас, она́ заста́вила — pressed
отца́ взять и остальны́е де́ньги поворча́в*, что э́то — having grumbled
грех и что на обра́тном пути́ мы должны́ положи́ть
их обра́тно в часо́вню. Он та́кже обеща́л, как ра́нь-
ше я, поста́вить Бо́гу све́чку*. Себя́ я руга́л ужа́сно, — candle
но то́лько за то, что не догада́лся обменя́ть* сере- — exchange
бро́° и медяки́* на две рублёвые* бума́жки*: — silver coppers ruble notes
спря́тать их бы́ло бы ле́гче, и они́ попа́ли° бы к — "gotten"
ма́тери. Как я тепе́рь понима́ю, чу́вство вины́ пе́ред
Бо́гом у меня́ тогда́ уже́ почти́ исче́зло.

Рабо́ту ско́ро ко́нчили, зарабо́тали* чи́стыми — earned
деньга́ми три́дцать три рубля́ и четы́ре пу́да* шер- — pood (36 pounds)
сти°. Шерсть отпра́вили по желе́зной доро́ге, а — wool
са́ми пошли́ пешко́м*. Мне хоте́лось тропи́нками* — on foot paths
увести́ отца́ пода́льше от часо́вни, но все тропи́нки
бы́ли занесены́* сне́гом, приходи́лось идти́ по — covered
доро́ге. Что́бы отвле́чь* внима́ние отца́ от часо́вни, — distract
я с ним заводи́л* са́мые интере́сные разгово́ры: — start
каку́ю он нашёл хоро́шую рабо́ту — зарабо́тали* и — earned
де́нег и ше́рсти поря́дочно°: как хорошо́ он при- — not badly
ду́мал не тра́тить* де́нег на биле́ты, а идти́ пеш- — waste
ко́м*… Когда́ часо́вня наконе́ц мелькну́ла* сквозь — on foot flashed
дере́вья, весёлых разгово́ров я бо́льше не мог при-
ду́мать. Пришло́сь затро́нуть* го́рькие воспомина́- — touch on
ния: как слома́лось* колесо́ у теле́ги с хво́ростом*, — was broken brushwood
как па́ла ло́шадь. На после́днее воспомина́ние оте́ц
отозва́лся*: « Что же поде́лаешь, э́то всё от Бо́га. — responded
Хоть и заплати́ли за ло́шадь во́семь рубле́й, но она́
че́стно отрабо́тала*, и за шку́ру* мы взя́ли три — finished work hide
рубля́ ». Я всё продолжа́л свою́ болтовню́*. Вдруг — chatter
оте́ц вспо́мнил: « А где же часо́вня? » С са́мым не-
ви́нным ви́дом я сказа́л, что, вероя́тно, мы её про-
шли́, не заме́тив; но не возвраща́ться же туда́ за

де́сять вёрст, уже́ вечере́ет*... Е́сли ну́жно, за́втра   turning evening
у́тром схожу́ туда́. А мо́жет, и не на́до: Бо́г-то
везде́ оди́н, придём домо́й и бро́сим в кру́жку в
на́шей це́ркви. « Ла́дно°, — проворча́л* оте́ц, — схо-   all right   grumbled
жу́... бро́шу... Одному́ то́лько и ве́рю из всего́, что
ты тут наговори́л, — что Бог везде́ оди́н. А тебя́-то
я уж зна́ю, как ты де́ньги в кру́жку бро́сишь!

Бо́льше об э́том разгово́ров не́ было. Так я и не
узна́л, ста́вил ли оте́ц све́чку, что́бы замоли́ть* мой   pray forgiveness
грех, и опусти́л° ли де́ньги в церко́вную кру́жку.   drop

Вопро́сы к те́ксту

1. Почему́ он моли́лся у часо́вни?

2. Как он доста́л моне́ты?

3. Почему́ он хоте́л спря́тать де́ньги от отца́?

4. Что сде́лал оте́ц, когда́ обнару́жил де́ньги?

5. Почему́ всё-таки оте́ц не уда́рил сы́на?

6. Что сде́лал наконе́ц оте́ц с деньга́ми?

7. Ско́лько они́ зарабо́тали?

8. Почему́ они́ пошли́ домо́й пешко́м?

9. Что сде́лал Са́нька на обра́тном пути́, что́бы отвле́чь внима́ние отца́ от часо́вни?

10. Как они́ реши́ли верну́ть де́ньги?

Подготóвка к чтéнию

1. Наоборóт, узнáв кáк-то, что у меня скопúлось шесть пятакóв, он загорéлся желáнием отобрáть их у меня и, ничегó не придýмав другóго, предложúл мне сыгрáть с ним в кáрты на дéньги.

2. Такúм óбразом, свои удáчи я имéл прáво припúсывать не моемý знáнию карт, а, глáвное, выполнéнию мойх обещáний Бóгу.

3. Чáсто приéзжими артúстами давáлись в дворянском собрáнии спектáкли; мне двáжды удавáлось проскользнýть тудá без билéта.

4. Это был сáмый трýдный слýчай в егó билетёрской дéятельности; по билéту нáдо пропустúть, а по одéжде — удалúть.

5. Хозяин, засучúв рукавá, поплевáл на ладóнь, как настоящий кулáчник, и двáжды бóльно удáрил меня кулакóм.

1. On the contrary, having found out that I had accumulated six 5-kopeck pieces, he began to burn with the desire to take them from me and, not having been able to think up anything [better], he proposed that I play cards with him for money.

2. Thus, I had the right to ascribe my successes not to my knowledge of cards, but, chiefly, to the carrying out of my promises to God.

3. Performances were frequently given in the gentry's Assembly House by visiting performers; I had twice succeeded in slipping in there without a ticket.

4. This was the most difficult case in his career as a ticket-taker; according to my ticket, I had to be admitted, but according to my clothes—expelled.

5. The master, having rolled up his sleeves, spat on his palms like a real boxer and twice hit me painfully with his fist.

Шальны́е* де́ньги   "easy"

Вовлекли́* меня́ ка́рты и в друго́е приключе́ние*. *involved adventure*
В мои́ обя́занности входи́ла чи́стка* сапо́г хозя́- *cleaning*
ину и его́ сыновья́м. Алекса́ндр дава́л мне за э́то
по воскресе́ньям пята́к, а Никола́й никогда́ не дава́л
ни копе́йки. Наоборо́т°, узна́в ка́к-то, что у меня́ *on the contrary*
скопи́лось* шесть пятако́в, он загоре́лся* жела́нием *accumulated burned*
отобра́ть* их у меня́ и, ничего́ не приду́мав друго́го, *take away*
предложи́л мне сы́грать с ним в ка́рты на де́ньги. Я
отве́тил, что с ним мне игра́ть невы́годно* — у *disadvantageous*
меня́ то́лько три́дцать копе́ек, он забьёт* меня́ *"overwhelm"*
деньга́ми; да и карт у меня́ нет. Но Никола́й стал
уверя́ть°: « Темни́ть* бо́льше, чем на твои́ де́ньги, *assure "bet"*
не бу́ду, а ка́рты возьмём те, кото́рыми игра́ешь с
ма́терью ». Ка́рты бы́ли ста́рые и хорошо́ изве́стные
мне. Прики́нув*, что э́то во вся́ком слу́чае ура́вни- *having calculated*
вает* на́ши ша́нсы*, я согласи́лся. « Ты полеза́й* на *equals chances climb*
сенова́л*, — сказа́л я, — а я сбе́гаю за ка́ртами ». *hayloft*
   Пре́жде чем идти́ к Никола́ю, я зашёл за поле́н-
ницу*, помоли́лся Бо́гу, как всегда́, испра́шивая* *woodpile begging*
Его́ по́мощи, чтобы обыгра́ть* Ко́льку*, и обеща́л *beat Nikolai*
поста́вить свечку́ — подоро́же и́ли подеше́вле, в
зави́симости* от вы́игрыша*. Игра́ли в « три *dependence winnings*
ли́стика* ». За час я вы́играл два́дцать во́семь *"three-card monte"*
копе́ек. В сле́дующее воскресе́нье он опя́ть позва́л
меня́ игра́ть, и опя́ть я вы́играл — на э́тот раз уже́
шестьдеся́т копе́ек. Игра́л я споко́йно, и́бо при-
обрёл* уже́ не́который о́пыт в де́нежной* игре́ и *gained money*
лу́чше пре́жнего изучи́л ка́рты. Ко́лька же оказа́лся

о́чень аза́ртным* игроко́м*, его́ горячи́ла* жа́дность°, и вско́ре он переста́л удовлетворя́ться* игро́й по воскресе́ньям, а потре́бовал игры́ и на неде́ле.

Коне́чно, случа́лось и мне прои́грывать*, но сравни́тельно* ре́дко. Когда́ у меня́ скопи́лось* бо́льше рубля́, я поторопи́лся* отда́ть де́ньги ма́тери. В пе́рвый раз я принёс ей полтора́ рубля́. Она́ не хоте́ла их брать и всё допы́тывалась*, отку́да они́. «Таки́е де́ньги!» — повторя́ла она́. Когда́ я сказа́л, что де́ньги вы́играл у Ко́льки, она́ взяла́ их со вздо́хом и о́чень проси́ла бо́льше не игра́ть.

Ко́льке о́чень хоте́лось отыгра́ться*, и про́игрыши* его́ доходи́ли уже́ до двух рубле́й. Я опаса́лся*, что Ко́лька принесёт ка́к-нибудь но́вые ка́рты, но он сам во́все э́того не хоте́л, так как то́же изучи́л на́шу коло́ду* и иногда́ с торжество́м называ́л не́которые ка́рты, жела́я порази́ть° меня́. Таки́м о́бразом, свои́ уда́чи* я име́л пра́во припи́сывать* не моему́ зна́нию карт, а, гла́вное, выполне́нию* мои́х обеща́ний Бо́гу: вы́играл пятьдеся́т копе́ек — све́чку ста́вил за́ две копе́йки; вы́играл рубль — за́ три копе́йки, а е́сли случа́лся вы́игрыш* бо́льший, то ста́вилась све́чка за пята́к. Ко́лька об э́том не дога́дывался*…

Шальны́е* де́ньги рожда́ют* шальны́е жела́ния.

Шу́я была́ бога́тым уе́здым* го́родом со мно́гими фа́бриками°. Оди́н из богате́йших* его́ обита́телей* был фабрика́нт* Щеко́лдин, о кото́ром шла молва́*, что име́ет он до четырёх миллио́нов, так как к ста́рости про́дал все свои́ фа́брики и жил на проце́нты° в роско́шном*, по на́шим места́м, особняке́*.

Бы́ло в Шу́е большо́е одноэта́жное* зда́ние из кра́сного кирпича́* — дворя́нское собра́ние°, с больши́м за́лом. Ча́сто прие́зжими арти́стами дава́лись в дворя́нском собра́нии спекта́кли; мне два́жды* удава́лось проскользну́ть* туда́ без биле́та. Бы́ло всем изве́стно, что восьмо́е кре́сло во второ́м ряду́ неизме́нно* занима́л Щеко́лдин — да́же в его́ отсу́тствие оно́ остава́лось свобо́дным. Ка́к-то мне взбрело́* в го́лову: вот бы вы́играть у Ко́льки три рубля́ два́дцать копе́ек! Я бы купи́л себе́ биле́т на

reckless gambler inflamed
greed to be satisfied

lose
relatively accumulated
hastened

tried to find out

win back
losses was afraid

deck

impress
successes ascribe
fulfillment

winning

guessed
easy breeds
district
factories richest inhabitants
factory owner rumor

interest luxurious private residence
one-story
brick assembly

twice
slip through

invariably

"came"

восьмо́е ме́сто в пе́рвом ряду́ и сиде́л бы впереди́ Щеко́лдина! Как всегда́ дал обе́т*: случи́тся так — поста́влю све́чку Бо́гу.

В го́род прие́хала украи́нская* гру́ппа. Что́бы не опозда́ть* купи́ть биле́т и́менно в пе́рвом ряду́ на восьмо́е ме́сто, я прибежа́л* к ка́ссе задо́лго до откры́тия и за полчаса́ до нача́ла спекта́лкя был в теа́тре.

Разда́лся* пе́рвый звоно́к°, пу́блика попро́ще* поспеши́ла заня́ть свои́ места́; по́сле второ́го звонка́ в зал потяну́лась пу́блика бо́лее наря́дная*. Я всё ещё не реша́лся войти́. Но вот и тре́тий звоно́к. Набра́вшись* хра́брости*, я чи́нно* напра́вился к две́ри. У две́ри в зал стоя́л высо́кий худоща́вый* капельди́нер*. Он схвати́л меня́ бесцеремо́нно* за ши́ворот* и потащи́л° наза́д. Но я доста́л из карма́на биле́т и предъяви́л его́ своему́ гони́телю*. На́до бы́ло ви́деть его́ лицо́! Вероя́тно, э́то был са́мый тру́дный слу́чай в его́ билетёрской* де́ятельности. Что де́лать? По биле́ту на́до пропусти́ть*, а по оде́жде — удали́ть*. Он что́-то сказа́л челове́ку, пробега́вшему* на сце́ну. Че́рез мину́ту вы́глянул* из-за две́ри наполови́ну* загримиро́ванный* арти́ст и спроси́л, в чём де́ло. Ука́зывая на меня́ руко́й, капельди́нер* сказа́л: э́тот мальчи́шка име́ет биле́т пе́рвого ря́да, но как оде́т! Вы́глянувший* челове́к отве́тил: «Е́сли вы вернёте ему́ три рубля́ два́дцать копе́ек, мо́жете не пуска́ть°» — и захло́пнул* дверь. Тогда́ безжа́лостная* рука́ отпусти́ла° мой воротни́к°. Я напра́вился к своему́ ме́сту.

Пу́блика с интере́сом следи́ла за ма́леньким сканда́лом, и смех в за́ле всё уси́ливался*. Заня́в ме́сто, я огляну́лся° на Щеко́лдина: вот-де я како́в! По́сле пе́рвой огля́дки* послы́шался* смех, а когда́ я огляну́лся вто́рично*, хохота́ли почти́ все. Мно́гие встава́ли, что́бы лу́чше рассмотре́ть*, почему́ впереди́ смею́тся. В антра́кте* я проха́живался* по коридо́ру, ко мне подходи́ли и неизме́нно* спра́шивали одно́ и то́же: «Кто же купи́л тебе́ биле́т?» — очеви́дно, счита́я, что кто́-то из люде́й состоя́тельных* захоте́л так подшути́ть* над Щеко́лдиным. Смея́сь, трепа́ли* за́ ухо и ве́село пригова́ривали*:

Glosses:
vow
Ukrainian
be late
ran
sounded · bell · simpler
smart (well-dressed)
having gathered · courage · decorously
lanky
usher · unceremoniously
collar · dragged
persecutor
ticket-taking
allow
remove
who had run past · looked out
half · made-up
usher
looking out
admit · slammed
merciless · released
collar
grew stronger
looked around
look · was heard
a second time
see
intermission · sauntered
invariably
well-off · mock
tweaked · repeating

«Ну и у́харь*!» Вдруг меня́ уви́дел Алекса́ндр, хозя́йский* сын. Он был с ба́рышней°. Бы́стро подошёл ко мне и с трево́гой спроси́л, где я взял де́ньги. Соверше́нно споко́йно, гля́дя ему́ пря́мо в глаза́, я отве́тил: «Вы́играл у Ко́льки». Успоко́енный, он засмея́лся, взял под руку свою́ ба́рышню и отошёл. Во второ́м и тре́тьем де́йствиях, к моему́ большо́му огорче́нию*, кре́сло бы́ло пу́сто. Щеко́лдин предпочёл* уйти́.

На друго́й день в го́роде бы́ло мно́го разгово́ров о происше́ствии* в дворя́нском собра́нии. Слух дошёл и до моего́ хозя́ина. Он сиде́л в тракти́ре*, когда́ оди́н торго́вец* ему́ сказа́л: «Арсе́ний Никано́рович, твой мальчи́шка* тебя́ обворо́вывает*». — «Ну, нет, э́того не мо́жет быть, он ма́лый* че́стный». — «А зна́ешь ли ты, что он в суббо́ту был в дворя́нском собра́нии и сиде́л в пе́рвом ряду́, а биле́т-то сто́ит доро́же трёх рубле́й? Да ещё сиде́л впереди́ Щеко́лдина». Разъярённый* хозя́ин бро́сился в магази́н. Закры́в свое́й ту́шей* вы́ход, хозя́ин зарыча́л*: «Где, су́кин* сын, взял де́ньги на биле́т?» Не заду́мываясь*, я отве́тил, что вы́играл в ка́рты у Ко́льки. Хозя́ин, засучи́в* рукава́°, поплева́л* на ладо́нь°, как настоя́щий кула́чник*, и два́жды* бо́льно уда́рил меня́ кулако́м. Я не стал, коне́чно, дожида́ться° сле́дующей по́рции*, прошмыгну́л* ме́жду хозя́ином и сте́нкой* — и был тако́в*. Ко́льку он бил три дня подря́д, несмотря́ на то, что сын был уже́ одного́ с ним ро́ста.

daring fellow
master's young lady

dismay
preferred

event
tavern
merchant
lad
robs
lad

enraged
carcass
roared sonofabitch
reflecting
pushed back
sleeves spat palm
boxer twice
await
serving slipped past wall
"disappeared"

Вопро́сы к те́ксту

1. Ско́лько получа́л Са́нька за чи́стку сапо́г?

2. Что предложи́л ему́ Никола́й?

3. Почему́ Са́нька не хоте́л игра́ть?

4. Почему́ он игра́л споко́йно?

5. Кому́ он отдава́л де́ньги?

6. Чему́ он припи́сывал свои́ уда́чи в игре́?

7. Кто был Щеко́лдин?

8. Кого́ приглаша́ли ча́сто в дворя́нское собра́ние?

9. Где бы́ло ме́сто Щеко́лдина?

10. Что Са́нька реши́л сде́лать?

11. Почему́ его́ сперва́ не пусти́ли?

12. Почему́ пу́блика смея́лась?

13. О чём его́ спра́шивали в антра́кте?

14. Что сде́лал Щеко́лдин?

15. Как об э́том узна́л хозя́ин?

16. Что он сде́лал с Никола́ем и что с Са́нькой?

День у Толсто́го

MECHNIKOV, the famous zoologist and bacteriologist, was the descendant of a boyar family that came to Russia from Moldavia during the reign of Peter the Great. Mechnikov's oldest brother, Ivan, was a member of the Tula circuit court, and a good friend of L. N. Tolstoy. It was his death from cancer in 1881 that inspired Tolstoy to write his powerful story "The Death of Ivan Ilyich." A second brother, Lev, a geographer and sociologist, was a volunteer in Garibaldi's "Thousand" in 1860 and was severely wounded in the battle for the liberation of Italy. He was also on friendly terms with Herzen and contributed to his newspaper *Kolokol*.

Ilya Ilyich had none of his brothers' interests in a career in the government bureaucracy or in politics. He was born in 1845 on a family estate in the province of Kharkov, where as a boy he displayed a precocious interest in the natural sciences. While still in the sixth grade he was already attending lectures at Kharkov University. At nineteen, after two years of study, Mechnikov graduated from the Department of Natural Sciences having already published several articles on zoology.

That year, 1864, Mechnikov was sent abroad to continue his studies. He first worked in Germany on the island of Helgoland and in Giessen studying nematodes, and in 1865 went to Naples where, together with A. O. Kovalevsky, he worked on jellyfish, sponges, echinoderms, and mollusks. In the course of his studies he

ILYA
ILYICH
MECHNIKOV
(*1845–1916*)

discovered that embryonic development in invertebrates was similar to that in vertebrates. This and later research by the two friends helped found the modern study of invertebrate embryology.

After three years abroad Mechnikov completed his thesis and received his master's degree in zoology at St. Petersburg University, where the following year he successfully defended his doctoral dissertation. In 1867 he was appointed lecturer and three years later at twenty-five, he was appointed professor of zoology and comparative anatomy at the university in Odessa. The hostile official attitude toward universities that followed the assassination of Aleksandr II led Mechnikov to resign his professorship in 1882 and to continue his research at his own expense in his home laboratory.

Following the example of Pasteur, Mechnikov organized the first Russian bacteriological station to combat rabies in 1886 in Odessa. However, the work of the station was subjected to such attacks from conservative doctors and official bureaucracy that Mechnikov left Russia in 1887. The next year, at the invitation of Pasteur, he joined the latter's institute in Paris to conduct his studies there in a laboratory of his own. Following Pasteur's death in 1895, Mechnikov became the director of the Institute and held that position until he died in Paris in 1916.

Mechnikov's discovery that certain cells in invertebrates ingest and destroy harmful materials in the organism led to his theory of phagocytosis, now generally accepted. While working on tetanus, cholera, plague, and other diseases, he became interested in the problem of immunity. The results from this research led to his receiving the Nobel Prize for medical research in 1908, a prize he shared with Ehrlich. Mechnikov's studies on aging and death which began in 1901 led him to the conviction that early aging was a treatable illness and that man's normal life span should far exceed one hundred or even one hundred and twenty years. His wide research led him into philosophy and to the formulation of a natural history concept of human nature, based on the scientific method. Among other things, he conducted an anthropological study on the

Kalmyks, a nomad people living east of the lower Volga.

Mechnikov was extremely devoted to science and remained a poor man because, apart from taking care of the bare necessities, he spent all his resources on his research. At least twice he risked his life to prove the correctness of his views—when he inoculated himself first with a virulent strain of relapsing fever, and on another occasion with a weakened strain of cholera.

Mechnikov exercised great influence on science in his homeland because many young Russian microbiologists came to work with him in the Pasteur Institute and took back to Russia his ideas and methods.

Mechnikov had long admired Tolstoy the novelist, but had disagreed with Tolstoy the philosopher and moralist. He had, in fact, in 1891 written a long, critical article on Tolstoy's ethical philosophy. Mechnikov noted that this novelist's ethical code was supposedly based on rationalism and natural science, but that when it came into variance with the findings of science and contemporary culture, Tolstoy took up arms against the latter in a holy war. Each of the men continued to scrutinize the new philosophical writings of the other. The meeting between the two, Mechnikov's idea, occurred on May 30, 1909, and seemed to go well. As could be expected, Tolstoy stressed religion and Mechnikov science. In 1912, some two years after the novelist's death, his secretary Gusev published his book *Dva goda s Tolstym* from which it became clear that Tolstoy had been quite unhappy with Mechnikov. Mechnikov's response, given here in part, appeared the same year.

Подготóвка к чтéнию

1. Войдя́ в передню́юю стáрого и довóльно обветшáлого помéщичьего дóма, я уви́дел сходя́щего с лéстницы Льва Николáевича в бéлой подпоя́санной блу́зе.

2. Он при́стально посмотрéл на меня́ свои́ми проница́тельными свéтлыми глазáми и прéжде всегó сказáл, что нахóдит меня́ мáло похóжим на ви́денные им мои́ изображéния.

3. Развивáя дáлее э́ту тéму, Толстóй упомяну́л о том, что, прéжде чем вы́работать своё тепéрешнее окончáтельное мировоззрéние, он боя́лся смéрти, но поборóл э́тот страх благодаря́ своéй вéре.

4. Разговóр сейчáс же напрáвился на э́ту столь животрепéщущую для Толстóго и окружáющих егó тéму.

5. Вмешáвшись в бесéду, я замéтил, что, не сдéлав в моéй жи́зни ни одногó вы́стрела и ни рáзу не охóтившись ни на какóе живóтное, я тем не мéнее не считáю охóту дéлом дурны́м.

1. Going into the entry hall of the old and rather shabby manor house, I saw Lev Nikolaevich coming down the stairs in a white belted blouse.

2. He looked at me intently with his penetrating light eyes and, first of all, said that he found me [only] slightly resembling pictures that he had seen of me.

3. Developing this theme further Tolstoy mentioned that prior to working out his present definitive world view, he had feared death but thanks to his faith he had conquered this fear.

4. The conversation now directed itself to this theme that was so vitally stirring for Tolstoy and those surrounding him.

5. Having entered the conversation, I observed that, although I had never in my life fired a shot nor once hunted any kind of animal, I, nonetheless, did not consider hunting an evil thing.

День у Толстого

1

...Весной 1909 года мы с женой ранним утром приехали в Ясную Поляну![1] Войдя в переднюю старого и довольно обветшалого* помещичьего* дома, я увидел сходящего с лестницы Льва Николаевича в белой подпоясанной* блузе*.[2] Он пристально* посмотрел на меня своими проницательными* светлыми глазами и прежде всего сказал, что находит меня мало похожим на виденные им мои изображения. После нескольких слов приветствия*, он оставил нас со своими детьми и, по обыкновению, ушёл работать к себе наверх*. Вернулся он к завтраку в приветливом* настроении и весело говорил на разные темы. Ел он кушанья* отдельные, приготовленные для него: яйцо°, молоко и растительную* пищу.[3] В конце завтрака он выпил немного белого вина с водою.

За столом Толстой намеренно* не возбуждал разговора на интересные общие темы, так как хотел это сделать с глазу на глаз*. Для этого он предпринял* поездку в соседнее° имение° Чертковых[4] и взял меня в свой маленький экипаж, за-

shabby manor

belted blouse
intently

penetrating

greeting

upstairs
affable
dishes
egg
vegetable

intentionally

tête-à-tête
undertook neighboring estate

1. Yasnaya Polyana: Tolstoy's estate in Tula province.
2. Lev Nikolaevich Tolstoy (1828–1910), famous as a novelist (*War and Peace, Anna Karenina*) and (after 1880) also as a philosopher concerned with moral questions.
3. Tolstoy, in his later years, was a vegetarian.
4. Vladimir Grigorievich Chertkov (1854–1936), a nobleman who became one of Tolstoy's most ardent disciples, closest friend, and publisher.

пряжённый* одной лошадью, которой он правил° harnessed drove
сам. Только что мы выехали за ворота усадьбы*, estate
как он повёл°, очевидно, уже ранее продуманную* "started on" thought out
речь. « Меня напрасно обвиняют*, — начал он, — в accuse
том, что я противник религии и науки. И то и
другое совершенно несправедливо*. Я, напротив, unjustly
глубоко верующий*; но я восстаю* против церкви believer revolt
с её искажением* истинной° религии. То же и от- distortion true
носительно науки. Я высоко ценю° истинную науку, value
ту, которая интересуется человеком, его счастием* happiness
и судьбою, но я враг той ложной* науки, которая false
воображает*, что она сделала что-то необыкно- imagines
венно важное и полезное, когда она определила вес
спутника* Сатурна* или что-нибудь в этом роде. satellite Saturn
Истинная наука прекрасно вяжется* с истинной is compatible
религией ». Развивая далее эту тему, Толстой
упомянул* о том, что, прежде чем выработать своё mentioned
теперешнее° окончательно мировоззрение*, он present philosophy of life
боялся смерти, но поборол* этот страх благодаря conquered
своей вере.

Когда он кончил, я сказал ему, что наука далеко
не отворачивается* от вопросов, которые он turn away
считает наиболее существенными, а старается по
возможности разрешить их. В кратких словах я
изложил* ему своё воззрение*, основанное на том, expounded view
что человек — животное°, которое унаследовало* animal inherited
некоторые черты организации, ставшие° источ- which had become
ником его несчастий. С этим связаны краткость* shortness
человеческой жизни и зависящий от неё страх
смерти. Когда со временем наука доведёт° людей bring
до того, что они смогут рационально* прожить rationally
полный цикл*, то инстинктивный* страх смерти cycle instinctive
сам собою уступит место тоже инстинктивной
потребности* небытия*. Когда человечество дойдёт need nonbeing
до этого, то беспокойство* о болезнях, старости disquiet
и смерти и всё сопряжённое* с этим прекратятся*, concomitant cease
и люди смогут полнее и спокойнее отдаться ис-
кусству и чистой науке.

Внимательно выслушав меня, Толстой заметил,
что в конце концов наши мировоззрения* сходят- philosophies
ся*, но с тою разницей°, что он стоит на спириту- come together difference
алистической*, а я на материалистической* точке spiritual materialistic

зре́ния. Тем вре́менем мы подъе́хали к до́му Черт-
ко́вых, и разгово́р, есте́ственно, перемени́л* свой
хара́ктер. Затра́гивая* са́мые разли́чные те́мы, мы
о́ба, ви́димо, хоте́ли подойти́ бли́же к о́бщим
вопро́сам. По́сле не́скольких попы́ток* к э́тому,
Толсто́й стал говори́ть о людско́й° несправедли́-
вости* и о том, до чего́ возмути́тельно*, что при-
слу́га*, подаю́щая* господа́м за обе́дом са́мые
роско́шные* блю́да°, сама́ пита́ется* объе́дками* и
вообще́ пита́ется о́чень нехорошо́...

   Все обита́тели* уса́дьбы* Чертко́вых стро́гие
вегетариа́нцы*. Разгово́р... сейча́с же напра́вился на
э́ту столь животрепе́щущую* для Толсто́го и окру-
жа́ющих его́ те́му. Лев Никола́евич оживи́лся* и
стал развива́ть свои́ мы́сли по э́тому по́воду. Он,
по его́ слова́м, дошёл до того́, что вид приноси́мого*
о́корока* и́ли друго́го како́го-нибудь мясно́го*
блю́да ему́ сде́лался* отврати́тельным° до тош-
ноты́*. «Я тепе́рь не могу́ поня́ть, — сказа́л он
да́лее, — как э́то я в былы́е го́ды мог увлека́ться*
охо́той* и по це́лым дням ду́мать о том, как бы
побо́льше настреля́ть* ди́чи*».

   Вмеша́вшись° в бесе́ду, я заме́тил, что, не сде́лав
в мое́й жи́зни ни одного́ вы́стрела и ни ра́зу не
охо́тившись* ни на како́е живо́тное, я тем не ме́нее
не счита́ю охо́ту де́лом дурны́м°. Не име́я возмо́ж-
ности прожи́ть по́лный цикл* жи́зни, да и, очеви́дно,
не сознава́я° потре́бности* в после́днем, живо́тные
почти́ всегда́ умира́ют наси́льственной* сме́ртью.
Раз° начина́я старе́ть*, они́ неизбе́жно* стано́вятся
добы́чей* други́х живо́тных. Смерть же от хи́щников*
и от вся́кого ро́да парази́тов* должна́ быть несрав-
не́нно* мучи́тельнее*, чем бо́льшей ча́стью не-
ожи́данная и о́чень бы́страя смерть от пу́ли° и́ли
дро́би* охо́тника. Е́сли бы прекрати́лась* охо́та, то
коли́чество хи́щных* живо́тных значи́тельно бы
увели́чилось*, что бы́ло бы прямы́м уще́рбом* и
для люде́й...

   — Послу́шайте, — возрази́л Толсто́й, — е́сли мы
бу́дем всё подверга́ть* рассужде́нию°, то мы смо́жем
дойти́ до са́мых невероя́тных* неле́постей*. По-
жа́луй, в тако́м слу́чае мо́жно бу́дет оправда́ть* и

altered

touching

attempts

human

injustice shocking

servant serving
luxurious dishes fed
leftovers

inhabitants estate

vegetarians

vitally stirring

became animated

being brought in

ham hock meat

had become repulsive

nausea

been fascinated

hunting

shoot game birds

stepping in

hunted

evil

cycle

recognizing need

violent

once age inescapably

prey predators

parasites
incomparably more
agonizing

bullet

shot pellets curtailed

predatory

increase damage

subject discussion

implausible absurdities

justify

людое́дство*.» В э́том отве́те на мои́ взгля́ды сказа́лся* весь Толсто́й, и из всего́ на́шего разгово́ра э́ти слова́ его́ мне показа́лись са́мыми знамена́тельными*. В вопро́се тако́й ва́жности°, как вопро́с об яде́нии* мя́са, захва́тывающий* сто́лько сторо́н гигиени́ческой* и экономи́ческой жи́зни, Толсто́й ви́дит лишь вопро́с, разреша́емый бесповоро́тно* чу́вством, без вся́кого соображе́ния с тем, чего́ тре́бует « рассужде́ние ». Впечатли́тельность* и чувстви́тельность* Толсто́го до тако́й сте́пени овладе́ли всей его́ чи́сто худо́жественной° нату́рой°, что у́мственная сторона́, рассужде́ние и ло́гика° у него́ отошли́ на за́дний° план*. Э́та основна́я° черта́ его́ хара́ктера броса́ется° в глаза́° во всей его́ жи́зни, во всех его́ произведе́ниях и сказа́лась* та́кже и в разгово́рах, кото́рые он вёл со мно́ю.

cannibalism	
was expressed	
noteworthy	importance
eating	encompassing
hygienic	
irrevocably	
impressionableness	
sensitivity	
artistic	
nature	
logic	"background"
basic	"strikes one's eye"
was expressed	

Вопро́сы к те́ксту

1. С кем, когда́ и куда́ прие́хал Ме́чников?

2. Что, пре́жде всего́, сказа́л Лев Никола́евич?

3. Почему́ Толсто́й ел отде́льные ку́шанья?

4. Куда́ они́ пое́хали по́сле обе́да?

5. В чём обвиня́ли Толсто́го?

6. Про́тив чего́ Толсто́й восстава́л?

7. Каку́ю нау́ку называ́л Толсто́й ло́жной?

8. Что поборо́л Толсто́й, благодаря́ свое́й ве́ре?

9. На чём осно́вано бы́ло мировоззре́ние Ме́чникова?

10. Что сказа́л Толсто́й, вы́слушав Ме́чникова?

11. О чём они́ говори́ли в уса́дьбе Чертко́вых?

12. Почему́ Ме́чников счита́л охо́ту не дурны́м де́лом?

13. Почему́, по мне́нию Ме́чникова, у Толсто́го у́мственная сторона́, рассужде́ние и ло́гика отошли́ на за́дний план?

Подгото́вка к чте́нию

1. Толсто́й пришёл в волне́ние и спро-
си́л, существу́ют ли у таки́х не́гров
каки́е-нибудь религио́зные представ-
ле́ния.

2. Я отве́тил, что им не чу́ждо покло-
не́ние пре́дкам, что рели́гия их сход-
на́ с ве́рованиями мно́гих други́х
дикаре́й.

3. Людое́ды Ко́нго счита́ются не бо́лее
злы́ми и дурны́ми, чем их соплеме́н-
ники, не едя́щие челове́ческого мя́са.

4. Толсто́й вы́разил сомне́ние, сосла́в-
шись на то, что в нём мно́го ни к
чему́ не ну́жных сцен.

5. Боя́сь вы́звать насме́шки, он опу́тал
свою́ гла́вную те́му мно́жеством ту-
ма́нностей и действи́тельно совер-
ше́нно ли́шних, наруша́ющих це́лост-
ное впечатле́ние сцен.

1. Tolstoy became agitated and asked
whether there existed among such
Negroes any sort of religious notions.

2. I replied that ancestor worship was not
alien to them and that their religion was
similar to the beliefs of many other
savages.

3. The cannibals of the Congo are not
considered more vicious and evil than
their kinsmen who do not eat human
flesh.

4. Tolstoy expressed his doubts referring
to the fact that there were many scenes
in it [in Goethe's *Faust*] that were completely unnecessary.

5. Fearing to arouse derision, he enveloped
his main theme in a multitude of mists
and, in fact, of completely superfluous
scenes which disrupted a unified impression.

2

Когда́ в отве́т на слова́ Толсто́го о людое́дстве* я сказа́л, что в центра́льной А́фрике, в Ко́нго, существу́ют негритя́нские* племена́*, у кото́рых победи́тели* поеда́ют* свои́х пле́нников*, и когда́ я рассказа́л ему́ подро́бности о том, как э́то де́лается, то Лев Никола́евич пришёл в волне́ние и спроси́л, существу́ют ли у таки́х не́гров* каки́е-нибудь религио́зные представле́ния. Я отве́тил, что им не чу́ждо* поклоне́ние* пре́дкам*, что рели́гия° их схо́дна* с ве́рованиями* мно́гих дикаре́й*, и что людое́ды* Ко́нго счита́ются не бо́лее злы́ми* и дурны́ми, чем их соплеме́нники*, не едя́щие* челове́ческого мя́са. Людое́дство* в центра́льной А́фрике путеше́ственники* объясня́ют распростране́нием* боле́зни цеце́ (нагана́*), кото́рая до тако́й сте́пени губи́тельна* для живо́тных, что де́лает разведе́ние* их невозмо́жным. При таки́х усло́виях, ввиду́* инстинкти́вной потре́бности* к пита́нию* мя́сом, не́гры и прибе́гли* к поеда́нию* себе́ подо́бных.

Толсто́й насто́лько° заинтересова́лся э́тими све́дениями*, что проси́л меня́ присла́ть ему́ подро́бные да́нные* об э́том вопро́се и ещё при проща́нии* сказа́л мое́й жене́, чтобы она́ мне напо́мнила° сде́лать э́то. Вско́ре по́сле возвраще́ния в Пари́ж* я вы́слал ему́ не́сколько стате́й францу́зских путеше́ственников*, побыва́вших* в Ко́нго...

На возвра́тном* пути́ в Я́сную Поля́ну Толсто́й сел верхо́м на ло́шадь. Он сра́зу вскочи́л на неё, поскака́л* молодцо́м*, перепры́гивал* с не́ю че́рез ров* и вообще́ име́л вид о́чень бо́дрый* и то́чно° щеголя́л* э́тим. В э́ти мину́ты с его́ плеч как бу́дто* спада́ло* не́сколько деся́тков* лет.

Когда́ мы со Льво́м Никола́евичем подняли́сь в его́ рабо́чий кабине́т, он, при́стально* посмотре́в на меня́, спроси́л:

— Скажи́те мне, заче́м вы, в су́щности°, прие́хали сюда́?

Не́сколько смути́вшись*, я отве́тил, что хоте́л

cannibalism	
Negro tribes	
victors eat prisoners	
Negroes	
alien	
worship ancestors	
religion similar	
beliefs savages cannibals	
vicious	
kinsmen eating	
cannibalism	
travelers prevalence	
sleeping sickness	
destructive stock breeding	
in view of	
need feeding	
resorted eating	
so much	
facts	
data leave-taking	
remind	
Paris	
travelers who had been	
return	
galloped young man	
leaping	
ditch "hale and hearty"	
as if	
showing off as if	
fallen away decades	
intently	
essence	
embarrassed	

бли́же познако́миться с его́ возраже́ниями* про́тив objections
нау́ки и вы́сказать ему́ моё глубо́кое уваже́ние к его́
худо́жественной де́ятельности, кото́рую я ста́влю* set
несравне́нно* вы́ше, чем его́ произведе́ния° на incomparably works
филосо́фские° те́мы. Я зате́м привёл не́сколько при- philosophical
ме́ров, дока́зывающих*, како́е огро́мное влия́ние в proving
жи́зни име́ет чи́стое иску́сство.

— Так как вы так це́ните* мои́ литерату́рные value
труды́, то могу́ сказа́ть вам, что в настоя́щую
мину́ту я за́нят чи́сто худо́жественной рабо́той, в
кото́рой хочу́ изобрази́ть* неда́внее революцио́нное depict
движе́ние в Росси́и;[1] но э́то должно́ оста́ться ме́жду
на́ми. Я бою́сь то́лько, что́бы из э́того не вы́шло
что́-нибудь о́чень скве́рное*, вро́де второ́й ча́сти bad
« Фа́уста ».

Когда́ я возрази́л, что, по-мо́ему, в э́том про-
изведе́нии глубо́кой ста́рости есть в вы́сшей* very high
сте́пени худо́жественные места́, Толсто́й вы́разил
сомне́ние, сосла́вшись* на то, что в нём мно́го ни к having referred
чему́ не ну́жных сцен. Тогда́ я разви́л ему́ своё
толкова́ние* э́той ча́сти « Фа́уста », по кото́рому interpretation
Гёте хоте́л изобрази́ть* в ней си́лу ста́рческой* depict old man's
любви́, но боя́сь вы́звать насме́шки*, опу́тал* свою́ ridicule entangled
гла́вную те́му мно́жеством° тума́нностей* и дейст- multitude mists
ви́тельно соверше́нно ли́шних°, наруша́ющих* це́- superfluous disrupting
лостное* впечатле́ние сцен. Толсто́й, заинтересо- unified
ва́вшийся э́тим объясне́нием, сказа́л, что в его́
после́дней литерату́рной де́ятельности стра́стная* passionate
любо́вь не игра́ет никако́й ро́ли, но что тем не
ме́нее он непреме́нно перечита́ет* « Фа́уста »; я же reread
пообеща́л вы́слать ему́ мою́ кни́гу *Essais Opti-
mistes*, в кото́рой я разви́л мои́ мы́сли по по́воду
э́того произведе́ния.

Остальна́я часть дня, проведённая* в Я́сной spent
Поля́не, была́ посвящена́* гла́вным о́бразом му́- dedicated
зыке. О́ба мы с наслажде́нием° слу́шали превосхо́д- enjoyment
ное* исполне́ние Гольденве́йзером[2] не́которых excellent
веще́й, среди́ кото́рых Толсто́му осо́бенно понра́ви-

1. An unfinished work *Nyet v mire vinovatyx* ("There Are No
Guilty Ones in the World").
2. Aleksandr Borisovich Goldenveizer (1875–1961), pianist and professor of Moscow Conservatory, a frequent visitor at Yasnaya Polyana, and the author of *V blizi Tolstogo*, his memoirs.

лись произведе́ния Шопе́на.[3] Окружённый бли́зкими, он бо́лее не возбужда́л о́бщих вопро́сов.

Пе́ред на́шим отъе́здом, дово́льно по́здно ве́чером, Лев Никола́евич о́чень раду́шно* попроща́лся* с на́ми и сказа́л, что для того́, чтобы доста́вить мне удово́льствие, он гото́в да́же прожи́ть до ста́ лет. Когда́ мы се́ли в экипа́ж, он вы́шел на балко́н* и отту́да же́стом° пожела́л нам счастли́вого пути́.

Несмотря́ на то, что черты́ лица́ обнару́живали* при́знаки дря́хлости*, и на то, что па́мять, ви́димо, была́ значи́тельно притуплена́* (он уверя́л да́же, что забы́л содержа́ние «А́нны Каре́ниной», с чем, впро́чем, не согласи́лась Со́фья Андре́евна),[4] Толсто́й сохрани́л в то вре́мя, когда́ я его́ ви́дел и когда́ ему́ бы́ло без ма́лого 81 год, ещё мно́го физи́ческой° и духо́вной бо́дрости*.

cordially   said farewell

balcony
gesture
revealed
senescence
dulled

physical   alertness

3. Frederic Chopin (1810–49), famous Polish composer and pianist.
4. Sofya Andreevna Tolstaya (1844–1919), Tolstoy's wife.

Вопро́сы к те́ксту

1. Что Ме́чников объясни́л о религио́зных представле́ниях не́которых негритя́нских племён?

2. Чем объясня́ли путеше́ственники людое́дство в центра́льной А́фрике?

3. Что вы́слал Ме́чников Толсто́му из Пари́жа?

4. Как е́здил Толсто́й верхо́м?

5. Заче́м Ме́чников прие́хал к Толсто́му?

6. Чем был за́нят Толсто́й в э́то вре́мя?

7. Почему́ Толсто́й не люби́л второ́й ча́сти « Фа́уста »?

8. Где вы́сказал Ме́чников свои́ мы́сли по по́воду « Фа́уста »?

9. Как они́ провели́ остальну́ю часть дня в Я́сной Поля́не?

10. Каки́м был Толсто́й на 81-ом году́ жи́зни?

Под следствием

IN 1901, there was a wave of student unrest at St. Petersburg University. In an effort to dispose of the student ringleaders, the Minister of Public Education had introduced certain "temporary regulations" under which such troublemakers were to be drafted into the army. The minister was assassinated but the regulations remained in force. The students went on strike, and on March 4 a mass demonstration was held before Kazansky Cathedral in the center of St. Petersburg. As a result, 1,500 students were arrested and briefly jailed. Ivanov-Razumnik, then a mathematics and physics student, was expelled from the university and from St. Petersburg. This first expulsion was temporary, but a year later, after a second offense, it was made permanent.

Since further university work was impossible, Ivanov-Razumnik decided to forsake science and turn to his second great passion—cultural history. In the course of three years the young scholar produced his two-volume *A History of Russian Social Thought*, which appeared in 1906. In his writings, Ivanov-Razumnik took his place in the tradition established by Herzen and continued by Mikhailovsky and Lavrov. Politically, this school of thought stood for a non-Marxist socialism in which the freedom of the individual played the central role. The political party that best represented this line of thought was the Socialist Revolutionary Party, or the S.R.'s as they were called.

Although primarily a scholar, Ivanov-Razumnik

served as the literary editor of a number of periodicals and publications put out by the S.R.'s. In his capacity as a journalist-editor, he often entered into polemics with the eminent Marxist theoretician Plekhanov and with Lunacharsky, who subsequently became the Bolshevik Minister of Education. Although Ivanov-Razumnik was closely identified with the Socialist Revolutionary Party and its leadership, he never joined this or any other party, since he was by conviction opposed to accepting ideological restraints of any kind.

The Socialist Revolutionaries along with the other radical parties welcomed the Revolution. Their rejoicing was short-lived, however, since the Bolsheviks, once in power, soon turned to persecuting their fellow socialists with an ardor no less zealous than that which they showed for former supporters of the Tsar. In 1919, Ivanov-Razumnik was arrested as a member of a fictitious S.R. conspiracy against the Bolshevik government. The scholar was held and interrogated for over a month while his role in the conspiracy was being investigated. On his release, Ivanov-Razumnik returned to his work on the two great projects on which he spent most of the following fifteen years. These were complete annotated editions of Saltykov-Shchedrin, the nineteenth-century Russian satirist, and of the twentieth-century poet Aleksandr Blok, a close personal friend of the scholar.

Early in 1933, the critic celebrated a double jubilee. It had been thirty years since he had started work on his first book. February the second was the thirtieth wedding anniversary of the writer and his wife. The arrest that night of Ivanov-Razumnik was the beginning of a sequence of imprisonments, exiles, and migrations, which lasted, with but short respite, until his death in Munich thirteen years later.

In 1936 Ivanov-Razumnik's official exile was over and he was free to move about—with the exception that he could not live within one hundred kilometers of Moscow or Leningrad—the only two places that had the materials necessary for his scholarly work. Reflecting on his personal history and that of the many hundreds of prisoners with whom he had talked in the preceding years, Ivanov-Razumnik decided to write a book that he did not expect to see published in his lifetime—nor did he. In the hope that his grandchildren and subsequent generations would know of a side of Soviet life not told in the official histories, he undertook an autobiography of his imprisonments and exiles and of the people he had met in their course. After all, a sizeable percent of the Russian intelligentsia of the twentieth century had been involved. There should be a record. Writing such a manuscript, was, of course, highly dangerous. However, when his next arrest came a year later, the manuscript, which had been buried in a friend's yard, escaped confiscation and eventually was retrieved by the writer's wife. Released for "lack of evidence" after a two-year investigation, Ivanov-Razumnik settled in his former home at Tsarskoe Selo.

When the war started in 1941, Ivanov-Razumnik as a known "unreliable" person anticipated rearrest and, in fact, would have been had not the German advance overrun Tsarskoe Selo before the Soviet authorities had time to act. Instead of being arrested and deported by the Communist authorities, he and his wife were arrested by the Germans and deported to a camp in Prussia. When Nazi Germany collapsed, the couple made their way across Germany and finally reached the Allied zone of occupation. Both Ivanov-Razumnik and his wife died in 1946—again in exile.

Ivanov-Razumnik appropriately entitled his memoirs *Tyur'my i ssylki* (*Prisons and Exiles*), probably in tribute to his ideological precursor, Aleksandr Herzen, who used the same title for one section of his own memoirs. Ivanov-Razumnik's manuscript was inherited by his son-in-law, also a Russian refugee in Germany. Some months after the death of the writer a stranger came to call on the son-in-law. Purporting to be an ex-student of the late scholar, he was most anxious to undertake the publication of Ivanov-Razumnik's manuscripts. He did not get them. Coming to the United States in 1948, Ivanov-Razumnik's son-in-law placed the original manuscript in his hand luggage and a copy in his steamer trunk, which went into the ship's hold. On arrival, the original had disappeared, but fortunately, the copy was still in his trunk. The full Russian text was finally published in New York in 1953.

The present selection is Ivanov-Razumnik's account of his arrest in 1919 as a member of the plot of the left Socialist Revolutionaries.

Подгото́вка к чте́нию

---

1. Одни́м из таки́х был в феврале́ 1919 го́да « за́говор ле́вых эсе́ров », никогда́ не существова́вший, но приве́дший к ря́ду « репре́ссий » — вплоть до расстре́лов.

2. Тут волна́ аре́стов докати́лась и до меня́.

3. Конво́йр сдал меня́ на́ руки хму́рому, чердачному стра́жу, кото́рый, загреме́в ключа́ми, откры́л дверь в э́ту поднебе́сную тюрьму́ и возгласи́л: « Ста́роста! »

4. Все заключённые разби́ты на пятёрки; ка́ждая пятёрка — самостоя́тельная « обе́денная едини́ца »: ей подаётся к обе́ду и у́жину одна́ ми́ска на пятеры́х.

5. Молодо́й и бра́вый эсто́нец-солда́т, вся вина́ кото́рого была́ в том, что в разгово́рах с прия́телями он не раз говори́л, как хоте́л бы попа́сть на ро́дину.

1. One such in February 1919 was "the Conspiracy of the left S.R.'s" [Socialist Revolutionaries] which never existed but which led to a series of "repressions" up to and including shooting.

2. Now the wave of arrests swept up to me too.

3. The escort handed me over to a sullen attic-guard who having jangled his keys, opened the door to this subcelestial jail and shouted: Trustee!

4. All prisoners are broken down into groups of five; each quintet is an independent "meal unit": it is given one large bowl for the five members for dinner and supper.

5. A young rough-looking Estonian soldier was guilty of nothing more than having often said in conversations with his friends how he wished to return to his homeland.

Под следствием* investigation

1

Терро́р* эпо́хи вое́нного коммуни́зма был тогда́ terror
в по́лном разга́ре*. Аресто́вывали и расстре́ливали° heat   shot
« зало́жников* », открыва́ли действи́тельные и мни́- hostages
мые* за́говоры°. Одни́м из таки́х был в феврале́ 1919 imaginary   plots
го́да « за́говор ле́вых эсе́ров »,[1] никогда́ не существо-
ва́вший, но приве́дший* к ря́ду « репре́ссий* » — led   repressions
вплоть* до расстре́лов°. Тут волна́ аре́стов докати́- up to and including shooting
лась* и до меня́. В конце́ января́ 1919 го́да я за- swept up
боле́л воспале́нием* лёгких*, а к середи́не февраля́ "inflammation of the lungs" (pneumonia)
стал понемно́гу* поправля́ться* и мог уже́ ходи́ть little   get better
по ко́мнате. Часо́в в шесть ве́чера 13 февраля́ я
ми́рно сиде́л в моём кабине́те в Ца́рском селе́,
когда́ разда́лся° звоно́к; В. Н. (терпе́ть не могу́ sounded
сло́ва — « жена́ » — и заменя́ю* его́ здесь и ни́же replace
инициа́лами* и́мени и о́тчества*) пошла́ откры́ть initials   patronymic
дверь — и то́тчас же в мой кабине́т ры́сью* вбежа́л at a trot
с револьве́ром в руке́ како́й-то шта́тский* ни́зень- civilian
кий* челове́чек* восто́чного° ти́па — оказа́лся армя- short   little fellow eastern
ни́ном* — а за ним вошёл молодо́й красноарме́ец* Armenian   Red Army soldier
с ружьём. Армяни́н, аге́нт* Чеки́,[2] предъяви́л* agent   presented
о́рдер на о́быск* и аре́ст, спря́тал нену́жный° search   unnecessary
револьве́р в карма́н, предложи́л мне не тро́гаться* stir

1. *Esér*, from the first letters of the Russian words for Socialist Revolutionary, a Populist political party. A branch of this party, the Left Socialist Revolutionaries, worked with the Bolsheviks after the Revolution, but broke with them over the Brest-Litovsk Treaty of March 1917.
2. *Cheká*, from the first letters of the Russian words for Extraordinary Commission, the political police from 1917 to 1922.

с ме́ста и приступи́л к о́быску*. Увида́в библиоте́ку с ты́сячами томо́в, архи́вный* шкап*, наби́тый* до отка́за*, пи́сьменный стол, зава́ленный* ру́кописями* и пи́сьмами — он пришёл в уны́ние*, соверше́нно растеря́лся* и, ви́димо, не знал, как быть. Стал ры́ться* в пи́сьменном столе́, отобра́л* науга́д° па́чку* пи́сем, не загля́дывая* в них, отложи́л° то́лстую тетра́дь то́лько что на́чатой мно́ю кни́ги « Оправда́ние* челове́ка ». Она́ была́ озагла́влена* тогда́ « Антроподи́цея* », и сло́во э́то, очеви́дно, показа́лось ему́ подозри́тельным*. Часа́ два подря́д° он беспо́мощно* ты́кался* то туда́, то сюда́, отобра́л в библиоте́ке не́сколько томо́в по анархи́зму*, махну́л° руко́й на архи́вный* шкап*, соста́вил° из всех со́бранных материа́лов небольшу́ю па́чку* — и часа́м к восьми́ ве́чера э́тот « о́быск » был зако́нчен.

Зако́нчив с о́быском, армяни́н предложи́л мне собира́ться° в доро́гу и сле́довать за ним на по́езд° в Петербу́рг. Стал собира́ться: в небольшо́й ручно́й* чемода́нчик* положи́л полоте́нце*, мы́ло*, сме́ну° белья́, кру́жку*. Времена́ бы́ли голо́дные°: В. Н. могла́ дать мне то́лько крáюшку* хле́ба фу́нта° в полтора́ и коро́бочку* с двумя́ деся́тками* леденцо́в* — все на́ши продово́льственные* запа́сы°. Де́нег у нас бы́ло то́же в обре́з*, я взял с собо́ю то́лько две « ке́ренки »[3] по 20 рубле́й. Сбо́ры* бы́ли недо́лгие; я прости́лся с семьёй, сговори́лся* с В. Н., что она́ за́втра же сообщи́т о происше́дшем* В. Э. Мейерхо́льду[4] — и отпра́вился на вокза́л, эскорти́руемый* сле́ва* чеки́стом и спра́ва красноарме́йцем*.

Прибыли° в Петербу́рг о́коло девяти́ часо́в ве́чера; оста́вив меня́ под охра́ной* красноарме́йца, армяни́н отпра́вился вызыва́ть по телефо́ну чеки́стский* автомоби́ль; он при́был дово́льно ско́ро — и меня́ повезли́* на « Горо́ховую 2 », в зда́ние бы́вшего* градонача́льства*, в знамени́тый центр большеви́стской° охра́нки* и одновреме́нно° с э́тим —

---

search
"filing cabinet" crammed
"overflowing" strewn
manuscripts despondency
lost his head
dig took out
at random packet looking
put aside

justification entitled
Anthropodice
suspicious
on end helplessly poked

anarchism waved
"filing cabinet" formed
packet

get ready train

hand bag towel soap
change
cup "short of food"
chunk pound
little box tens
fruit drops food supplies
in short supply
preparations
agreed
that which had happened

escorted on the left
Red Army man
arrived
guard
Cheka

transported former
mayor's office
Bolshevik security police
simultaneously

---

3. *Kerenka*, a banknote issued by the Provisional Government headed by Kerensky in 1917.
4. V. E. Meyerkhold (1874–1942), the famous director and theatrical innovator.

пропускну́ю* регистрацио́нную* тюрьму́ для всех аресто́ванных°. Меня́ ввели́ в регистрату́ру*, запо́лнили* пе́рвую чи́сто биографи́ческую анке́ту*, а зате́м отпра́вили по чёрной ле́стнице куда́-то «всё вы́ше, и вы́ше, и вы́ше»... Вско́ре мне пришло́сь сиде́ть в подва́лах* Чеки́, а тепе́рь для нача́ла я попа́л на черда́к* петербу́ргской «чрезвыча́йки*».

Часть чердака́ представля́ла два обши́рных* помеще́ния*, соединённых ме́жду собо́й откры́той две́рью. Конво́ир* сдал меня́ на́ руки хму́рому*, черда́чному* стра́жу*, кото́рый, загреме́в* ключа́ми, откры́л дверь в э́ту поднебе́сную* тюрьму́ и возгласи́л*: «Ста́роста*! Но́мер сто девяно́сто пя́тый!». Ста́роста-аресга́нт* подошёл ко мне, юмористи́чески* приве́тствовал* — «добро́° пожа́ловать*», вписа́л* меня́ сто девяно́сто пя́тым в спи́сок° аресто́ванных и повёл разы́скивать* ме́сто для ночле́га. Две со́тни люде́й гу́сто населя́ли* э́то черда́чное* помеще́ние, так что найти́ свобо́дное ме́сто на на́рах* оказа́лось де́лом сло́жным; наконе́ц, в глубине́ второ́й ко́мнаты меня́ приняла́ в свою́ «пятёрку*» гру́ппа люде́й, сиде́вших на на́рах*. Электри́ческие° ла́мпочки под потолко́м* ту́скло* освеща́ли* помеще́ние, и я ещё не мог как* сле́дует* осмотре́ться* в густо́й толпе́ заключённых°. Впро́чем, большинство́ уже́ спа́ло; немно́гие сиде́ли и бесе́довали, разби́вшись* на гру́ппы.

Гру́ппа, приня́вшая° меня́ объясни́ла, что все заключённые разби́ты на пятёрки; ка́ждая пятёрка* — самостоя́тельная «обе́денная* едини́ца*»: ей подаётся к обе́ду и у́жину одна́ ми́ска* на пятеры́х*. При бы́строй теку́чести* населе́ния° э́той черда́чной тюрьмы́, ка́ждый день составля́ются но́вые спи́ски аресто́ванных и происхо́дит но́вое деле́ние* на пятёрки. Предло́женное мне ло́же* состоя́ло из го́лых досо́к*, на них я тут же растяну́лся*, утомлённый* путеше́ствием и ещё не окре́пший* по́сле боле́зни.

Соста́в° мое́й пятёрки оказа́лся весьма́ разнообра́зным°:

Пожило́й* обрю́згший* челове́к, бы́вший вое́нный чино́вник, волочи́вший* ле́вую но́гу, неда́вно

Glosses:

admissions registration who are arrested — регистрационную, пропускную, арестованных
registration office — регистратуру
filled out form — заполнили, анкету
cellars — подвалах
attic Cheka headquarters — чердак, чрезвычайки
big — обширных
rooms — помещения
escort sullen attic guard having jangled — Конвойр, хмурому, чердачному, стражу, загремев
subcelestial — поднебесную
shouted "trustee" — возгласил, Староста
trustee-prisoner humorously greeted "welcome" — Староста-арестант, юмористически, приветствовал, добро, пожаловать
inscribed — вписал
list search — список, разыскивать
sleeping place populated — ночлега, населяли
attic — чердачное
board beds — нарах
quintet — пятёрку
board beds electric ceiling — нарах, Электрические, потолком
dimly lighted — тускло, освещали
properly look around — следует, осмотреться
prisoners — заключённых
having broken off — разбившись
accepted — принявшая
quintet — пятёрка
"meal unit" — обеденная, единица
large bowl five members — миска, пятерых
flux population — текучести, населения
division — деление
bed — ложе
boards stretched out wearied regained my strength — досок, растянулся, утомлённый, окрепший
constituency — Состав
diverse — разнообразным
elderly flabby former dragged — Пожилой, обрюзгший, бывший, волочивший

подстре́ленный* о́коло грани́цы Финля́ндии. Тепе́рь его́ обвиня́ли* в попы́тке° перейти́ э́ту грани́цу; настро́ен° он был мра́чно и не ждал впереди́ ничего́ хоро́шего.

То́лстенький*, кру́гленький*, сы́тенький* и то́же немолодо́й евре́й°, приведённый на черда́к незадо́лго пе́редо мно́ю, ещё не допро́шенный*, но предполага́вший°, очеви́дно, не без основа́ний°, — что обвиня́ть его́ бу́дут в спекуля́ции* сахари́ном*. Э́тот был настро́ен оптимисти́чно и всё повторя́л: «Спекуля́ция! Ну, и что тако́е спекуля́ция? Проста́я торго́вля°! Ну, и кто же тепе́рь не займа́ется э́тим?»

Молодо́й и бра́вый* эсто́нец-солда́т*, вся вина́ кото́рого была́ в том, что в разгово́рах с прия́телями он не раз говори́л, как хоте́л бы попа́сть° на ро́дину и как пло́хо, тру́дно и го́лодно живётся тепе́рь «в э́том прокля́том* революцио́нном Петербу́рге». Он сиде́л здесь уже́ бо́льше неде́ли, и голо́дный блеск его́ глаз пока́зывал, как нелегко́ даётся* ему́ тако́е сиде́ние*; говори́л всё бо́льше о еде́, расска́зывал о национа́льных эсто́нских блю́дах и пригова́ривал*: «Вот за́втра са́ми уви́дите, что здесь называ́ется обе́дом: жу́ткое* де́ло!»

Четвёртый, борода́тый° новгоро́дский* мужи́к, церко́вный ста́роста в своём селе́; аресто́ван и привезён в Петербу́рг «по церко́вным дела́м», а по каки́м и́менно, объясни́ть не мог, да и сам то́лком°, повиди́мому°, не понима́л.

wounded

accused attempt
"his mood"

fat round podgy
Jew
interrogated
supposed foundation
speculation saccharine

trade

rough-looking Estonian
soldier

"go"

damned

"affected"
sitting

repeating
terrible

bearded Novgorod

"plainly"
obviously

Вопро́сы к те́ксту

1. Когда́ арестова́ли Ива́нова-Разу́мника?

2. Где он жил в э́то вре́мя?

3. Как де́йствовал аге́нт до того́, как приступи́л к о́быску?

4. Почему́ аге́нт Чеки́ пришёл в уны́ние?

5. Когда́ был зако́нчен о́быск?

6. Что взял с собо́й Ива́нов-Разу́мник?

7. Когда́ они́ при́были в Петербу́рг?

8. Где бы́ло тогда́ зда́ние Чеки́?

9. Куда́ его́ отпра́вили в том зда́нии?

10. Что на́чал ста́роста иска́ть для него́?

11. Како́й величины́ был черда́к?

12. Ско́лько аресто́ванных там держа́ли?

13. За что был аресто́ван евре́й?

14. Почему́ там был эсто́нец-солда́т?

15. Кто был четвёртым в их гру́ппе?

Подгото́вка к чте́нию

---

1. С непривы́чки бы́ло тру́дно засну́ть, несмотря́ на всю уста́лость, и не то́лько потому́, что го́лые до́ски дава́ли себя́ чу́вствовать, но и потому́, что задыха́лся в густо́м воню́чем во́здухе помеще́ния, до отка́за наби́того людьми́.

2. Они́ подтвердя́т вам, что вступа́я реда́ктором литерату́рного отде́ла их газе́ты, я заяви́л центра́льному комите́ту, приглаша́вшему меня́ принима́ть уча́стие в его́ заседа́ниях, что чле́ном па́ртии не состою́.

3. Никака́я ложь не помо́жет! Я вас вы́веду на чи́стую во́ду!

4. Он углуби́лся в рассмотре́ние па́чки взя́тых у меня́ при о́быске пи́сем, бума́г и книг.

5. А вот вы не хоти́те меня́ поня́ть, что ва́ше запира́тельство то́лько отягчи́т ва́шу вину́ и са́мым печа́льным о́бразом отрази́тся на ва́шей дальне́йшей судьбе́.

1. From want of habits, it was hard to go to sleep notwithstanding all my tiredness and not only because the bare boards made themselves felt, but also because it was hard to breathe in the close evil-smelling air of the room which was absolutely jam-packed with people.

2. They will confirm to you that upon becoming the editor of the literary section of their paper, I declared to the central committee which had invited me to take part in its sessions, that I was not a member of the party.

3. No sort of lie is going to help you! I'll bring you out in the open.

4. He sank into an examination of the packet of letters, papers, and books that had been taken from me during the search.

5. But you don't wish to understand me, when I say that your denial only will aggravate your guilt and will be reflected in your fate in a most unfortunate manner.

2

Пя́тым был я. А я за что сюда́ попа́л?

Пока́ я, лёжа на доска́х, разговори́лся со свои́ми
сосе́дями, ко мне подошли́ из пе́рвой ко́мнаты два
челове́ка и назва́ли меня́ по и́мени и о́тчеству. Я их
то́же призна́л — рабо́чие, ле́вые эсе́ры, не раз
быва́вшие° по дела́м заво́да в реда́кции° «Зна́мя
труда́»[1] и в петербу́ргском комите́те па́ртии. Они́
рассказа́ли мне, что вот уже́ три дня иду́т аре́сты
среди́ бы́вших* ле́вых эсе́ров по обвине́нию в
за́говоре°, о кото́ром никто́ из них реши́тельно
ничего́ не слыха́л; они́ полага́ли, что и я аресто́ван
в связи́ с э́тим же де́лом. Э́то бы́ло вполне́ правдо-
подо́бно*, и че́рез не́сколько часо́в я убеди́лся, что
так оно́ и бы́ло в действи́тельности.

Черда́к понемно́гу стиха́л*, со́нные* всхра́пы*
слы́шались отовсю́ду*. С непривы́чки* бы́ло тру́дно
засну́ть, несмотря́ на всю уста́лость, и не то́лько
потому́, что го́лые до́ски дава́ли себя́ чу́вствовать,
но и потому́, что задыха́лся* в густо́м воню́чем*
во́здухе помеще́ния, до отка́за* наби́того* людьми́.
А тут ещё по́лчища* клопо́в* ста́ли пия́вить* не-
перено́сно*. К тому́ же ча́сто открыва́лась тюре́м-
ная* дверь и страж* зы́чно* выклика́л* чью́-нибудь
фами́лию — «на допро́с*»! Ста́росте приходи́лось
иска́ть вы́званного* среди́ спя́щих*, буди́ть* для
э́того чуть* ли* не* всех поголо́вно*. Не успе́ешь
задрема́ть*, как сно́ва зы́чное* «на допро́с*», и
начина́ется пре́жняя исто́рия. Так провёл я ме́жду
сном и полубде́нием* до́брую полови́ну но́чи; был
уже́ тре́тий час, когда́ я сквозь дремо́ту* услы́шал
свою́ фами́лию.

Меня́ провели́ во второ́й эта́ж, в я́рко освещён-
ную° ко́мнату, где за пи́сьменным столо́м сиде́л
сле́дователь°, молодо́й челове́к в вое́нной фо́рме*.
Я сразу́ его́ узна́л: год тому́ наза́д он ходи́л в

had been   editorial office

former

plot

probable

fell silent   sleeping   grunts
from everywhere   want of
habit

gasped   stinking

to overflowing   crammed

horde   bed bugs   bite
unbearably
jail   guard   loudly   called
out
interrogation
one who was called
sleepers   awake
almost   without exception
doze off   loud   interrogation

half waking

doze

lighted

investigator   uniform

1. *The Banner of Labor*, a newspaper published by the Left Socialist
Revolutionaries.

лѐвых эсѐрах, я ча́сто его́ встреча́л обива́ющим* поро́ги° парти́йного° комите́та ря́дом* с редакцио́нной* ко́мнатой « Зна́мени труда́ »; знако́м я с ним нѐ был, и он име́л все основа́ния полага́ть°, что я его́ не зна́ю и́ли не узна́ю. Незадо́лго* до уби́йства Ми́рбаха,[2] он исче́з с горизо́нта°, переки́нулся* к коммуни́стам — и вот тепе́рь всплыл* одни́м из сле́дователей Чеки́. Как бы́вшему лѐвому эсѐру, ему́ и пору́чено* бы́ло разобра́ть*, а верне́е — состря́пать* де́ло о несуществова́вшем* за́говоре его́ бы́вших парти́йных това́рищей. Кто он был — не зна́ю и фами́лии его́ не по́мню: по его́ слова́м во вре́мя моего́ допро́са, выходи́ло, что я до револю́ции был студе́нтом университе́та, чему́, одна́ко, пло́хо ве́рилось. По́сле оконча́ния моего́ допро́са, он сде́лал на его́ листе́° заключи́тельную* на́дпись*, начина́вшуюся слова́ми: « Настоя́щим* удостоверя́ю*…»

Предложи́в мне запо́лнить* обы́чную анке́ту*, сле́дователь взял её у меня́, просмотре́л, и, возвраща́я, сказа́л:

— Вы даёте ло́жное* показа́ние*. На вопро́с, бы́ли ли вы чле́ном* како́й-либо полити́ческой па́ртии, вы отве́тили « не парти́йный »° (так всегда́ писа́л я в анке́тах*, вме́сто обы́чного « беспарти́йный* »). Зачеркни́те* это и напиши́те пра́вду: был чле́ном па́ртии лѐвых социали́стов-революционе́ров.

— Ника́к не могу́ э́того сде́лать, — отве́тил я, — так как э́то бы́ло бы непра́вдой°. Никогда́ чле́ном па́ртии нѐ был.

— Деся́тки* свиде́телей пока́жут проти́вное!

— За свиде́телями недо́лго ходи́ть, — сказа́л я, — в ва́ших тю́рьмах сиди́т ряд чле́нов центра́льного комите́та па́ртии: они́ подтвердя́т вам, что вступа́я реда́ктором литерату́рного отде́ла их газе́ты, я заяви́л центра́льному комите́ту, приглаша́вшему меня́ принима́ть уча́стие в его́ заседа́ниях, что чле́ном па́ртии не состою́*.

2. Count Mirbach, the German ambassador assassinated in Moscow on July 6, 1918, by a Left Socialist Revolutionary as a protest against the Brest-Litovsk Treaty.

— Но тем не ме́нее вы постоя́нно быва́ли в центра́льном комите́те. Ведь вы состоя́ли* его́ чле́ном?

"were"

— Что же из того́, что быва́л? Вы ведь то́же постоя́нно быва́ли в петербу́ргском комите́те па́ртии, одна́ко же чле́ном его́ не состоя́ли?

Сле́дователь гу́сто покрасне́л°, узна́в, что я его́ узна́л, и стал вести́ допро́с в бо́лее гру́бом то́не.

flushed

— Никака́я ложь° не помо́жет! Я вас вы́веду на чи́стую во́ду! Но бы́ли вы и́ли не́ были чле́ном па́ртии, а уча́стие в то́лько что раскры́том* за́говоре ле́вых эсе́ров принима́ли, а, мо́жет быть, и возглавля́ли* его́, мы до э́того ещё доберёмся*! Напиши́те здесь своё чистосерде́чное* призна́ние, оно́ мо́жет облегчи́ть* ва́шу у́часть*.

lie

uncovered

headed   "get at the truth"

sincere

lighten   fate

В ука́занном мне ме́сте я написа́л, что о за́говоре ле́вых эсе́ров впервы́е услы́шал от сле́дователя, а зна́чит ника́к не мог принима́ть в нём уча́стия, бу́де* тако́й за́говор действи́тельно существова́л.

if

— Вам же бу́дет ху́же, — сказа́л сле́дователь, прочита́в мой отве́т, — сове́тую вам ещё пораздума́ть*.

think it over

И он углуби́лся* в рассмотре́ние* па́чки* взя́тых у меня́ при о́быске пи́сем, бума́г и книг. « Антроподи́цея » останови́ла на себе́ его́ внима́ние. Помолча́в, он всё-таки реши́лся спроси́ть — что зна́чит э́то сло́во? Пото́м уси́ленное* внима́ние обрати́л на мою́ записну́ю* кни́жку, а в ней — на адреса́ знако́мых; фами́лии и адреса́ э́ти он подчёркивал* карандашо́м, а пото́м стал перепи́сывать* на отде́льные листки́* бума́ги. Э́то мне не понра́вилось, и как оказа́лось пото́м, не без основа́ния.

buried himself   inspection   packet

concentrated

note

underlined

copy

sheets

Прошёл час, в тече́ние кото́рого сле́дователь занима́лся свое́й рабо́той, а я до́лжен был сиде́ть и « ещё поду́мать ». Зако́нчив рабо́ту и сно́ва связа́в° все бума́ги и кни́ги в па́чку*, сле́дователь спроси́л:

having tied

packet

— Ну что, наду́мались*?

made up your mind

— Не име́л э́той возмо́жности, — отве́тил я.

— О́чень жаль. Мы с ва́ми лю́ди интеллиге́нтные, я ведь был студе́нтом университе́та, мы могли́ бы поня́ть друг дру́га. А вот вы не хоти́те меня́ поня́ть, что ва́ше запира́тельство* то́лько отягчи́т* ва́шу вину́ и са́мым печа́льным о́бразом отрази́тся* на

denial   aggravate

be reflected

вашей дальнейшей судьбе. Подпишитесь под допро-
сом — и ждите всего худшего*.

— Буду надеяться на всё лучшее, — сказал я,
подписывая бумагу, после чего и он « настоящим*
удостоверил* », потом позвонил и велел стражу*
отвести меня обратно на чердак*.

Было четыре часа утра.

В пять часов утра — как я потом узнал — ряд
автомобилей с чекистами* подъезжали в разных
частях города к домам, где жили мои знакомые,
адреса которых я имел неосторожность* занести* в
свою записную* книжку (с этих пор никогда больше
я этого не делал). Были арестованы и отвезены* на
« Гороховую 2 »: поэт Александр Блок с набереж-
ной* реки Пряжки, писатель Алексей Ремизов,
художник Петров-Водкин, историк М. К. Лемке —
с Васильевского острова*; писатель Евгений Замя-
тин — с Моховой улицы; профессор С. А. Венгеров
— с Загородного проспекта*, — ещё, и ещё, со всех
концов Петербурга, где только ни жили мои зна-
комые.³ Какая бурная* деятельность бдительных*
органов° советской власти!

the worst

"hereby"

attested guard

attic

Cheka agents

carelessness enter

note

brought

embankment

island

avenue

stormy vigilant

organs

3. Prominent intellectuals of the period, of whom the best known are
A. Blok (1880–1921), the greatest Russian poet of his time, and E.
Zamyatin (1884–1937), the author of the antiutopian novel *We* (1924).

Вопро́сы к те́ксту

1. Кто подошёл на чердаке́ к Ива́нову-Разу́мнику?

2. О чём он узна́л от них?

3. Почему́ он не мог спать?

4. Когда́ его́ вы́звали на допро́с?

5. Кто был его́ сле́дователем?

6. Почему́ э́тому бы́вшему студе́нту бы́ло пору́чено рассле́довать э́то де́ло?

7. Почему́ сле́дователь ду́мал, что Ива́нов-Разу́мник дал ло́жное показа́ние?

8. Кем был Ива́нов-Разу́мник в э́то вре́мя?

9. Кто мог подтверди́ть, что он не́ был чле́ном па́ртии?

10. Почему́ сле́дователь заста́вил его́ ждать?

11. Что в э́то вре́мя де́лал сле́дователь?

12. Когда́ и чем око́нчился допро́с?

13. Что осо́бенно повреди́ло знако́мым Ива́нова-Разу́мника?

Подготовка к чтению

1. Когда́ поздне́е я спроси́л его́, каки́м чу́дом он в ту ночь избежа́л аре́ста, он отве́тил, что чу́до э́то объясня́ется хоро́шим к нему́ отноше́нием управля́ющего до́мом.

   1. When I asked him later by what miracle he had escaped arrest on that night, he replied that this miracle was to be explained by the good will toward him of the manager of his house.

2. Поразмы́слив немно́го, чеки́ст сказа́л: «А ну его́ в боло́то! » — махну́л руко́й и уе́хал, не пожела́в бо́лее разы́скивать како́го-то там Сологу́ба.

   2. Having pondered for a moment, the Cheka official said: "To hell with him!" —waved his hand in the air and left, not wanting to spend any longer looking for some Sologub there.

3. Замя́тин стал хохота́ть, что привело́ в негодова́ние сле́дователя, всё того́ же малогра́мотного студе́нта: над чем тут смея́ться?

   3. Zamyatin started to laugh thereby annoying the investigator—the very same semiliterate student [who had examined me]: what is there to laugh about here?

4. В каки́х отноше́ниях и сноше́ниях нахо́дятся с ним в настоя́щее вре́мя? Каки́е бесе́ды вёл он с ни́ми обыкнове́нно?

   4. What attitude do they have [toward him] and what are their relations with him at the present time? What kinds of conversations did he usually have with them?

5. Будь вы настоя́щим маркси́стом, вы бы зна́ли, что мелкобуржуа́зная просло́йка попу́тчиков большеви́зма име́ет тенде́нцию к саморазложе́нию, и что то́лько рабо́чие явля́ются неизме́нно кла́ссовой опо́рой коммуни́зма.

   5. If you were a real Marxist you would know that the petty bourgeois stratum of the fellow-travellers of Bolshevism have a tendency towards disintegration and that only the workers are the invariable class support of Communism.

Лишь оди́н из мои́х знако́мых писа́телей, а́дрес
кото́рого, одна́ко, зна́чился в мое́й записно́й кни́жке,
уцеле́л* среди́ всей э́той вакхана́лии* бессмы́слен-
ных* аре́стов: Фёдор Сологу́б.[1] Когда́ поздне́е я
спроси́л его́, каки́м чу́дом° он в ту ночь избежа́л*
аре́ста, он отве́тил, что чу́до э́то объясня́ется хоро́-
шим к нему́ отноше́нием* управля́ющего* до́мом.
Автомоби́ль подъе́хал и к их до́му, чеки́ст* потре́-
бовал от управдо́ма* спра́вки* — живёт ли в
кварти́ре но́мер тако́й-то, не́кий* Фёдор Сологу́б
(не подозрева́я, что э́то не фами́лия, а псевдони́м*).
Управля́ющий°, игра́я в наи́вность* и удивле́ние,
отве́тил, что в кварти́ре но́мер тако́й-то живёт
граждани́н° Тете́рников, а никако́го Сологу́ба в
вве́ренном° ему́ до́ме никогда́ не быва́ло. Пораз-
мы́слив* немно́го, чеки́ст сказа́л: «А ну́ его́ в
боло́то°!» — махну́л* руко́й и уе́хал, не пожела́в
бо́лее разы́скивать* како́го-то там Сологу́ба. Так
после́дний и избежа́л удово́льствия познако́миться
с чердако́м Чеки́.

Всех остальны́х доста́вили° на Горо́ховую, но не
отпра́вили из регистрату́ры* на черда́к, где они́
могли́ бы встре́титься и сговори́ться* со мно́ю, а
держа́ли в други́х помеще́ниях и ста́ли поочерёдно*
вызыва́ть на допро́сы. Там их огора́шивали* со-
обще́нием°, что аресто́ваны они́, как уча́стники
за́говора ле́вых эсе́ров. Ка́ждый из них реаги́ровал*
на э́ту глу́пость° соотве́тственно* своему́ темпера́-
менту*. Масти́тый* профе́ссор С. А. Венге́ров
споко́йно сказа́л: «Мно́го неле́постей* слы́шал на
веку́*, но э́та — цари́ца* неле́постей». Е. И. Замя́тин
стал хохота́ть, что привело́ в негодова́ние° сле́дова-
теля, всё того́ же малогра́мотного* студе́нта: над
чем тут смея́ться? Де́ло ведь серьёзное! Как ни
стара́лся сле́дователь внуши́ть* аресто́ванным, что
они́ — ле́вые эсе́ры и загово́рщики*, ничего́ из

remained untouched
  bacchanalia
senseless

miracle escaped

attitude manager

Cheka agent

manager information

a certain

pseudonym

manager naiveté

citizen

entrusted

having reflected

swamp waved

search for

delivered

registration office

agree on a plan

in turn

stupified

communication

reacted

idiocy corresponding

temperament venerable

absurdities

in my time queen

indignation

semiliterate

prompt

plotters

---

1. Fëdor Sologub, the nom de plume of F. K. Teternikov (1863–
1927), a leading symbolist poet and novelist.

э́того не выходи́ло; тогда́ он предложи́л ка́ждому из них запо́лнить* лист подро́бным* отве́том на вопро́сы: как и когда́ они́ познако́мились с ле́вым эсе́ром, писа́телем Ива́новым-Разу́мником? В каки́х отноше́ниях и сноше́ниях* нахо́дятся с ним в настоя́щее вре́мя? Каки́е бесе́ды вёл он с ни́ми обыкнове́нно, а за после́днее вре́мя — в осо́бенности?

Ка́ждый из аресто́ванных, кро́ме обы́чной анке́ты*, запо́лнил и лист отве́тов на э́ти вопро́сы, по́сле чего́ э́тих опа́сных госуда́рственных престу́пников°, продержа́в* на Горо́ховой ме́ньше су́ток*, ста́ли отпуска́ть* по дома́м. Кака́я бессмы́слица* — и с каки́м серьёзным ви́дом она́ де́лалась!

Исключе́ние соста́вили два челове́ка — писа́тель Евге́ний Замя́тин и поэ́т Алекса́ндр Блок: пе́рвого вы́пустили неме́дленно же по́сле допро́са, так что пребыва́ние* его́ во чре́ве* Чеки́ бы́ло всего́ часа́ два; второ́го задержа́ли* на це́лые су́тки* и отпра́вили на чер́да́к.

Е. И. Замя́тин так расска́зывал мне о сце́не допро́са. Нахохота́вшись* вдо́воль* по по́воду предъя́вленного* ему́ обвине́ния, он подро́бно описа́л° о на́шем знако́мстве и отноше́ниях, а та́кже запо́лнил лист неизбе́жной* анке́ты, причём на вопро́с — не принадлежа́л ли к како́й-либо полити́ческой па́ртии, отве́тил кра́тко: «Принадлежа́л». По́сле чего́ ме́жду ним и сле́дователем произошёл тако́й диало́г*:

— К како́й па́ртии принадлежа́ли? — спроси́л сле́дователь, предвкуша́я* возмо́жность полити́ческого обвине́ния.

— К па́ртии большевико́в!

В го́ды студе́нчества* Е. И. Замя́тин действи́тельно входи́л в ряды́ э́той па́ртии, я́рым* проти́вником кото́рой стал в го́ды револю́ции. Сле́дователь был соверше́нно сбит* с то́лку*:

— Как! К па́ртии большевико́в?

— Да.

— И тепе́рь в ней состои́те?

— Нет.

— Когда́ же и почему́ из неё вы́шли?

— Давно́, по иде́йным* моти́вам.

— А тепе́рь, когда́ па́ртия победи́ла, не сожале́- *regret*
ете° о своём ухо́де?

— Не сожале́ю.

— Объясни́те, пожа́луйста. Не понима́ю!

— А ме́жду тем поня́ть о́чень про́сто. Вы комму-
ни́ст?

— Коммуни́ст.

— Маркси́ст?

— Маркси́ст.

— Зна́чит плохо́й коммуни́ст и плохо́й маркси́ст.
Будь° вы настоя́щим маркси́стом, вы бы зна́ли, что *if*
мелкобуржуа́зная* просло́йка* попу́тчиков* боль- *petty-bourgeois stratum* *fellow-travellers*
шеви́зма име́ет тенде́нцию к саморазложе́нию*, и *disintegration*
что то́лько рабо́чие явля́ются неизме́нно* кла́ссо- *invariably*
вой° опо́рой* коммуни́зма. А так как я принадлежу́ *class support*
к кла́ссу мелкобуржуа́зной интеллиге́нции, то мне
непоня́тно, чему́ вы удивля́етесь.

Э́та ирони́ческая* аргумента́ция* так подейство́- *ironic argumentation*
вала* на сле́дователя, что он тут же подписа́л о́рдер *acted*
на освобожде́ние, и Замя́тин пе́рвым из аресто́ван-
ных вы́шел из узи́лища*. *prison*

Ино́е де́ло бы́ло с Алекса́ндром Бло́ком. Он был
я́вно° свя́зан с ле́выми эсе́рами: поэ́ма « Двена́д- *clearly*
цать »[2] появи́лась в парти́йной газе́те « Зна́мя
труда́ », там же был напеча́тан* и цикл* его́ стате́й *published cycle*
« Револю́ция и интеллиге́нция », то́тчас° же вы́шед- *immediately*
ший* отде́льной брошю́рой* в парти́йном изда́тель- *came out pamphlet*
стве*. В журна́ле ле́вых эсе́ров « Наш путь » сно́ва *press*
появи́лись « Двена́дцать » и « Ски́фы* », вы́шедшие *Scythians*
опя́ть-таки* в парти́йном изда́тельстве* отде́льной *again press*
кни́жкой с мое́й вступи́тельной* статьёй. Ну как же *introductory*
не ле́вый эсе́р? Поэ́тому допро́с Алекса́ндра Бло́ка
затяну́лся*, и в то вре́мя, как всех други́х вме́сте с *stretched out*
ним аресто́ванных ма́ло-пома́лу° по́сле допро́сов *little by little*
отпуска́ли* по дома́м, его́ перевели́* на черда́к. *released transferred*
Меня́ он там уже́ не заста́л°, я был уже́ отпра́влен* *found sent off*
в да́льнейшее путеше́ствие, но за́нял он как* раз° то *just*
ме́сто на доска́х, где я провёл предыду́щую* ночь, *preceding*
и вошёл в ту же мою́ « пятёрку ». Одновре́менно с *quintet*

---

2. Blok's mystical and enigmatic poem that became the literary embodiment of the attitude of many Russian (and non-Russian) intellectuals toward the Revolution.

ним попа́л на черда́к и стал сосе́дом Бло́ка наш бу́дущий° «учёный секрета́рь» Вольфи́лы[3] А. З. Штейнберг.

Че́рез год по́сле сме́рти Бло́ка, он напеча́тал* в вольфи́льском сбо́рнике*, посвящённом* па́мяти поко́йного поэ́та, свой о́чень живы́е воспомина́ния о том, как а́втор «Двена́дцати» — «весь* свобо́ды торжество́°» — провёл э́тот день 14 февраля́ на чердаке́ Чеки́. На сле́дующий день Алекса́ндр Блок был освобождён.

future

published
anthology   dedicated

"embodiment"
triumph

---

3. *Volfila*, an acronym of *Vol'naya filosofskaya assotsiatsiya* (Free Philosophical Association).

Вопро́сы к те́ксту

1. Кто из прия́телей Ива́нова-Разу́мника не́ был аресто́ван?

2. Кто спас Сологу́ба?

3. Почему́ управля́ющий мог сказа́ть, что он не зна́ет Сологу́ба?

4. В чём обвиня́ли всех аресто́ванных?

5. Что привело́ в негодова́ние сле́дователя?

6. Что сде́лали, по́сле заполне́ния анке́ты, с э́тими аресто́ванными?

7. Кого́ задержа́ли на це́лые су́тки?

8. Чем удиви́л Замя́тин сле́дователя?

9. Почему́ задержа́ли Бло́ка?

10. Каки́е произведе́ния Бло́ка бы́ли напеча́таны в журна́ле « Наш путь »?

11. Кто и где описа́л день, проведённый Бло́ком на чердаке́ Чеки́?

Казнь Достоёвского

THE VRANGEL FAMILY was representative of the class of Russian nobility known as the Baltic or East Sea Barons and could trace their origin to a commander of the Revel (Estonia) garrison in 1219. With the acquisition of the Baltic area by Russia in the eighteenth century, the Vrangels became loyal subjects of the Tsars and contributed a great many military leaders and civilian administrators to the service of the state. Perhaps the most famous was Baron F. P. Vrangel (1796–1870), who first explored much of northeastern Siberia and Alaska. Both Wrangell Island in the Arctic Ocean and Mount Wrangell, the Alaskan volcano are named after him. The last noble Vrangel was the supreme commander of the White armies in their futile attempt to overthrow the Bolshevik government in the civil war that raged between 1918 and 1921. In all, the Vrangel family provided Russia with some twenty generals and admirals and any number of lesser officials.

Baron Aleksandr Vrangel had a much less spectacular career. Trained as a lawyer, Vrangel spent the early years of his working life as a civil servant in Kazakhstan and also served as an archeologist and secretary on various expeditions in Central Asia, Eastern Siberia, and China. The greater part of his long career was, however, spent in the diplomatic corps. Had it not been for a singular coincidence, Vrangel's name would have been forgotten. In 1854, after the completion of his law studies, he was appointed to his first post—Procurator of

BARON ALEKSANDR E. VRANGEL
(1833–1912)

Semipalatinsk in Kazakhstan. It was here that the young civil servant met the writer Dostoevsky.

In 1849, Feodor Dostoevsky was the twenty-eight-year-old author of one successful novel—*Poor Folk* (1846). This novel, which had been hailed by the critic Belinsky as the beginning of the social protest novel in Russian literature, brought its neurotic young author to the center of public attention. His subsequent works had, however, been much less successful. Like many of the younger members of the intelligentsia, Dostoevsky was interested in utopian Christian socialism and in 1847 he began to attend Friday evening discussions held at the home of Mikhail Petrashevsky. On the whole the conversations at Petrashevsky's were of a purely idealistic character. Within the circle, however, there were a few members with more extreme ideas. These involved the establishment of an illegal printing press and the circulation of propaganda aimed at the liberation of the serfs—if necessary by means of an uprising. Dostoevsky was apparently a member of this inner group.

The police, however, were well-informed about the activities of the larger circle from the beginning. In April 1849, Nicholas I personally ordered the arrest of the members of the entire group. The members of the "conspiracy" were all sentenced to death and the execution was scheduled for December 22. Unbeknown to the prisoners, Nicholas had already remanded the death sentences in favor of prison terms and exile. However, as a morbid object-lesson to the prisoners, the execution ceremony was to proceed up to the final moment when a special courier was to appear bringing word of the Tsar's mercy.

The writer was sentenced to four years in a penal colony to be followed by four years as an army enlisted man. In February 1854, Dostoevsky was released from prison and sent to Semipalatinsk in Kazakhstan to begin his four years in the army. Shortly after this the new procurator appeared to take up his duties. Vrangel had read *Poor Folk* and knowing that its author was in Semipalatinsk had even brought him a package and some mail. The two men became friends and the young procurator did a great deal to lighten Dostoevsky's burden by arranging fictitious duties for the soldier-writer. Not only did he supply the author with books and periodicals, but introduced him into the homes of the local leaders of society. It was here that Dostoevsky met his first wife. Although she was still married at the time, Vrangel helped his new friend to arrange meetings with her. Following the death of the husband, Dostoevsky, drawing on the financial assistance of his protector, married the young widow. Vrangel was also instrumental in obtaining permission for the exiled writer to return to European Russia on the expiration of his army service. The writer maintained a correspondence with his benefactor for several years while he was re-establishing himself in the literary world.

Dostoevsky's experiences in these years of prison and exile exerted a major influence on his later mature work and their role cannot be overestimated. Somehow the writer came to believe that his punishment was fully deserved and that through it, he had expiated his guilt. There can be no question that the great, psychologically complex, tortured novels of his later years would have never been written had it not been for these experiences. Vrangel's recollections are almost the only source of information we have on the crucial years in Dostoevsky's life between his release from prison and his return to St. Petersburg in December 1859, exactly ten years after his mock-execution.

Toward the end of his life Vrangel published a book of memoirs about his experiences with the great writer. Although Vrangel actually met Dostoevsky for the first time in Semipalatinsk he had seen the author on one previous occasion. While still a schoolboy, Vrangel, completely by chance, had happened to be present at the execution ceremony of the members of the Petrashevsky circle in December 1849. It is with this episode that Vrangel began his memoirs. The book, called *Vospominaniya o F. M. Dostoevskom v Sibiri (1854–1856)*, was published in 1912. Vrangel's eyewitness account of this dramatic event is given here in its entirety.

Подготóвка к чтéнию

1. Долбёж вся́кой изли́шней му́дрости шёл стра́шный, и еди́нственное, что нас интересовáло — был э́тот вопрóс.

2. Я жи́во пóмню, как застáл отцá, таи́нственно шéпчущего чтó-то дя́де моему́ нá ухо.

3. Назнáчили нам для кáждого клáсса по гвардéйскому офицéру в пóмощь гувернёрам-воспитáтелям.

4. Госудáрь жестóкостью наказáния ду́мал затормози́ть наплы́в революциóнных идéй с Зáпада.

5. Я узнáл, что Ф. М. Достоéвский тóже заключён в Алексéевский равели́н и что вéских ули́к прóтив негó покá не имéется.

1. The terrific pounding in of every kind of superfluous wisdom went on, and the only thing that interested us was this question.

2. I vividly remember how I came upon my father secretly whispering something in my uncle's ear.

3. They assigned us one guard officer for each class as an aid to the tutors.

4. The Sovereign thought to stem the influx of revolutionary ideas from the West by the harshness of the punishment.

5. I heard that F. M. Dostoyevsky also was imprisoned in the Alekseevsky ravelin and that there was as yet no important evidence against him.

Казнь* Достоевского

execution

1

Революцио́нное движе́ние 1848 го́да в За́падной Евро́пе дово́льно незаме́тно прошло́ для нас в лице́е*.[1] Поли́тикою° мы, ученики́°, тогда́ не занима́лись°, да и вре́мени на э́то не́ было. Долбёж* вся́кой изли́шней* му́дрости° шёл стра́шный, и еди́нственное, что нас интересова́ло — э́то вопро́с: отпу́стят ли нас домо́й в суббо́ту за хоро́шие ба́ллы* и поведе́ние° и́ли в воскресе́нье. Одно́ сло́во « револю́ция » приводи́ло в то вре́мя в смуще́ние* больши́х и ма́лых. Я жи́во* по́мню, как заста́л* отца́, тайнственно° ше́пчущего° что́-то дя́де моему́ на́ ухо; расслы́шав* слова́: Фра́нция°, револю́ция, Луи́-Фили́пп, бе́гство* — я спроси́л его́, о чём э́то они́ говоря́т? Оте́ц, взяв с меня́ сло́во, что я бу́ду молча́ть, рассказа́л нам о переворо́те* в Пари́же, бе́гстве* короля́° и революцио́нном движе́нии в Герма́нии. « Но, ра́ди Бо́га, молчи́... знай, что здесь, в Петербу́рге, сте́ны слы́шат. И так уже́ но́сятся* слу́хи, что образова́лось среди́ вас, моло-дёжи, како́е-то полити́ческое о́бщество ».

В нача́ле 1849 го́да (мне тогда́ ми́нуло* 16 лет, и я был переведён* во II класс лице́я — ста́рший гимнази́ческий* курс) мы узна́ли, что та́йная поли́ция откры́ла за́говор, что схва́чено* мно́го лиц из

Lycée politics pupils
occupy ourselves pounding in
superfluous wisdom

marks

behavior

confusion

vividly came upon

secretly whispering

having made out France

Louis Philippe flight

revolution

flight king

"going around"

"reached"

promoted senior

secondary school

seized

---

1. Tsarskoselsky Lycée was the imperial boarding school for the children of the aristocracy where they were trained for state service. Many prominent Russian political and cultural figures attended the school.

óбщества и, между* прóчим*, бывшие* лицеисты* — Буташéвич-Петрашéвский, Николáй Спéшнев, Николáй Кашкин и Алексáндр Европéус.[2] Я их всех знал, встречáя в óбществе и в лицéе, кудá они чáсто приезжáли к бывшим млáдшим своим товáрищам. К томý же наш инспéктор, полкóвник Н. И. Миллер, был близкий рóдственник Кашкинá. Говорили, что госудáрь Николáй I недовóлен лицéем — « дух худóй ». И вот в один прекрáсный день мы услышали в 6 часóв утрá, вставáя, барабáнный* бой* на плóщáдке* лéстницы пéред спáльнями*. Дядьки* нáши, все ветерáны* 12-го гóда,[3] пояснили* нам, что это цáрская милость°; что отныне* бýдет «муштрóвка*». Нас бýдут учить стрóю* и дадýт унтеров* лéйб-гвардéйского* гренадéрского* полкá, — казáрмы* их примыкáли* к нáшему сáду-пáрку.

"among others" former Lycée-students

drum roll
landing bedrooms orderlies
veterans explained beneficence henceforth muster
military drill noncoms guards grenadier barracks adjoined

Действительно, скóро назнáчили нам для кáждого клáсса по одномý гвардéйскому* офицéру в пóмощь гувернёрам-воспитáтелям° и ежеднéвно° учили марширóвке* и воéнным построéниям*. Осóбенно стрóго нáчали следить за чтéнием, отбирáли* все привозимые* из дóма книги, запрещáли* все газéты, и воспитáтели* вскрывáли* дáже нáши письма, осóбенно загранично*. Однáжды вéчером мой добрéйший* воспитáтель Г. Плец, нéмец, бывший* студéнт Гейдельбéргского* университéта, образóванный, гумáнный*, сохранивший мнóго замáшек* нéмца — « бýрша*», — тáинственно посовéтовал* нам припрятать* « вóльные* стихи», книги, die Liberalen,[4] так как, тóлько что мы уляжемся* спать, прибывáет° жандáрмский офицéр осмáтривать* контóрки*. У меня, крóме какиx-то стихóв Пýшкина, ничегó не было, и я запрятал их под тюфяк*. Óбыск сошёл* благополýчно° во всех

guard
tutors daily
marching formations
took away
brought forbade
tutors opened
foreign
very kind former
Heidelberg
humane traits
"German university student" advised
hide "free"
lie down
arrives
inspect desks
mattress went off successfully

2. Members of the Petrashevsky Circle (Petrashevtsy), a Christian socialist study group, which secretly advocated a constitutional monarchy.
3. Retired noncommissioned officers who were assigned to the sons of wealthy families as servants. At the Lycée, all were veterans of the campaign of 1812 in which Russia defeated Napoleon.
4. Literally, "free verses," but here referring to handwritten copies of poems that were considered subversive by the government. Some of the work of Aleksandr S. Pushkin (1799–1837), Russia's greatest poet and a former student at the Lycée, circulated in this fashion. The term die Liberalen is apparently used here to designate the Western European liberals whose writings were clandestinely circulated in Russia.

четырёх кла́ссах. Ме́жду те́м де́ло о Петраше́вском
станови́лось всё бо́лее и бо́лее предме́том сало́н-
ных* разгово́ров. Я то́лько что прочёл две по́вести   *salon*
Ф. М. Достое́вского « Бе́дные лю́ди » и « Не́точка
Незва́нова » и о́чень был огорчён* и удивлён, когда́   *distressed*
услы́шал от дя́ди моего́ отца́, Ка́рла Его́ровича
Мандерште́рна, бы́вшего* чле́ном вое́нного ауди-   *former*
ториа́та*, а пото́м коменда́нтом° Петропа́вловской   *tribunal commandant*
кре́пости°,⁵ где сиде́л Петраше́вский, а та́кже от одно-   *fortress*
го́ из суде́й и сена́торов, Алекса́ндра Фёдоровича
Ве́ймарна, что Достое́вский и не́сколько други́х его́
това́рищей приговорены́° к сме́ртной° ка́зни*. По́м-   *sentenced death penalty*
ню, что все недоумева́ли* пред тако́й стро́гостью*   *were bewildered severity*
пригово́ра. Аудиториа́т* присуди́л* их к расстре́-   *tribunal condemned*
ля́нию*, но проси́л госуда́ря о поми́ловании* — э́то   *shooting mercy*
им бы́ло отклонено́*. Госуда́рь Никола́й Па́влович   *rejected*
не мог, вероя́тно, забы́ть дека́брьского* бу́нта* 1824   *Decembrist revolt*
го́да⁶ и жесто́костью* наказа́ния ду́мал затормо-   *harshness*
зи́ть* наплы́в* революцио́нных иде́й с За́пада.   *stem flood*
Ф. М. Достое́вский был приговорён к сме́ртной
ка́зни за чте́ние в одно́м из собра́ний у Петраше́в-
ского письма́ Бели́нского к Го́голю⁷ и, как он мне
впосле́дствии неоднокра́тно* говори́л, никогда́ да́же   *often*
не разделя́л* кра́йних° иде́й Петраше́вского о по-   *shared extreme*
луче́нии* конститу́ции наси́лием*.   *obtainment force*

Ле́том я узна́л от статс-секретаря́ Сахты́нского,
кото́рый вме́сте с Л. В. Дубе́льтом (жанда́рмским
полко́вником)* принима́л у Пантелеймо́нского мо-   *colonel*
ста́ аресто́ванных и снима́л пе́рвый допро́с, что Ф. М.
Достое́вский то́же заключён° в Алексе́евский раве-   *imprisoned*
ли́н* и что ве́ских* ули́к* про́тив него́ пока́ не име́ется.   *ravelin weighty evidence*

5. Petropavlovsk Fortress was the notorious political prison in St.
Petersburg (now Leningrad) and was located on an island in the Neva
river. Many of Russia's leading intellectual and political figures were
confined there. The Alekseevsky ravelin referred to below was the
worst section of the prison.
6. The Decembrist revolt, sometimes called the first Russian revolution, was the work of a group of young army officers who seized upon
the confusion prevailing between the death of Aleksandr I and the
ascension of Nicholas I in order to force the adoption of a constitutional form of monarchy. The five leaders were hung and more than a
hundred were exiled to Siberia where many more died.
7. Nikolaj V. Gogol (1809–52), one of the earliest of the great Russian
writers of the last century, was first hailed by the noted critic V. G.
Belinsky (1811–48) as a literary spokesman for the "little man."
When one of Gogol's later works failed to live up to the liberal
promise of his earlier writings, Belinsky wrote a fiery letter denouncing
him as a renegade. Copies of the letter were widely circulated.

Вопро́сы к те́ксту

1. Что интересова́ло лицеи́стов?

2. О чём рассказа́л оте́ц?

3. Что случи́лось в Росси́и в нача́ле 1849-го го́да?

4. Когда́ роди́лся Вра́нгель?

5. Что случи́лось по́сле того́, как на́чали стро́го следи́ть за чте́нием лицеи́стов?

6. Что реши́л сде́лать Никола́й I, когда́ он стал недово́лен лице́ем?

7. Что посове́товал воспита́тель Вра́нгелю?

8. К чему́ бы́ли приговорены́ петраше́вцы?

9. Почему́ пригово́р был тако́й стро́гий?

10. Что прочёл Достое́вский на собра́нии у Петраше́вского?

Подгото́вка к чте́нию

---

1. Встав часо́в в 8 утра́ 22 декабря́ 1849 г., я уви́дел це́лую верени́цу двуко́нных возко́в-каре́т, е́дущих со стороны́ р. Невы́ по направле́нию к Не́вскому.

2. Оде́вшись на́скоро в мунди́р, набро́сив казённую без подкла́дки шине́ль, наде́в треуго́лку, мы взя́ли изво́зчика — « ва́ньку », как тогда́ говори́ли.

3. Зи́мней шине́ли у меня́ не́ было, так как оте́ц находи́л э́то ро́скошью и был того́ мне́ния, что ма́льчиков на́до закаля́ть, а не ба́ловать.

4. « Ра́ди Бо́га, убира́йся ты отсю́да: не дай Бог нача́льство узна́ет, что ты был на ка́зни, пожа́луй, тебя́ ещё заподо́зрят, как полити́ческого, и вы́гонят из лице́я ».

5. Я ви́дел, как внизу́ о́коло эшафо́та к вко́панным в зе́млю столба́м привя́зывали в бе́лых са́ванах люде́й.

1. Having gotten up at about 8 A.M. on December 22, 1849, I saw a whole string of two-horse cart-carriages going from the direction of the Neva river toward Nevsky Prospect.

2. Having hurriedly put on my uniform, thrown on my official-issue unlined overcoat, and having donned my three-cornered hat, we took a cab—"a hack" as we said then.

3. I didn't have a winter overcoat because father found this a luxury and was of the opinion that one should steel a boy and not spoil him.

4. "For God's sake, get away from here: God forbid that the authorities find out that you were at the execution, they might suspect you of being political and expel you from the Lycée."

5. I saw how down around the execution platform they were tying people in white shrouds to posts that had been implanted in the ground.

2

1849 год* был* холе́рный*. Ма́сса люде́й умира́ла в Петербу́рге, и нас, лице́истов, распусти́ли* по э́тому слу́чаю до сентября́. Призна́юсь, что я и забы́л о петраше́вцах*.

Пе́ред Рождество́м* нас распусти́ли* на пра́здники. Я до́лжен был е́хать к свои́м* в на́ше име́ние°, вёрст за 75 от го́рода по На́рвскому° тра́кту*, но замешка́лся* и жил у дя́ди, баро́на Н. И. Ко́рфа, в ма́леньком деревя́нном одноэта́жном* до́ме гр. Аракче́ева[1] на углу́° Лите́йной и Ки́рочной, где тепе́рь нахо́дится зда́ние вое́нного офице́рского собра́ния°. Дя́дя тогда́ был нача́льником вое́нных поселе́ний*. Встав часо́в в 8 утра́ 22 декабря́ 1849 г., я уви́дел це́лую верени́цу* двуко́нных* возко́в-каре́т*, е́дущих со стороны́ реки́ Невы́ вверх по Лите́йной у́лице по направле́нию к Не́вскому.[2] В таки́х возка́х* тогда́ развози́ли* смоля́нок[3] и бале́тных* учени́ц* театра́льного* учи́лища; но тут же я приме́тил*, что по сторона́м гарцева́ли* жанда́рмы с са́блями* наголо́*. Я теря́лся° в дога́дках*. В э́то вре́мя вошёл мой дя́дя, Влади́мир Ермола́евич Вра́нгель, мла́дший брат отца́, служи́вший в конногренаде́рах*, и объясни́л мне, что э́то везу́т° на Семёновский плац* петраше́вцев, приговорённых к сме́ртной ка́зни*, и что он пришёл со свои́м эскадро́ном* из Петерго́фа, так как оди́н из офице́ров эскадро́на, Григо́рьев, заме́шанный* в де́ле Петраше́вского, та́кже до́лжен быть казнён*. Ока́зывается, что бы́ли офице́ры и други́х ещё полко́в, прича́стные* к э́тому де́лу и осуждённые°, и все полки́ посыла́ют на плац* свои

Glosses: "was a year of cholera" — dismissed — "members of the Petrashevsky circle" — Christmas — dismissed — "my relatives" — estate — Narvski — highway — lingered — one story — corner — assembly — settlements — string — two-horse cart-carriages — carts — conveyed — ballet — students — theatrical — noticed — pranced — sabers — bare — lost myself — guesses — Horse Grenadiers — bring — square — execution — squadron — involved — executed — party — condemned — square

1. Count Aleksei Andreevich Arakcheev (1769–1834) was Minister of War under Aleksandr I. The very name became a symbol of despotism and reaction. He was also the founder of the unpopular military settlements which were self-supporting military communes.
2. Nevsky Prospect, the main street of St. Petersburg, is named after the Neva River which flows through the city and also after St. Alexander Nevsky, the Russian military leader who crushed the invasion of northern Russia by the Teutonic knights in 1240.
3. Students at the Smolny Institute, a well-known school for girls that was later famous as the Bolshevik headquarters during the revolution.

части*; так, наприме́р, яви́лись лейб-егеря́* ра́ди
Ф. Льво́ва и други́х.

Дя́дя пригласи́л меня́ е́хать с ним на плац. Оде́в-
шись на́скоро* в мунди́р, набро́сив* казённую* без
подкла́дки* ле́тнюю шине́ль (зи́мней у меня́ не́ было,
так как оте́ц находи́л э́то ро́скошью* и был того́
мне́ния, что ма́льчика на́до закаля́ть*, а не ба́ло-
вать°), наде́в треуго́лку*, мы взя́ли изво́зчика,
«ва́ньку*», как тогда́ говори́ли, — и пое́хали. День
был па́смурный*, хму́рое* петербу́ргское у́тро,
гра́дусов* так 6–8, и́зредка перепада́л* снег. Когда́
мы при́были* на Семёновскую пло́щадь, тогда́ ещё
незастро́енное* огро́мное по́ле, мы уви́дели вдали́*,
посреди́не* пла́ца, небольшу́ю гру́ппу наро́да, каре́*
из во́йск, и в среди́не* их каку́ю-то постро́йку*,
площа́дку из досо́к* на высо́ких бреве́нчатых* стол-
ба́х°; на площа́дку вела́ ле́стница. Мы хоте́ли
пробра́ться* бли́же, но полице́йские и жанда́рмы
нас не пропусти́ли*, а одного́ дя́дя не хоте́л меня́
оста́вить. В э́то вре́мя подошёл к нам мой ро́дствен-
ник, А. К. Мандерште́рн, сын коменда́нта Петропа́в-
ловской кре́пости; он яви́лся для прису́тствования*
при ка́зни с свое́й лейб-еге́рской* ро́той*. Увида́в
меня́, он пришёл в у́жас. «Ра́ди Бо́га, убира́йся* ты
отсю́да: не дай Бог* нача́льство узна́ет, что ты был
на ка́зни, пожа́луй°, тебя́ ещё заподо́зрят*, как
полити́ческого, и вы́гонят° из лице́я», — тут же
Мандерште́рн сообщи́л нам «по секре́ту», что рас-
стре́ла° не бу́дет, всем даро́вана* жизнь, но что
престу́пники э́того не зна́ют — по во́ле* импера́тора,
что процеду́ра* расстре́ла бу́дет испо́лнена до
конца́, что в после́днюю мину́ту, когда́ должна́
разда́ться° кома́нда «пли*» — приска́чет* адъюта́нт*
с высоча́йшим* прика́зом* — останови́ть казнь…

Дя́ди отпра́вились к свои́м частя́м*, а я вмеша́л-
ся* в се́рую толпу́, сто́я дово́льно далеко́ за каре́*
во́йск. Любопы́тных* зри́телей вообще́ на пло́щади
бы́ло немно́го, всё случа́йно прохо́жий* наро́д; из
«чи́стой*» пу́блики почти́ никого́, — о вре́мени ка́зни
в го́роде никто́ не знал. Настрое́ние толпы́ бы́ло
серьёзное, сожале́ли° «несча́стных», и никто́ не
знал, за что казня́т*.

units chasseurs

quickly thrown on
official-issue
lining
luxury
steel
spoil three-cornered hat
hack
overcast gloomy
degrees fell lightly and
intermittently
arrived
"vacant" in the distance
in the middle a square
formation
middle structure
boards log
posts
make our way

let us through

attendance
chasseur company
get away
God forbid
it might be suspect
expel

execution granted
will
procedure

sound fire gallop up
adjutant
Imperial decree
units
mixed into square form-
ation
curious
passing
"upper-class"

were sorry
execute

Я ви́дел, как на эшафо́т* всходи́ли* и сходи́ли* каки́е-то фигу́ры, как внизу́° о́коло него́ к вко́панным* в зе́млю столба́м привя́зывали* в бе́лых са́ванах* люде́й, как их отвя́зывали*, пото́м подъе́хали тро́йки° почто́вых* с киби́тками* и те же во́зки-каре́ты*, что я ви́дел на Лите́йной, — и вско́ре пло́щадь опусте́ла*; наро́д разбре́лся*, крестя́сь* и благословля́я* ми́лость* царя́.

Пресловý́тых* бе́лых гробо́в°, о кото́рых расскáзывали по́сле, я не видáл, и Ф. М. Достое́вский (впосле́дствии, в дни нáшего сожи́тельства* в Семипалáтинске) утверждáл мне неоднокрáтно*, что их и не́ было. Вообще́ об э́тих ужáсных минýтах, пережи́тых° им, он не люби́л вспоминáть; он говори́л, что, ничего́ не знáя о предстоя́щем* поми́ловании*, вполне́ пригото́вился к сме́рти. Привя́занный* к столбу́ с сáваном*, ожидáя роковýю* комáнду «пли*» (вре́мя емý показáлось несконча́емо* до́лгим), — мы́сленно* он попрощáлся* со все́ми ми́лыми се́рдцу его́. Вся жизнь пронеслáсь* в его́ уме́, как в калейдоско́пе*, бы́стро, как мо́лния, и карти́нно*.[11]

Вернýвшись по́сле тяжёлого* зре́лища* домо́й, я, напýганный* словáми дя́ди, годáми молчáл, никомý не говори́л, что был на семёновском плацý по слýчаю ожидáвшейся° кáзни петрашéвцев. Во дни Николáя Пáвловича одно́ э́то могло́ повлия́ть* на всю мою́ бýдущность*... Такóе э́то бы́ло вре́мя!

execution platform "were going up and down"
beneath
implanted   tied up
shrouds   untied
troikas   post horses   carriages
cart-carriages
emptied   dispersed
crossing themselves   blessing   mercy
notorious   coffins

coresidence
several times

lived through
forthcoming
reprieve
bound   shroud   fateful
fire   infinitely
mentally   said farewell
rushed past
kaleidoscope
graphically

heavy   spectacle
frightened

expected
have an influence
future

11. Dostoevsky later utilized this autobiographical material in his fiction. For a gripping account of the thoughts of a man minutes before his execution, see chapter 5, part I of *The Idiot*.

Вопро́сы к те́ксту

1. Почему́ распусти́ли лицеи́стов?

2. Куда́ до́лжен был Вра́нгель пое́хать на пра́здники?

3. О како́м дне расска́зывает Вра́нгель?

4. Каки́е полки́ бы́ли по́сланы на плац?

5. Почему́ Вра́нгель зимо́й ходи́л в казённой шине́ли?

6. Почему́ Мандерште́рн хоте́л, что́бы молодо́й Вра́нгель ушёл домо́й?

7. О чём сообщи́л им Мандерште́рн?

8. Где стоя́л Вра́нгель?

9. Почему́ Вра́нгель никому́ до́лго не говори́л о ка́зни?

Óбщий словáрь к тéксту

The glossary includes all of the words in the text apart from proper names. In addition, it includes both members of each verb-aspect pair regardless of which happens to appear in the text. If both members of a pair occur in the text selections, then the pair is entered twice: once under the imperfective and once under the perfective. The only exception to this pattern is that aspect pairs whose alphabetical listing would be either immediately adjacent or separated by no more than one intervening entry are given only once. If only one aspect form of a verb pair is to be found in the selections, then both pair members are listed under the actually occurring form. In marking verb aspect, the second member of each pair is characterized by the appropriate abbreviation *pf.* or *imp.* The aspect of the other pair member is thus automatically indicated. Participles are generally listed as verbs unless they have attained independent adjectival status. Diminutive nouns and adjectives have been characterized by the abbreviation *dim.*

А а

а and
áвгуст August
авóсь perhaps
автомобúль automobile
áвтор author
авторитéт authority
авторитéтный authoritative
агá aha
агéнт agent
адвокáт lawyer
административный administrative
áдрес address, petition
адъютáнт aide, adjutant
азáртный reckless
акадéмия academy
акт document, act
акушёр accoucheur, obstetrician
алтáрь altar
амазóнка riding habit

амунúция military accoutrements, gear
анархúзм anarchism
англúйский English
анекдóт anecdote
анкéта questionnaire, form
Антúхрист Antichrist
антрáкт entr'acte, intermission
аплодúровать (*imp.*) applaud
аплодисмéнт applause
аппарáт apparatus
аргументáция argumentation
арéст arrest
арестáнт arrestee, prisoner
арестóванный arrestee
арестовáть, арестóвывать (*imp.*) arrest
аристократúческий aristocratic
аристокрáтия aristocracy
áрмия army
армянúн Armenian
аромáт aroma
артúст performer

архи́вный archival, "filing"
аудито́риа́т tribunal
аудито́рия lecture hall
ах ah!
а́хнуть, а́хать (*imp.*) to say "ah," exclaim

Б б

ба́ба woman (vulgar)
бакале́йщик grocer
бакенба́рды muttonchop whiskers
балага́н sales booth
балахо́н robe, garment
бале́т ballet
бале́тный ballet
балко́н balcony
балл mark, grade
ба́ловать, изба́ловать (*pf.*) spoil, play pranks
бараба́нить (*imp.*) drum
бараба́нный drum
ба́рин nobleman, "noble sir"
баро́н baron
ба́рышня young lady
барье́р barrier
ба́тюшка father
башма́к shoe, boot
бди́тельный vigilant
бе́гство flight
бегу́н runner
беда́ misfortune, disaster
бе́дненький (*dim.*) poor, "poor soul"
бе́дный poor
бе́дствие poverty, calamity
бежа́ть (*imp.*), бе́гать (*imp.*), побежа́ть (*pf.*) run
без without
безвозвра́тно irrevocably
безвы́ходный hopeless
безгра́мотность illiteracy
безгра́мотный illiterate
безжа́лостный pitiless, merciless
безнаде́жно hopelessly
безразде́льно inseparably, unquestionably
безу́мный crazy, mindless
безу́мствовать (*imp.*) behave insanely, go out of one's mind
безупре́чный irreproachable
безуча́стно indifferently
бе́лый white
бельё linen, underwear
бе́рег shore, bank

берёзка (*dim.*) birch tree
бесе́да conversation
бесе́довать, побесе́довать (*pf.*) converse, talk, chat
бесконе́чный infinite, endless
бескоры́стный disinterested, unselfish
беспарти́йный nonparty, "without party"
бесповоро́тно irreversibly
беспоко́ить (*imp.*) disturb, trouble, disquiet
беспоко́иться (*imp.*) be disturbed, be upset
беспоко́йный restless, disquiet
беспоко́йство turmoil, disquiet
беспо́мощно helplessly
беспоря́док disorder
беспреста́нно perpetually, ceaselessly
бессемя́нный immaculate, seedless
бессле́дно without trace, traceless
бессле́дный without trace
бессмы́сленный senseless
бессмы́слица nonsense, idiocy
бесце́льно aimlessly
бесцеремо́нно informally, unceremoniously
бесцеремо́нность informality, unceremoniousness
бесчи́сленный innumerable, countless
бете́ль betel nut
бе́шеный furious, wild
библиоте́ка library
биле́т ticket
билетёрский ticket-taker's
биогра́фия biography
би́тва battle
бить (*imp.*) beat, hit
би́ться (*imp.*) hit oneself, break
благогове́ние reverence
благодари́ть, поблагодари́ть (*pf.*) thank
благода́рность gratitude
благода́ть blessing, bliss
благоде́тельница benefactress
благоде́тельный beneficial
благонаме́ренный well-intentioned
благополу́чно successfully, all right
благоразу́мно intelligently
благоразу́мный reasonable, sensible
благоро́дный noble
благослове́ние benediction, blessing
благослови́ть, благословля́ть (*imp.*) bless
благочести́во piously
бле́дный pale
блеск glitter, shine
блесте́ть (*imp.*) glitter

блестя́щий glittering, brilliant
ближа́йший near, nearest
бли́жний neighbor
бли́зкий near
бли́зко nearby, close
блиста́ть (*imp.*) shine
блу́за blouse
блю́до dish
Бог God
богате́йший very rich, richest
бога́тство wealth
бога́тый rich
богосло́в theologian
богосло́вие theology
богослуже́бный divine service
бо́дрость courage, alertness
бо́дрый cheerful, hale and hearty
боево́й fighting, "live"
Бо́жий divine, God's
бой battle, drum roll
бо́йко pert, "fluently"
бок side
боково́й lateral, side
бо́лее more
боле́знь illness
бо́лен sick
боле́ть (*imp.*) hurt
боло́то swamp
болтовня́ gossip, chatter
боль pain
больно́й sick, sick person
бо́льше greater
большеви́зм bolshevism
большеви́к bolshevik
большеви́стский bolshevik
большинство́ majority
большо́й big
большу́щий very large, huge
борода́ beard
борода́тый bearded
боро́ться (*imp.*) fight
борьба́ fight
боя́ться (*imp.*) fear
бра́во bravo
бра́вый dashing, tough
брак marriage
брани́ться, побрани́ться (*pf.*) quarrel, swear
брат brother
бра́таться, побра́таться (*pf.*) become close friends, fraternize
брать, взять (*pf.*) take
бреве́нчатый timbered, log
бревно́ log

брига́дный brigade
бред delirium
бриллиа́нтовый diamond
броди́ть (*imp.*) wander
броса́ться, бро́ситься (*pf.*) hurl oneself
броса́ющийся в глаза́ eye-catching, strike one's eye
бро́сить, броса́ть (*imp.*) throw
брошю́ра brochure, pamphlet
бры́зги splash, spurt
брю́ки trousers
брю́хо belly
бу́де, будь if
буди́ть, разбуди́ть (*pf.*) awake
бу́дто as if
бу́дущий future
бу́дущность future
буква́льно literally
буква́льный literal
бульва́р boulevard
бума́га paper, "bond"
бума́жка (*dim.*) piece of paper, banknote
бунт revolt, uprising
бу́рный stormy
бурш university student in Germany
бу́ря storm
буты́лка bottle
быва́ть (*imp.*) be, happen, be visiting, be (some place)
бы́вший former
бы́стрый fast
быть (*imp.*) be
бюллете́нь bulletin
бюст bust

В в

в in, at
ваго́н railroad car
ва́жность importance
ва́жный important
вакхана́лия bacchanalia
ва́ленки felt boots
валя́ться (*imp.*) lie about, sprawl, roll, scatter
ва́нька hack
вар pitch, tar, cobbler's wax
ва́рвар barbarian
вариа́ция variation
ва́тный quilted, cotton wadding
ваш your
вбежа́ть, вбега́ть (*imp.*) run in
вблизи́ nearby

вбок aside
вверенный entrusted to
вверх up
ввести, вводить (*imp.*) bring in
ввиду in view of
вводить, ввести (*pf.*) lead in, "bring in",
   introduce
вглядываться, вглядеться (*pf.*) gaze,
   look into
вдали afar, in the distance
вдвое double, twice
вдова widow
вдоволь enough, "to his heart's content"
вдовствующий widowed
вдоль along
вдохновить, вдохновлять (*imp.*) inspire
вдруг suddenly
вегетарианец vegetarian
ведь well, you know
везде everywhere
везти (*imp.*) bring
век century
   на веку in my time
вековой century, age-old
велеть (*imp. and pf.*) order
великий great
великолепно magnificently
великолепный magnificent
величественный majestic, magnificent
величие grandeur, greatness
величина size, greatness, magnitude
венец crown
венчать, повенчать (*pf.*) marry
вердикт verdict
вера faith
вереница row, string
верить (*imp.*) believe
вернее more accurately
верно probably
верность faithfulness
вернуться, возвращаться (*imp.*) return
верный true
верование creed, belief
вероятно probably
вероятный probable
версия version
верста verst, 0.7 of a mile
верующий believer
верх top
верхом mounted, on horse
вес weight
весело gaily, merry
весёлость merriment, gaiety
весёлый gay

веский weighty
весной, весною in the spring
вести (*imp.*), водить (*imp.*), повести (*pf.*)
   lead
весть news
весь all, "embodiment"
весьма very
ветер wind
ветеран veteran
ветерок (*dim.*) breeze
ветхий dilapidated, decrepit
вечер evening, soirée
вечереть (*imp.*) become evening, turn
   evening
вечерний evening
вечером in the evening
вечно eternally
вешатель hangman
вещь thing
веять, провеять (*pf.*) blow, wave, give
   off an air
взад back
взаимный mutual
взаймы loan
взбесить (*pf.*) enrage
взбеситься (*pf.*) become enraged
взбешенный furious, enraged
взбрести, взбредать (*imp.*) ascend with
   difficulty, "come"
взволнованный agitated
взволновать, волновать (*imp.*) disturb,
   distress, upset, agitate
взгляд look
взглянуть, взглядывать (*imp.*) glance
вздор nonsense
вздохнуть, вздыхать (*imp.*) sigh
вздох sigh
вздумать (*pf.*) take into one's head
вздуматься (*pf.*) take it into one's head
взойти, всходить (*imp.*), восходить (*imp.*)
   ascend, "enter", rise
взятка bribe
взять, брать (*imp.*) take
взяться, браться (*imp.*) take up, turn to,
   "begin"
вид view, aspect
видеть, увидеть (*pf.*) see, look
видимо evidently, obviously
виднеться (*imp.*) be visible
видно evidently, be seen
видный eminent
визг squeal, shriek
визит visit
виленский Vilnius

вина́ fault, guilt
вини́ть (*imp.*) accuse, blame
вино́ wine
винова́тый guilty
вино́вник accused, guilty person
вино́вный guilty
ви́селица gallows
висе́ть (*imp.*) hang
ви́ться (*imp.*) twine, entwine, wind
ви́шня cherry, cherry tree
вишь look!
включи́тельно inclusive, inclusively
вко́панный implanted
вкра́тце in short
вкус taste, flavor
влади́мирский Vladimir
власть power, authority
влива́ться, вли́ться (*pf.*) be poured in, merge, flow in
влия́ние influence
влия́ть, повлия́ть (*pf.*) influence, have influence
вложи́ть, вкла́дывать (*imp.*) put in, invest
влюби́ться, влюбля́ться (*imp.*) fall in love
влюблённый in love
вме́сте together
вме́сто instead
вмеша́ться, вме́шиваться (*imp.*) step in, mix into
вне outside of
внеза́пно unexpectedly
внести́, вноси́ть (*imp.*) carry in, enter, invest, introduce
вне́шний external
вне́шность exterior, "appearance"
внизу́ beneath
внима́ние attention
внима́тельно attentively
вновь again, anew
вну́тренний internal
вну́тренность interior, internal organ
внутри́ inside of
внутрь inwards
внуша́ть, внуши́ть (*pf.*) inspire, suggest, prompt
внуше́ние suggestion
вовле́чь, вовлека́ть (*imp.*) involve
вовну́трь inside
во́время in time
во́все at all
вода́ water
води́ться (*imp.*) happen, become acquainted, be customary
води́чка (*dim.*) water

во́дка vodka
водоро́д hydrogen
вое́нный military
воз cart
возбужда́ть, возбуди́ть (*pf.*) arouse, agitate, excite
возбуждённый excited, agitated
возврати́ться, возвраща́ться (*imp.*) return
возвра́тный return
возвраще́ние return
возглавля́ть, возгла́вить (*pf.*) lead, head
во́зглас exclamation
возгласи́ть, возглаша́ть (*imp.*) proclaim, shout
воздержанный restrained, abstemious
во́здух air
возду́шный air
воззре́ние view
вози́ться (*imp.*) take trouble with, bother, fuss
во́зле beside
возмо́жно it is possible
возмо́жность possibility
возмо́жный possible
возмути́тельно shockingly, shocking
возмуще́ние indignation, disturbance
возмущённый indignant, troubled, agitated
вознагражде́ние reward, compensation
вознегодова́ть (*pf.*) feel indignation, become indignant
возненави́деть (*pf.*) conceive a hatred for, despise
возника́ть, возни́кнуть (*pf.*) arise
возобнови́ть, возобновля́ть (*imp.*) renew, resurrect
возо́к (*dim.*) cart, sleigh
возража́ть, возрази́ть (*pf.*) object
возраже́ние objection
во́зраст age
возыме́ть (*pf.*) conceive, exert
во́инственный warlike
война́ war
во́йско army, force
войти́, входи́ть (*imp.*) enter
вокза́л train station
вокру́г around
волна́ wave
волне́ние agitation
волнова́ть, взволнова́ть (*pf.*) agitate, disturb, distress, upset
волнова́ться, взволнова́ться (*pf.*) be agitated

во́лос hair
волостно́й administrative district
волочи́ть (*imp.*) drag
во́льный free
во́ля liberty, freedom, will
вон there, out
воню́чий stinking
воображáть, вообрази́ть (*pf.*) imagine
вообще́ in general
вооружённый armed
вопль howl, wailing
вопро́с question
воро́та (*pl. only*) gate
воротни́к collar
ворчáть (*imp.*) grumble
вор thief
во́семь eight
восклú́кнуть, восклицáть (*imp.*) exclaim
восклицáние exclamation
воскресéнье Sunday
воспалéние inflammation
воспитáние upbringing, education
воспитáть, воспи́тывать (*imp.*) rear, educate
воспитáтель educator, tutor
воспо́льзоваться, по́льзоваться (*imp.*) make use of, utilize
воспоминáние recollection, memory
воспрещáть, воспрети́ть (*pf.*) forbid
воспринимáть, восприня́ть (*pf.*) perceive, accept
восстáние revolt, uprising
восстáть, восставáть (*imp.*) rebel, revolt
восто́рг delight, rapture
восторгáться (*imp.*) be enraptured, be delighted
восто́рженно excitedly
восто́рженный enraptured, enthusiastic, excited
восто́чный eastern
восхищáться, восхити́ться (*pf.*) admire, be carried away, enrapture
вот here, there is
во́т-де here
вот э́дак like so
впервы́е for the first time, first
вперёд forward, henceforth
впереди́ before
впечатлéние impression
впечатли́тельность impressionability
впечатли́тельный impressionable
вписáть, впи́сывать (*imp.*) enter, inscribe
впи́ться, впивáться (*imp.*) stick, fix one's eyes on, drive, penetrate

вплоть up to and including, right up to
вполго́лоса in a low voice, at half voice
вполнé completely
впослéдствии subsequently
впрáве right, justified
впро́чем however, though
впускáть, впусти́ть (*pf.*) admit, allow in
враг enemy
враждéбно hostilely
врать (*imp.*) lie, "tell"
врач doctor
врачéбный medical
врéдный harmful
врéменно temporarily
врéмя time
вро́де like, of the type
врождённый inherent, innate
вряд hardly, scarcely
все everybody
всё everything
всегдá always
всели́ться, всели́ться (*imp.*) install oneself, take root, penetrate
всео́бщий universal, general
всё-таки still
всецéло entirely
вскáкивать, вскочи́ть (*pf.*) jump up, leap, jump in, leap up
вскипéть (*pf.*) boil up, boil over
вскользь casually, lightly
вско́ре soon
вскочи́ть, вскáкивать (*imp.*) jump up, leap up, jump in, leap
вскрывáть, вскрыть (*pf.*) open
вскры́тие opening, post mortem, autopsy
вслед after
всплыть, всплывáть (*imp.*) come to the surface, surface
вспоминáть, вспо́мнить (*pf.*) remember, recall
вспомогáтельный auxiliary
вспы́шка flare-up
вставáть, встать (*pf.*) get up, arise
встрево́женный anxious
встрево́жить, трево́жить (*imp.*) disturb
встрéтить, встречáть (*imp.*) meet
встрéтиться, встречáться (*imp.*) meet
встрéча meeting, encounter
вступáть, вступи́ть (*pf.*) enter
вступи́тельный entrance, introductory
вступлéние introduction, entry
всходи́ть (*imp.*) go up
всхрап grunt
всю́ду everywhere

вся́кий any, every, anyone, everyone
втори́чно a second time
второ́й second
вход entrance
входи́ть, войти́ (*pf.*) enter
вчера́ yesterday
въе́хать, въезжа́ть (*imp.*) ride in, drive in, enter
вы you (plural)
вы́бежать, выбега́ть (*imp.*) run out
вы́боина dent, pothole, rut
вы́брать, выбира́ть (*imp.*) choose, pick, select
вы́везти, вывози́ть (*imp.*) take out, remove, bring out
вы́весить, выве́шивать (*imp.*) post, lead
вы́вести, выводи́ть (*imp.*) lead out, "take up"
вы́вестись, выводи́ться (*imp.*) go out of use, vanish
вы́вод conclusion
вы́глянуть, выгля́дывать (*imp.*) look out
вы́гнать, выгоня́ть (*imp.*) drive out, expel
выгова́ривать, вы́говорить (*pf.*) pronounce
вы́говор pronunciation, reprimand
вы́годный advantageous
вы́дать, выдава́ть (*imp.*) give, distribute, give away
вы́двинуться, выдвига́ться (*imp.*) move ahead, come to the fore
вы́делиться, выделя́ться (*imp.*) stand out, "form"
вы́делка manufacture, processing
вы́держать, выде́рживать (*imp.*) endure, pass, "tolerate", go through
вы́думать, выду́мывать (*imp.*) invent, dream up
вы́ехать, выезжа́ть (*imp.*) go away, ride out
вы́званный called, challenged
вы́звать, вызыва́ть (*imp.*) call, send for, challenge, provoke
выздоровле́ние recovery
вы́зов call, challenge
вы́играть, выи́грывать (*imp.*) win
вы́игрыш gain, winnings
вы́йти, выходи́ть (*imp.*) go out, appear, come out
выклика́ть, вы́кликнуть (*pf.*) call out
вы́крикнуть, выкри́кивать (*imp.*) cry out
вы́куп redemption, ransom, "land redemption price"

выкупа́ть, вы́купить (*pf.*) redeem, ransom
выкупно́й redemption (money)
вы́ложить, выкла́дывать (*imp.*) lay out
вы́ложить всё на чистоту́ come clean, make a clean breast
вы́марать, выма́рывать (*imp.*) soil, cross out, strike out
вы́нести, выноси́ть (*imp.*) carry out, endure
вы́нуть, вынима́ть (*imp.*) remove, take out, extract
вы́писать, выпи́сывать (*imp.*) write for, copy, order from
вы́писанный written for, copied
вы́пить, выпива́ть (*imp.*) drink
выполне́ние fulfillment
выполня́ть, вы́полнить (*pf.*) fulfill, perform
выпрова́живание ejection, giving the gate to
выпряга́ть, вы́прячь (*pf.*) unharness, unhitch
вы́пустить, выпуска́ть (*imp.*) let out, publish, release, delete
вы́работать, выраба́тывать (*imp.*) make, work out
вы́работки excavation, working out
выража́ть, вы́разить (*pf.*) express
выраже́ние expression
вы́разиться, выража́ться (*imp.*) be expressed, express oneself
вы́расти, выраста́ть (*imp.*) grow, grow up
вы́рвать, вырыва́ть (*imp.*) tear out
выре́зываться, вы́резаться (*pf.*) be cut out, stand out, "visible"
вы́ровняться, выра́внываться (*imp.*) be made smooth, right oneself
вы́рученный rescued, aided, gained
вы́рыть, вырыва́ть (*imp.*) tear out, dig out
вы́сказать, выска́зывать (*imp.*) express
выска́зываться, вы́сказаться (*pf.*) express oneself
вы́скочить, выска́кивать (*imp.*) jump out, dart out
вы́слать, высыла́ть (*imp.*) send out, exile
вы́слушать, выслу́шивать (*imp.*) listen out, hear
высма́тривать, вы́смотреть (*pf.*) look out, seek out
высо́кий high, tall
высоко́ high, highly
высоча́йший highest, imperial

выспаться, высыпа́ться (*imp.*) sleep enough
выставля́ть, вы́ставить (*pf.*) put out, issue
вы́стрел shot
вы́стрелить (*pf.*) shoot, fire
выступа́ть, вы́ступить (*pf.*) perform, appear, set out
выступле́ние pérformance, speech, appearance
вы́сший higher, highest, very high
выта́скивать, вы́тащить (*pf.*) drag out, pull out
вытека́ть, вы́течь (*pf.*) flow out, follow from, issue
вы́учить, учи́ть (*imp.*) learn, master, teach
вы́ход outlet, exit, theatrical entrance, levee
выходи́ть, вы́йти (*pf.*) go out, come out, appear
вы́ходка trick, prank, sally
вы́черкнуть, вычёркивать (*imp.*) cross out, strike out
вы́честь, вычита́ть (*imp.*) deduct, subtract
вы́читать, вычи́тывать (*imp.*) find out by reading
вы́яснить, выясня́ть (*imp.*) clarify, find out
вязя́ться (*imp.*) tally, be in accord, be compatible

Г г

газе́та newspaper
газе́тный newspaper
галере́я gallery
галиле́янин Galilean
гало́п gallop
гармони́чно harmoniously
гарцева́ть (*imp.*) prance
гастроли́ровать (*imp.*) perform on tour, tour
гварде́йский guardsman's
где where
где́-нибудь anywhere, somewhere
генера́л general
генера́л-губерна́тор governor-general
генера́л-майо́р major-general
генера́льный general
ге́ний genius, djinni
географи́ческий geographic
геро́й hero

ги́бкий supple
гигиени́ческий hygienic
гимн hymn
гимнази́ст high-school boy, secondary school student
гимнази́ческий high (secondary) school
глава́ chapter, head, heading
гла́вный main, chief
глаз eye
  с гла́зу на гла́з tête-à-tête
глубина́ depth
глубо́кий deep
глубоко́ deeply
глу́пость foolishness
глу́пый foolish, idiotic, fool, idiot
глухова́тый somewhat deaf, muffled, deafening
глухо́й deaf, muted
глу́хо mutedly
гляде́ть, погляде́ть (*pf.*) look
  гляди́ в о́ба "look sharp"
гнать (*imp.*) chase, drive, go
гнев wrath, anger
гнёт pressure, oppression
говори́ть, сказа́ть (*pf.*) speak, tell, say
год year
голова́ head
голо́дный hungry, "short of bread"
го́лос voice
голубо́й light blue
го́лый naked, bare
гони́тель oppressor, persecutor
гора́ mountain
гора́здо much more
горди́ться (*imp.*) be proud, take pride
го́рдость pride
го́ре sorrow, grief
го́рестный sorrowful, grievous
горе́ть, сгоре́ть (*pf.*) burn, burn out
горизо́нт horizon
го́рло throat
го́род city, town
го́рький bitter
горя́чий hot
горячи́ть, разгорячи́ть (*pf.*) excite, inflame
горячо́ hotly
го́спиталь military hospital, hospital
госпита́льный hospital
господа́ masters
господи́н gentleman, Mr.
Госпо́дь the Lord, God
госпожа́ (г-жа́) Mrs.
гости́ница hotel

гости́ный merchant's
гость guest, visitor
госуда́рственный state, national
госуда́рство state
госуда́рь sovereign
гото́вить (*imp.*) prepare, cook
гото́виться (*imp.*) prepare oneself
гото́вность readiness
гото́вый ready
градонача́льник governor of a town, mayor
градонача́льство mayor's office
гра́дус degree
граждани́н citizen
гра́жданство citizenship
грани́ца border
гренаде́рский grenadier's
грех sin
гре́ческий Greek
гре́шный sinful
гриб mushroom, fungus
гри́венник 10-kopek coin
грим theatrical make-up
гроб coffin
гро́дненский Grodno
гро́зно-грацио́зный threateningly-elegant
гро́зный terrible, threatening
грома́дный huge
гро́мкий loud
гро́мко loudly
грош half-a-kopek (coin), "penny"
гру́бый coarse, rough
грудь breast, chest
груз load, freight
гру́ппа group
грусть sorrow, grief, sadness
грызть, разгры́зть (*pf.*) gnaw
гря́зный dirty
губа́ lip
губерна́тор governor
губе́рния province
губе́рнский provincial
губи́тельный ruinous, disastrous, destructive
гул rumble, hum, din, clamor
гума́нный humane
густо́й thick

Д д

да yes
дава́ть, дать (*pf.*) give, let
дава́ться, да́ться (*pf.*) come easy, yield, "affected"

дави́ть, задави́ть, раздави́ть и удави́ть (*pf.*) press, strangle
да́вка crush
давле́ние pressure
давно́ long ago, for a long time
да́же even
да́лее further
далеко́ far
далёкий distant
да́льний distant, far off
дальне́йший further
да́льше further
да́ма lady
да́нное given, data
дань tribute, contribution
дар gift
дарова́ние talent, gift
дарова́ть (*imp. and pf.*) grant
дарови́т talented, gifted
дарово́й free, gift, gratis
да́ром gratis, free, in vain
дать, дава́ть (*imp.*) give, let
да́ча summer home, country house, cottage
дая́ние gift, donation, offering
два two
двадцатиле́тний twenty-year-old
двадца́тый twentieth
два́дцать twenty
два́жды twice
двена́дцать twelve
дверь door
две́сти two hundred
дви́гать, дви́нуть (*pf.*) move
дви́гаться, дви́нуться (*pf.*) move
движе́ние movement
дво́е two, pair
двор court, yard
дво́рник janitor, doorman
дворо́вый manor-serf, household serf
дворе́ц palace
дворяни́н nobleman
дворя́нский nobleman's
дворя́нство nobility
двою́родный cousin
двугри́венный 20-kopek coin
двуко́нный two-horse
дебю́т debut
дева́ться, де́ться (*pf.*) disappear, take refuge, "hide"
де́вочка little girl
де́вственный virginal
де́вушка girl
девяно́сто ninety

девятна́дцатый nineteenth
де́вять nine
девятьсо́т nine hundred
дёготь tar, pitch
де́йствие action, act
действи́тельно really
действи́тельность reality
действи́тельный actual, true
де́йствовать, поде́йствовать (*pf.*) act, have an effect
де́йствующий "participating"
дека́брь December
дека́брьский December
дека́н dean
декора́ция scenery
де́лать, сде́лать (*pf.*) make, do
де́латься, сде́латься (*pf.*) happen, become, be done
деле́ние division
дели́ть, раздели́ть (*pf.*) divide
де́ло affair, business
де́льный efficient, clever
демократи́ческий democratic
де́нежный monetary, money
де́нежные зна́ки bank notes
денщи́к orderly
день day
де́ньги money
департа́мент department
дере́вня village, countryside
де́рево tree, wood
деревя́нный wooden
держа́ть (*imp.*) hold, keep
держа́ться (*imp.*) hold on, last, maintain oneself
де́рзость impudence, impertinence
деспоти́зм despotism
десяти́на dessiatine (2.7 acres)
деся́ток ten, half a score, decade
де́сять ten
де́ти children
де́тский child's, childish
де́ятельность activity
диа́вол (дья́вол) devil
диало́г dialogue
дика́рь savage
ди́кий wild, savage
диле́мма dilemma
дипломати́ческий diplomatic
дире́ктор director, manager
дире́кция management, administration
дирижёр conductor
ди́спут public debate, disputation
диссерта́ция dissertation

дитя́ child
дичь wild game, "nonsense", game birds
поро́ть дичь talk nonsense
дли́нный lengthy
дли́тельный prolonged
для for
дневно́й day, daily, "matinee"
днём during the day, daytime
дно bottom
до to, up to, before
добежа́ть, добега́ть (*imp.*) run to, reach
добива́ться, доби́ться (*pf.*) obtain, try to obtain, try to get, achieve, aim
добра́ться, добира́ться (*imp.*) reach, get to, get at the truth
добре́йший kindest, most kind, very kind
добро́ good, property
добро́ пожа́ловать "welcome"
доброду́шие good nature, geniality
добросо́вестно in good conscience, conscientiously
добросо́вестный honest, conscientious
доброта́ kindness, goodness
до́брый kind, good
добыва́ние getting, making
добы́ть, добыва́ть (*imp.*) seek, get
добы́ча booty, loot, extraction
дове́рие trust
доверше́ние consummation
доверя́ть trust
довести́, доводи́ть (*imp.*) bring
дово́льно enough, fairly
дово́льный satisfied, pleased
догада́ться, дога́дываться (*imp.*) guess, conclude
дога́дка guess
догоня́ть, догна́ть (*pf.*) overtake
доду́маться, доду́мываться (*imp.*) get to thinking, come to conclusion
дождь rain
дожида́ться, дожда́ться (*pf.*) await, wait for
дозво́лить, дозволя́ть (*imp.*) permit
дои́ть, подои́ть (*pf.*) milk
дойти́, доходи́ть (*imp.*) reach
доказа́тельство proof
доказа́ть, дока́зывать (*imp.*) prove
докати́ться, дока́тываться (*imp.*) roll
до́ктор doctor
доктора́льный pedantic, doctoral
докуме́нт document
долбёж cramming, pounding in
долг debt
до́лгий long

до́лго long time

долголе́тний of many years' standing, many-yeared

долете́ть, долета́ть (*imp.*) fly to, reach

до́лжен owe, have to

до́лжность office, post, job, duty

доложи́ть, докла́дывать (*imp.*) report

до́ля share, part, lot, portion

дом house, building

до́ма at home

дома́шний domestic

до́мик (*dim.*) little house, cottage

домо́й home (toward home)

донести́, доноси́ть (*imp.*) carry up to, report

донести́сь, доноси́ться (*imp.*) carry, be borne

допо́длинно for certain, for sure

допожа́рный preconflagration

допото́пный antediluvian

допро́с interrogation, question

допроси́ть, допра́шивать (*imp.*) question, examine, interrogate

допусти́ть, допуска́ть (*imp.*) admit, allow, concede

допы́тываться, допыта́ться (*pf.*) find out, try to find out

доро́га road, way, journey

дорого́й dear, expensive

доро́же more expensive

дорожи́ть (*imp.*) value

доры́ться, дорыва́ться (*imp.*) get to a place or thing by digging, dig to

доса́довать (*imp.*) feel sorry, grieve, bemoan

досе́ле up to now, hitherto

доска́ board, plank

достава́ть, доста́ть (*pf.*) reach, touch, suffice

доста́вить, доставля́ть (*imp.*) supply, furnish, deliver, bring

доста́вленный supplied, delivered

доста́ться, достава́ться (*imp.*) fall to one's lot, "cost"

доста́точно enough, sufficiently

достига́ть, дости́гнуть (*pf.*) reach, attain, achieve

достиже́ние achievement, attainment, obtainment

досто́инство dignity

досто́йный worthy

досу́г leisure

дото́ле hither to, up to that time

дотра́гиваться, дотро́нуться (*pf.*) touch

дохо́д income, profit

доходи́ть, дойти́ (*pf.*) reach

до́чка daughter

дочь daughter

драгоце́нность jewel, treasure

дра́тва thread rubbed with wax

дре́вний ancient

дремо́та drowsiness, doze

дробь shot, fraction, shot pellets

дрова́ firewood

дрожа́ть (*imp.*) tremble, shake, shiver

друг friend

друго́й other

дружелю́бно amicably

дружелю́бный friendly, amicable

дру́жески amiably

дру́жеский friendly

дру́жественный friendly

дря́хлость decrepitude, senility, senescence

ду́мать, поду́мать (*pf.*) think, consider, ponder

дура́к fool

дурно́й bad, evil

ду́ться (*imp.*) sulk, be sulky, be annoyed

дух spirit, courage, breath, "mind"

духове́нство clergy

духо́вный spiritual, ecclesiastical, theological

душа́ soul, spirit

души́ть, задуши́ть (*pf.*) suffocate, stifle, strangle

дуэ́ль duel

дым smoke

дыра́ hole

дыха́ние breath, breathing

дыха́тельный respiratory

дыша́ть (*imp.*) breathe

дья́вол (диа́вол) devil

дья́вольский devilish, diabolic

дю́жина dozen

дя́дька "orderly"

дя́дя uncle

E e

евре́й Jew

Евро́па Europe

еда́ food

едва́ hardly

едини́ца unit, one

еди́ный single

единомы́шленник supporter, fellow believer

еди́нственный single
ежедне́вно daily
еженеде́льно weekly
е́здить (*imp.*), **е́хать** (*imp.*), **пое́хать** (*pf*).
   ride, "visit," go, travel
е́ле-е́ле hardly, very nearly
е́сли if
есте́ственный natural
есть, съесть (*pf.*) eat
е́хать (*imp.*), **е́здить** (*imp.*), **пое́хать** (*pf*).
   ride, "visit," go, travel
ещё still, yet

Ж ж

жа́дность greed
жа́жда thirst
жале́ть, пожале́ть (*pf.*) regret, spare
жа́лкий pathetic
жа́лобный mournful, complaining
жаль pity, sorry
жанда́рм gendarme
жандарме́рия gendarmery
жанда́рмский gendarme
жа́ркий hot, heated
ждать (*imp.*) wait
же (*emph. part.*) but
жева́ть (*imp.*) chew
жела́ние wish
жела́нный desirable
жела́ть, пожела́ть (*pf.*) wish
жела́ющий "volunteer"
желе́зный iron
жёлтый yellow
желу́док stomach
жема́нный mincing, prissy
жема́нство affectation, mincing
жена́ wife
жени́ться (*imp. and pf.*), **пожени́ться** (*pf.*)
   wed, marry
жени́х suitor, bridegroom, fiancé
же́нский woman's, female
же́нщина woman
же́ртва sacrifice, victim
жест gesture
жесто́кий cruel
жесто́кость cruelty
жива́ть (*imp.*) live
жи́во lively, vividly
живо́й living
живо́т stomach
живо́тное animal
животрепе́щущий stirring, vitally stirring
жи́зненный vital

жизнь life
жилово́й living, inhabitable, "worldly"
жило́й "worldly"
жирово́й fatty
жи́тель inhabitant, dweller
жить, пожи́ть (*pf.*) live
журна́л journal
журна́льный journal
жу́ткий terrible

З з

заарестó́вывать, заарестова́ть (*pf.*) arrest
заба́вно amusingly
заба́вный amusing
забе́гать (*pf.*) start to run
забежа́ть, забега́ть (*imp.*) run in
заби́тый oppressed
заби́ть, забива́ть (*imp.*) drive in, "overwhelm"
заблужде́ние error, delusion
заболе́ть, заболева́ть (*imp.*) fall ill
забо́р fence
забо́та worry, concern
забра́ть, забира́ть (*imp.*) take, "cover"
забро́сить, забра́сывать (*imp.*) throw,
   neglect
забы́ть, забыва́ть (*imp.*) forget
зава́ленный clogged up, strewn
заве́довать (*imp.*) direct, supervise
заве́домо known to be, knowingly
заверну́ть, завёртывать и завора́чивать
   (*imp.*) wrap up, turn off
завести́, заводи́ть (*imp.*) drop off, start,
   "conduct"
заве́тный sacred, ardent
зави́довать, позави́довать (*imp.*) envy
зави́нчивать. завинти́ть (*pf.*) screw up,
   wind
зави́симость dependence
зави́сеть (*imp.*) depend
заво́д factory
заводи́ть, завести́ (*pf.*) drop off, start,
   "conduct"
за́втра tomorrow
за́втрак breakfast, lunch
заглуша́ть, заглуши́ть (*pf.*) suppress,
   alleviate, draw out
загля́дывать, загляну́ть (*pf.*) look in,
   look into
за́говор plot, conspiracy
заговори́ть, загова́ривать (*imp.*) start to
   speak

загово́рщик plotter
заголоси́ть (pf.) start to talk, wail, start to shout
загоре́ться, загора́ться (imp.) catch fire, burn
заграни́чный foreign
загреме́ть (pf.) start to rumble, jangle
загримиро́ванный made up (theatrical)
зада́ток deposit, inclination
зада́ть, задава́ть (imp.) give, pose
зада́ча task
задво́рки back yard, inconspicuous place, back street
задержа́ть, заде́рживать (imp.) delay, detain
заде́ть, задева́ть (imp.) knock against, tease, hit, damage
за́дний rear, back
задо́лго long before, for long
задрема́ть (pf.) start to doze, doze off
заду́маться, заду́мываться (imp.) muse, ponder, reflect
заду́ть, задува́ть (imp.) blow, blow out
задыха́ться, задохну́ться (pf.) gasp
заезжа́ть, зае́хать (pf.) drop in, stop off
заже́чь, зажига́ть (imp.) light, set fire
зажи́точный well-to-do, "better off"
зажи́ть, зажива́ть (imp.) heal
заигра́ть (pf.) start to play
заинтересова́ться, заинтересо́вываться (imp.) take an interest, become interested
заинтересо́ванный interested, "concern"
зайти́, заходи́ть (imp.) drop in
заказно́й reserved, ordered
закаля́ть, закали́ть (pf.) harden, steel
зака́т setting, sunset
закипа́ть, закипе́ть (pf.) start to boil, begin to boil
заключа́ть, заключи́ть (pf.) confine, conclude, enclose, imprison
заключа́ться (imp.) consist in
заключе́ние conclusion
заключённый prisoner
заключи́тельный concluding
заключи́ть, заключа́ть (imp.) confine, conclude, enclose, imprison
зако́н law
зако́нность legality
зако́нчить, зака́нчивать (imp.) finish, end
закрича́ть (pf.) cry out
закры́тый closed
закры́ть, закрыва́ть (imp.) close
зал hall

залепи́ть, залепля́ть (imp.) glue, glue shut
зали́в bay, gulf
залива́ть, зали́ть (pf.) overflow, flood
за́литый flooded
зало́женный mortgaged
заложи́ть, закла́дывать (imp.) put down, mortgage
зало́жник hostage
зама́зать, зама́зывать (imp.) smear, plaster
замаскиро́ванный veiled
замаха́ть (pf.) start to wave
зама́шка manner, way, trait
замени́ть, заменя́ть (imp.) replace
замёрзнуть, мёрзнуть (imp.) freeze
заме́тить, замеча́ть (imp.) notice
заме́тно noticeable
замеча́ние comment, remark
замеча́тельный remarkable
замеча́ть, заме́тить (pf.) notice, remark
заме́шанный involved
заме́шкаться (pf.) tarry, linger
за́мкнутый closed in, closed off
замкну́ться, замыка́ться (imp.) lock, close off, "was brought to a close"
замо́к lock, padlock
замоли́ть, зама́ливать (imp.) beg pardon, pray forgiveness
за́муж married woman
вы́йти за́муж to enter marriage (for a woman)
заму́жняя married woman
заму́чить (pf.) torment
занести́, заноси́ть (imp.) register, carry off, pull back, cover, enter
занима́тельность the quality of being entertaining, engagingness
занима́ться, заня́ться (pf.) be occupied (with), study
за́ново anew
заня́тие occupation
заня́ть, занима́ть (imp.) occupy
заня́ться, занима́ться (imp.) be occupied (with), study
за́пад west
западноевропе́йский West-European
западномеща́нский West-European petty bourgeois, Western bourgeois
за́падный Western
запа́с supply
запа́сть (pf.) "fix"
запа́сть в ду́шу "be fixed in one's mind," "be deep in one's heart"
запере́ть, запира́ть (imp.) shut

запе́ть, запева́ть (*imp.*) begin to sing
запёкшийся congealed
запира́тельство denial
запира́ться, запере́ться (*pf.*) lock oneself up, "disavow"
запи́санный written down
запи́ска note
записно́й note
запи́сочка (*dim.*) note
запи́сывать, записа́ть (*pf.*) write down, record
запла́та patch
заплати́ть, плати́ть (*imp.*) pay
заподо́зренный suspected
заподо́зрить, заподазривать (*imp.*) suspect
запо́лнить, заполня́ть (*imp.*) fill, fill out
запо́мнить, запомина́ть (*imp.*) memorize, remember, learn, recall
запра́виться, заправля́ться (*imp.*) to eat well, fortify oneself
запрети́ть, запреща́ть (*imp.*) forbid
запреще́ние prohibition, interdiction
запряжённый harnessed
запря́тать, запря́тывать (*imp.*) hide
запу́танный tangled, involved, muddled
запу́тать, пу́тать (*imp.*) tangle, confuse, involve
зараба́тывать, зарабо́тать (*pf.*) earn, make a living
зара́нее beforehand
зарыча́ть (*pf.*) begin to growl
засади́ть, заса́живать (*imp.*) plant, shut (in), "put"
заседа́ние conference, session
засиде́ться, заси́живаться (*imp.*) sit (for too long a time)
заслу́га merit, service
заслу́живать, заслужи́ть (*pf.*) deserve, merit
засмея́ться (*pf.*) begin to laugh
засну́ть, засыпа́ть (*imp.*) fall asleep, go to sleep
заста́вить, заставля́ть (*imp.*) force
заста́ть, застава́ть (*imp.*) find, come upon
засты́вший chilled, frozen, fixed, curdled, dried up
засучи́ть, засу́чивать (*imp.*) push back
засыпа́ть, засну́ть (*pf.*) fall asleep, go to sleep
зате́м then, subsequently
затемни́ть, затемня́ть (*imp.*) darken, obscure

зате́я enterprise, venture, concept
зато́ on the other hand, in return
затормози́ть, тормози́ть (*imp.*) brake, slow down, stem
затра́гивать, затро́нуть (*pf.*) affect, touch
затра́тить, затра́чивать (*imp.*) spend, expend
затра́ченный spent, wasted
затро́нуть, затра́гивать (*imp.*) affect, touch
затрудне́ние difficulty
затрудни́тельный difficult, embarrassing
затрясти́сь (*pf.*) shake
затя́нутый taut, dragged in, stretched
затяну́ться, затя́гиваться (*imp.*) be tightened, stretch out, continue on
заупоко́йный requiem
зау́треня matins, midnight service
захвати́ть, захва́тывать (*imp.*) seize, grasp, encompass
захва́ченный seized, grasped
захло́пать (*pf.*) clap
захло́пнуть, захло́пывать (*imp.*) slam, shut
захолу́стье in the sticks, far from civilization, backwater
захоте́ть (*pf.*) wish, want
захоте́ться (*pf.*) begin to want
зачасту́ю often
зача́тие conception
  бессе́менное зача́тие immaculate conception
заче́м why, what for
зачеркну́ть, зачёркивать (*imp.*) cross out
зачи́тываться, зачита́ться (*pf.*) become absorbed in reading, read with delight
зашага́ть (*pf.*) begin to walk, stride, set off
зашифро́ванный coded
защи́та defense
защити́тельный defense
защи́тник defender, defense lawyer
защища́ть, защити́ть (*pf.*) defend
заяви́ть, заявля́ть (*imp.*) declare
зва́ние rank, title
звать, позва́ть (*pf.*) call
звезда́ star
звоно́к ring, bell
звук sound
зда́ние building
здесь here
здоро́вый healthy
здра́вый healthy, sound

зелёный green
   зелёное по́ле green felt gambling table
землевладе́лец landowner
земля́ land, earth
зима́ winter
зи́мний winter
зипу́н homespun peasant coat
злове́щий ominous
злой evil, vicious
злоупотребле́ние abuse, misdeed
знако́мство acquaintanceship, "meeting"
знако́мый known, familiar, acquaintance
знамена́тельный significant, noteworthy
знамени́тый famous, famed
зна́ние knowledge
знато́к expert, connoisseur
знать (imp.) know
знать notables
значе́ние significance, meaning
значи́тельно significantly, considerably
значи́тельный significant
зна́чить (imp.) mean
зна́читься (imp.) be mentioned, appear
зоб craw
зо́лото gold
золото́й gold, golden
зо́нтик umbrella, parasol
зре́лище spectacle, sight
зре́ние sight, view
зри́тель spectator
зуб tooth
зы́чно loudly
зы́чный loud

И и

и and
и́бо for
игра́ game
игра́ть, сыгра́ть (pf.) play, act, win
игро́к player, gambler
игру́шечный toy
иде́йный idealogical
иде́я idea
идти́ (imp.), ходи́ть (imp.), пойти́ (pf.) go, come, walk
иера́рхия hierarchy
иеромона́х hieromonach, monk who is a priest
из from, out of
изба́ peasant house, hut
избавля́ть, изба́вить (pf.) deliver from, save, release
избежа́ть, избега́ть (imp.) avoid, escape

избие́ние beating, battery, slaughter, massacre
и́збранный selected
избра́ть, избира́ть (imp.) choose, elect, select
изверну́ться, изве́ртываться (imp.) shift, dodge, maneuver
изве́стный known, well-known
извне́ from without
изво́зчик cab driver, cab, cabby
изво́зчичья каре́та hackney cab
изгна́нник exile
издава́ть, изда́ть (pf.) publish, issue, emit, give off
изда́ние publication, edition
и́зданный published, issued, emitted
изда́тельство publishing house, press
из-за from behind, on account of
излага́ться, изломи́ться (pf.) be stated, expounded, lay out
изли́шний superfluous
изложи́ть, излага́ть (imp.) state, expound
измене́ние change
измени́ть, изменя́ть (imp.) change, betray
измени́ться, изменя́ться (imp.) change
изобража́ть, изобрази́ть (pf.) represent, depict
изображе́ние depiction
и́зредка seldom, rarely
изуми́ть, изумля́ть (imp.) amaze
изумле́ние amazement
изуче́ние study
изучи́ть, изуча́ть (imp.) study, master
и́ли or
имбиби́ция imbibition
име́ние estate
и́менно exactly, namely
име́ть (imp.) have
име́ться (imp.) have on hand, be present
импера́тор emperor
импера́торский imperial
императри́ца empress
и́мя name
ина́че otherwise, differently
инвали́д invalid
индиффере́нтный indifferent
ине́ртно inertly
инжене́р engineer
инжене́рный engineer
инициа́лы initials
инициати́ва initiative
инобы́тность other form of existence, "alibi"
иногда́ sometimes

иной different, other
иностранец foreigner
иностранный foreign
инспектор inspector
инстинктивно instinctively
инстинктивный instinctive
институт institute
инструкция directions, instructions
инструмент tool, instrument
интеллигентный cultured, educated
интеллигенция intelligentsia
интересный interesting
интересовать (*imp.*) interest
интересоваться, поинтересоваться (*pf.*) become interested
иронический ironical
искажение distortion
исказить, искажать (*imp.*) distort, twist
искать (*imp.*) look for, search
исключать, исключить (*pf.*) exclude
исключение exception, exclusion
исключительно exceptionally, exclusively
ископаемый fossil
искренно sincerely
искупить, искупать (*imp.*) expiate, atone for
искусно skillfully, cleverly
искусный artful
искусственно artificially
искусство art, skill
искушать, искусить (*pf.*) tempt
исполнение fulfillment
исполнить, исполнять (*imp.*) fulfill, carry out
использовать (*imp.* and *pf.*) use, take advantage of, utilize
исправленный corrected
испрашивать, испросить (*pf.*) solicit, beg
испуганный frightened
испугать, пугать (*imp.*) frighten
испугаться, пугаться (*imp.*) get frightened
испытание test, trial, ordeal
испытанный experienced
испытать, испытывать (*imp.*) test, experience
исследование investigation, analysis, research
истечь, истекать (*imp.*) run out
истина (*pf.*) truth
истинный true
истолковать, истолковывать (*imp.*) interpret
историк historian

исторический historical, historic
история story, history, incident
источник source, spring
исходить, изойти (*pf.*) originate from, walk all over, issue
исчезать, исчезнуть (*pf.*) vanish, disappear
исчезновение disappearance
итак and so, thus
итальянец Italian
итальянский Italian
итти (*imp.*) go, come (*see* идти)
июнь June

К к

к to, toward
кабинет study
кавалергардский Horse Guards
каждый each, every
кажется it seems
казаться, показаться (*pf.*) seem
казанский Kazan
казарма barracks
казённый official, state, official-issue
казнить (*imp.* and *pf.*) execute
казнь execution
как as, like, how, if
как-нибудь somehow, anyhow
каков what, what kind of
какой what kind of, which
какой-либо some, some kind of, any
какой-нибудь some
какой-то some, a certain
как следует properly
как-то somehow
калейдоскоп kaleidoscope
калоши galoshes
калужский Kaluga
калякать, покалякать (*pf.*) chatter
камень stone
кандидат candidate
    кандидат на судебные должности law clerk
канцелярия office
капельдинер usher
капля drop
карандаш pencil
карать, покарать (*pf.*) punish
караульный sentry, guard
каре square (military formation)
карета coach, cab, carriage
карий hazel, brown
карман pocket

ка́рта playing card, map
карти́на picture
карти́нно picturesquely, graphically
ка́рточка card, photograph, picture
карто́шка potato
ка́рцер punishment room, detention cell, cell
каса́ться, косну́ться (*pf.*) touch, concern
ка́сса box office
ка́ста caste
ката́ться (*imp.*) roll, go for a ride, drive
катего́рия category
като́лик Catholic
ка́торжный convict
ка́федра rostrum, academic chair, department, post
ка́чество quality
кварти́ра apartment, quarters
ква́сить, заква́сить (*pf.*) make sour, ferment
ке́лья cell
киби́тка carriage
кивну́ть, кива́ть (*imp.*) nod
ки́нуться, кида́ться (*imp.*) rush
кирпи́ч brick
кисть bunch, hand, brush
кита́йский Chinese
кишмя́ кише́ть (*imp.*) swarm
клави́р clavier, transposed score
кла́виша key, keyboard
кла́ка claque
клакёр claquer
кла́няться, поклони́ться (*pf.*) bow, greet, bow to
класс class, classroom
кла́ссовый class
клевета́ть, наклевета́ть (*pf.*) slander
клеймо́ brand
клиенти́зм condescension, commercialism
кли́ника clinic
клич call, cry
клок rag, tuft
клоп bedbug
ключ key
кля́сться, покля́сться (*pf.*) vow, swear
кни́га book
кни́жка little book, "issue"
княги́ня wife of prince
княжна́ daughter of prince
князь prince
ко to, toward
когда́ when
когда́-либо ever, some time

когда́-нибудь ever, some time
когда́-то at one time
кое-где́ here and there
ко́е-ка́к somehow, any old way
ко́е-кто́ somebody
ко́е-что́ something, a little something
ко́йка cot, bunk
колеба́ться, поколеба́ться (*pf.*) waver, vacillate
коле́но knee
колёсико (*dim.*) little wheel
колесо́ wheel
коли́чество quantity
коло́да pack of cards, deck
ко́локол bell
колосса́льный colossal
кольцо́ ring
коля́ска carriage
ком lump, clod
кома́нда command, military detachment
командирова́ть (*imp. and pf.*) send on a mission or on business, command
коменда́нт commandant
комисса́р commissar, commissioner
коми́ссия commission
комите́т committee
коммуни́зм communism
коммуни́ст communist
ко́мната room
комо́д chest of drawers, commode
компа́ктный compact
компа́ния company
компроми́сс compromise
конво́йр escort
конду́ктор conductor
конёк (*dim.*) small horse, hobby horse, pet topic
коне́ц end
коне́чно certainly
кони́ческий conic
ко́нка horsecar, "horse-drawn tram"
конкуре́нция competition
конкури́ровать (*imp.*) compete
конногвардейский of the Horse Guards
конногренадёр Horse Grenadier
конноегерский of the Mounted Chasseurs
констати́ровать (*imp. and pf.*) state, certify
конституционали́ст constitutionalist
конститу́ция constitution
конто́рка desk
контраба́ндный contraband
контролёр controller, ticket-collector
кончи́на demise, end

кóнчить, кончáть (*imp.*) end, finish
кóнчиться, кончáться (*imp.*) end
конь horse
копéйка kopek
кóпия copy
копьё spear
кóрень root
коридóр corridor
корифéй leading figure
кормá stern (of a ship)
корóбочка (*dim.*) little box
корóва cow
корóль king
корóткий short
корпорáция student organization, club
кóрпус body, corps, school
кóсвенный indirect
коснýться, касáться (*imp.*) touch, concern
кóсо aslant, askew
костромскóй Kostroma
кость bone
костю́м costume, suit
котёнок kitten
котóрый which
кóшечка (*dim.*) cat
крáденое "stolen goods"
край edge, land, territory, part, area
« чéрез край » exceedingly
крáйний extreme
красáвица beautiful woman (girl), beauty
красúвый beautiful, handsome
красноармéец Red Army soldier
крáсный red
красотá beauty
крáтко briefly, shortly
крáткость shortness
краю́шка crust of bread, end piece, chunk
кредúт credit
кредитовáться (*imp.* and *pf.*) take on credit, get credit
крéпкий strong, firm
крéпко strongly, firmly
крепостнúк advocate of serfdom, serf-owner
крепостнóй of serfdom, serf
крéпость fortress
крéсло armchair
крест cross
крестúться, окрестúться (*pf.*) cross oneself, be baptized
крестья́нин peasant
крестья́нский peasant

крик shout, cry
крúкнуть, кричáть (*imp.*) shout, cry
крúтик critic
крúтика critic, criticism
кровáть bed
крóвный blood
кровь blood
кровянóй bloody
крóме besides, except
крóшечный tiny
круг circle
крýгленький (*dim.*) roundish, chubby, round
крýглый round
кругóм around, about
кружúть (*imp.*) turn, whirl, swirl
крýжка mug, cup
кружóк (*dim.*) small circle, society, circle
крýпный large, "fast"
крýто abruptly
крутóй steep, sharp, severe
крылéчко (*dim.*) small porch, wing
крылó wing
крымский Crimean
крышка lid
кстáти appropriately, by the way, opportunely
кто who
ктó-нибудь anybody, somebody
ктó-то someone
кýбок goblet, bowl
кудá where
кудá-то somewhere
кулáк fist
кулáчник (*arch.*) boxer
купéц merchant
купúть, покупáть (*imp.*) buy
кýпленный bought, purchased
курéние smoking
курúльная smoking lounge
курúть (*imp.*) smoke
курс course
курьéрский courier
кусóк piece
кусóчек (*dim.*) small piece
куст bush
кутúть (*imp.*) be on a spree, revel
кýчер coachman
кýшанье food, dish

Л л

лаборатóрия laboratory
лáвка shop, bench

ла́вра monastery, abbey
ла́дно all right
ладо́нь palm (of hand)
  ладо́ши palms
ла́мпа lamp
ла́мпочка (*dim.*) small lamp, electric bulb
ла́сково kindly
ла́сковый tender, affectionate, gentle
ла́ять (*imp.*) bark
лгать, налга́ть (*pf.*) lie
ле́вый left
леге́нда legend
лёгкие lungs
лёгкий light, easy
легко́ easy, lightly
ледене́ц sugar candy, fruit drop
лежа́ть lie, be lying down
лезть, поле́зть (*pf.*) climb, get into, nag, crawl, thrust
лейб-гварде́йский of the Royal Guards
лейб-е́герь chasseur
лейб-е́герский of the Royal Chasseurs
ле́кция lecture
лес woods, forest, timber
ле́стница stairs
ле́стный flattering
летарги́ческий lethargic
лета́ть (*imp.*), лете́ть (*imp.*), полете́ть (*pf.*) fly
ле́тний summer
ле́то summer
  ле́том in summer
лечь, ложи́ться (*imp.*), лежа́ть (*imp.*) lie (be prostrate)
ли whether, if (interrogative particle)
ликёр liqueur
ликова́ть (*imp.*) rejoice, to be jubilant
ли́ния line
ли́пкий sticky
лист leaf, sheet of paper
ли́стик, листо́к (*dim.*) small leaf, small sheet
лите́йный casting
литера́тор writer, litterateur
литерату́ра literature
литерату́рный literary
лито́вский Lithuanian
лихо́й evil, daring
лихора́дочно feverishly
лице́ист Lyceum student
лице́й Lyceum, lycée
лицо́ face
ли́чность personality
ли́чный personal

ли́шек odd
  с ли́шком a little over
ли́шний superfluous
лишь only, as soon as
лоб forehead
лови́ть, пойма́ть (*pf.*) catch
ло́вкий adroit
ло́вкость adroitness
ло́гика logic
логи́ческий logical
ло́же bed
ложи́ться, лечь (*pf.*) lie down, lie (be prostrate)
ло́жный false
ложь lie
ло́ндонский London
ло́шадь horse
лу́жа puddle
лука́вый sly, devil, crafty
лу́чше better
  лу́чший better, best
лы́сина bald spot, bare spot
любе́зность courtesy, pleasantry
любе́зный amiable, pleasant
люби́мица favorite
люби́мый favorite
люби́ть (*imp.*) love
любо́вь love
любопы́тный curious
любопы́тство curiosity
лю́ди people, servants
людое́д cannibal
людое́дство cannibalism
людско́й human

М м

магази́н store, shop
мазу́рка mazurka
майо́р major
ма́ленький small, little
ма́ло little, few
малогра́мотный of little education, semi-literate
ма́ло-пома́лу little by little
малоросси́йский Ukrainian
ма́лый small, lad, fellow
ма́льчик boy
мальчи́шка urchin, boy, lad
мане́ра manner
манифе́ст manifesto
манифеста́ция demonstration
маркси́ст Marxist
ма́рля gauze

март March
маршировка march drill, marching
маршрут route, itinerary
масленица Shrovetide, Mardi gras, carnival, fair
масленичный Shrovetide
масса mass
маститый venerable
математика mathematics
математический mathematical
материал material
материалистический materialistic
мать mother
махнуть, махать (*imp.*) wave
машина machine, automobile
маэстро maestro
мгновенно instantly
мёд honey
медаль medal, "badge of office"
медальон medallion
медик medico, medical man
медицина medicine
медицинский medical
медленно slowly
медный copper, "wind"
  медный инструмент wind instrument
медяк copper coin
между between, among
  между прочим among others, by the way
  между тем meanwhile
мелкий small, shallow, petty
мелкобуржуазный petty-bourgeois
мелькнуть, мелькать (*imp.*) flash
мельком in passing, for a moment, cursorily
менее less
меньше smaller
мера measure
меркнуть, померкнуть (*pf.*) fade, grow dark, get dim
мёртвый dead
местечко small town, soft job
место place, spot, job
месть revenge
месяц month, moon
месячный monthly
металлический metallic
метель snowstorm, blizzard
Мефистофель Mephistopheles
мечта dream
мечтать (*imp.*) dream
мешать, помешать (*pf.*) mix, hinder, prevent

мещанин member of lower middle class, small businessman
микроскоп microscope
миланский Milan
миллион million
милость kindness, beneficence, mercy
милый pleasant, dear
мимика facial expression, mimicry
мимо past
министр minister
миновать, минуть (*pf.*) pass
минута minute
мир peace, world, village, commune
мирно peacefully
мирный peaceful
мировоззрение world view, philosophy of life
мировой world, commune
мирской worldly
миска bowl, large bowl
миссионер missionary
митрополит metropolitan
миф myth
мишурный metallic thread, tinsel, gaudy
младший younger
мнение opinion
мнимый false, imaginary
много much, many
  много-много at most
многочисленный numerous
многочислительность multitudinousness
множество multitude
могучий powerful, mighty
модный fashionable
можно it is possible, it is permissible
мой my
молва rumor
молитва prayer
молитвенный prayer, prayerful
молиться, помолиться (*pf.*) pray, implore
молния lightening
молодёжь youth
молоденький (*dim.*) young
молодец good lad, young man
молодой young
молодость youth
молоко milk
молча silently
молчание silence
молчать (*imp.*) be silent
момент moment, circumstance
монастырь monastery
монашеский monks, monastic
монета coin, money

мо́ре sea
мора́ль morality
мост bridge
моти́в motiv
мочь, смочь (*pf.*) be able
мо́щность power
мрак darkness
мра́чно gloomily
мра́чный gloomy
му́дрость wisdom
муж husband
му́жественный masculine, virile
му́жество bravery
мужи́к peasant
мужско́й masculine
мужчи́на man, male
му́зыка music
музыка́нт musician
му́ка torment
мука́ flour
мунди́р uniform
мунди́рный uniform
му́скул muscle
му́ченический martyrs
мучи́тельный tormented, agonizing
муштро́вка muster
мчать, помча́ть (*pf.*) rush
мча́ться, помча́ться (*pf.*) rush, start to
    rush, dash, start to dash
мы we
мы́ло soap
мы́сленно mentally
мы́слить, смы́слить (*pf.*) think
мысль thought
мыть, помы́ть (*pf.*) wash
мыча́ть (*imp.*) low, moo, grunt
мы́шка muscle, armpit; *dim.* of mouse
мя́гкий soft
мя́гкость softness
мя́со meat
мясно́й meat
мяте́ж revolt, mutiny
мять, помя́ть (*pf.*) crush, crumple

Н н

на
на́бережная embankment
набира́ть, набра́ть (*pf.*) collect, attain,
    draft
набира́ться, набра́ться (*pf.*) gather, find
    in oneself
наби́тый stuffed, crowded, crammed
    наби́тый до отка́за "overflowing"

наблюда́тельность attentiveness, obser-
    vantness
наблюда́ть (*imp.*) observe
наблюда́ться (*imp.*) be observed
набра́ться, набира́ться (*imp.*) gather, find
    in oneself
набро́сить, набра́сывать (*imp.*) throw,
    throw on
навали́ться, нава́ливаться (*imp.*) fall,
    press, bend
наве́рно, наве́рное probably
наве́рх on top, upstairs
навле́чь, навлека́ть (*imp.*) attract
наводи́ть, навести́ (*pf.*) lead to, aim,
    make, induce
навсегда́ forever
нага́н revolver
нагля́дно visually, graphically, at first hand
нагну́ться, нагиба́ться (*imp.*) bend down,
    lower, duck
наговори́ть, негова́ривать (*imp.*) talk a
    lot, slander
на́голо bare
нагоня́ть, нагна́ть (*pf.*) chase, "strike"
нагото́ве at the ready
нагружённый burdened, loaded
нагря́нуть (*pf.*) appear unexpectedly,
    "raid"
над above
надева́ться, наде́ться (*pf.*) be put on
наде́жда hope
наде́л land allotment
наде́ть, надева́ть (*imp.*) put on
наде́яться, понаде́яться (*pf.*) rely
надзо́р supervision
надлежа́щий appropriate, proper
на́до one ought to, one has to, it is
    necessary
на́добно must, need, necessary
на́добность necessity, need
надо́лго for long
на́дпись inscription, "statement"
надува́ть, наду́ть (*pf.*) blow, deceive
надува́ться, наду́ться (*pf.*) puff out,
    "get angry at someone"
наду́мать (*pf.*) decide, make up one's
    mind
наду́маться (*pf.*) decide
наза́д back
назва́ние name, title
назва́ть, называ́ть (*imp.*) call, name
назида́тельный edifying
назнача́ть, назна́чить (*pf.*) designate, in-
    tend, appoint

назначе́ние appointment
назо́йливый importunate
назрева́ть, назре́ть (*pf.*) ripen
называ́ть, назва́ть (*pf.*) call, name
называ́ться, назва́ться (*pf.*) be called
наибо́лее especially, most
наи́вность naiveté
наизу́сть by heart
найти́, находи́ть (*imp.*) find
нака́з instruction
наказа́ние punishment
наказа́ть, нака́зывать (*imp.*) punish
накану́не on the eve
накле́иваться, накле́иться (*pf.*) paste on, be stuck on
наклони́ть, наклоня́ть (*imp.*) lower, bend, bend down
наконе́ц at last
накорми́ть, корми́ть (*imp.*) feed
нале́во to the left
налива́ть, нали́ть (*pf.*) pour
налицо́ present
налюбова́ться, любова́ться (*imp.*) enjoy, admire
намерева́ться (*imp.*) intend
наме́рение intention
наме́ренно intentionally
нанести́, наноси́ть (*imp.*) carry, bear, inflict
наня́ть, нанима́ть (*imp.*) hire
наоборо́т backward, on the contrary
наотре́з decisively, flatly
напа́сть, напада́ть (*imp.*) attack, fell, come on
напереро́з an intersecting course, cut off
напеча́танный published
напеча́тать, печа́тать (*imp.*) print, type, publish
напи́санный written, published
написа́ть, писа́ть (*imp.*) write
напи́ться, напива́ться (*imp.*) drink one's fill, become drunk
наплы́в flow, flood
напоённый saturated
напо́лнить, наполня́ть (*imp.*) fill
напо́лниться, наполня́ться (*imp.*) be filled
наполови́ну by half, half
напо́мнить, напомина́ть (*imp.*) remind
напра́виться, направля́ться (*imp.*) move toward, set out
направле́ние direction, tendency
напра́сно in vain
наприме́р for example
напро́тив opposite

напряже́ние tension
напрями́к straight
напу́ганный frightened
напуга́ть, пуга́ть (*imp.*) frighten
напу́щенный filled, released, inflated
нарека́ние accusation, reproach
наро́д people
наро́дный people
наро́чно on purpose, deliberately
нару́жный outside, external
нару́жу outwardly, on the outside
наруша́ть, нару́шить (*pf.*) disturb, disrupt, violate
на́ры bunk, board bed
наря́дный well-dressed, smart
населе́ние population
населя́ть, насели́ть (*pf.*) settle, populate
наси́лие force, violence
наси́льственный violent
наско́лько in some measure, as much as
на́скоро quickly
наскрести́, наскреба́ть (*pf.*) scrape up
наслажде́ние enjoyment, delight
насле́дство inheritance
насме́шка mockery, ridicule
наста́ивать, настоя́ть (*pf.*) insist
наста́ть, настава́ть (*imp.*) begin, "come"
насто́йка home brew
насто́лько in such measure, so much
настоя́щий present, "hereby"
настреля́ть, настре́ливать (*imp.*) kill a number in hunting, shoot
настро́ен "his mood"
настрое́ние mood
наступи́ть, наступа́ть (*imp.*) step on, offend, begin
насу́щный essential, urgent
натека́ть, нате́чь (*pf.*) flow
нату́ра nature
натя́нутый strained
науга́д at random
нау́ка science
научи́ться, учи́ться (*imp.*) learn, study
нау́чный scientific
наха́л arrogant
наха́лен brazen
наха́льный arrogant, brazen
находи́ть, найти́ (*pf.*) find
находи́ться, найти́сь (*pf.*) be found
нахо́дчивость resourcefulness
нахохота́ться (*pf.*) have laughed much
наце́ливаться, наце́литься (*pf.*) take aim, level at, aim
национа́льный national

нача́ло start
нача́льник chief
нача́льство administration
нача́ть, начина́ть (*imp.*) begin
нача́ться, начина́ться (*imp.*) begin
начини́ть, начиня́ть (*imp.*) staff, "prime"
начистоту́ frankly
наш our
нашёптывать, нашепта́ть (*pf.*) whisper
наэлектризи́ровать, электризи́ровать (*imp.*) electrify
не not
не́бо sky
небольшо́й small
небытие́ nonbeing
невдалеке́ near, not far
невероя́тный implausible
неви́данный unseen
неви́нно not guilty
неви́нный innocent
невозмо́жно impossibly
невозмо́жный impossible
невознагради́мый unrecompensable, beyond compensation
нево́льный involuntary
нево́ля necessity
невообрази́мый unimaginable
невооружённый unarmed
невы́годно not advantageously, disadvantageous
невысо́кий short, low, not tall
неглу́по smart, not stupid
него́дный unsuitable
негодова́ние indignation
негр Negro
негритя́нский Negro
неда́вно recently
неде́ля week
недо́брый bad
недоброжела́тель ill-wisher
недове́рчиво distrustfully, mistrustfully
недово́льный dissatisfied
недо́лгий short
недо́лго not for long
недопи́тый not drunk to the end, undrunk
недоста́ток shortage, inadequacy, lack
недосту́пно inaccessibly, inadmissible
недосу́г busy, lack of time
недоумева́ть (*imp.*) be confused, be bewildered
недоуме́ние bewilderment, perplexity
недружелю́бно hostilely, coldly
неду́рно satisfactorily, not badly

неесте́ственность unnaturalness
нежела́ние absence of desire, disinclination
не́жели than
не́жный tender
незави́симость independence
незави́симый independent
незадо́лго not for long, not long before
незаме́тно imperceptibly, unawares
незастро́енный not built up, vacant
нездоро́вье ill-health
незнако́мец stranger
незнако́мый unfamiliar
незна́ние ignorance
неизбе́жно without fail, inescapably
неизбе́жный inescapable, inevitable
неизве́стно unknowingly
неизве́стность lack of knowledge, ignorance
неизве́стный unknown
неизме́нно unchangeable, unchanging, invariably
неиме́ние lack
неимове́рный extreme, incredible
не́йстовый furious, violent
не́кий some, some sort of, a certain
не́который some
некста́ти not opportune, inopportunely
нела́дно unpleasant, ungainly, wrong
неле́пость awkwardness, absurdity
неле́пый absurd
нело́вко awkward
нельзя́ impossible
неме́дленно slowly
не́мец German
неме́цкий German
немину́емый inescapable, unavoidable
немно́гий few
немно́го not much, a little
немолодо́й old, not young
ненави́деть (*imp.*) hate
ненапеча́танный unprinted, unpublished
нену́жный unnecessary
необразо́ванный uneducated
необходи́мо necessary
необходи́мость necessity
необходи́мый indispensable
необыкнове́нный unusual
неоднокра́тно often, several times
неодобри́тельно disapprovingly
неожи́данно unexpectedly
неожи́данный unexpected
неопределённость indefiniteness
неопределённый indefinite

неоснова́тельный unfounded
неосторо́жность lack of caution, rashness
неотсту́пно persistently
перено́сно unbearably
неподалеку́ nearby, not far from
неподку́пно incorruptibly
неподходя́щий unsuitable
непоко́йный distressed, restless
непонима́ние misunderstanding
непоня́тный not understood, incomprehensible
непосеще́ние nonattendance
непра́вда lie
непреме́нно without fail
непреста́нный ceaseless
непривы́чка desuetude, want of habit
неприли́чный indecent
неприча́стный nonparticipating, uninvolved
неприя́тель enemy
неприя́тно unpleasant
неприя́тность unpleasantness
нерв nerve
не́рвно nervously
нере́дко frequently, often
нереши́тельность indecisiveness, indecision
не́сколько several
несконча́емо endless, infinitely
несмотря́ notwithstanding
несомне́нно undoubtedly, beyond doubt
несообра́зный unsuitable, awkward
несоотве́тствовать (*imp.*) be not suitable, not correspond
несправедли́во unjustly
несправедли́вость injustice
несравне́нно incomparably
несуществова́вший nonexistent
нести́ (*imp.*), **носи́ть** (*imp.*), **понести́** (*pf.*) carry
несча́стный unfortunate
несча́стье grief, misfortune
нет no
нетерпи́мость impatience, intolerance
неуда́ча failure
неуда́чный unsuccessful
неудержи́мо irresistibly
неудержи́мый uncontainable
неуже́ли really
неу́жто really
неуклю́жий clumsy
неулови́мый elusive, imperceptible
неуме́ренный immoderate
неуря́дица disorder, chaos

неутеши́тельный not comforting, unpleasant, discouraging
неучти́вый impolite
нехорошо́ badly
неча́янно accidentally, unexpected, by accident
не́чего there is nothing
нечести́вец impolite person
нечести́вый sinful one
нечи́стый impure, unclean, satanic
не́что something
нигде́ nowhere
ни́жний low, under, lower
ни́зенький (*dim.*) low, lowish, short
ни́зкий low
ни́зко low
ника́к in no way
никако́й none at all
никогда́ never
никто́ no one
ниско́лько none at all, not at all
ни́тка thread
ничего́ nothing, all right
ничто́ not one, nothing
ничто́жный worthless, trifling
но but
но́вость news
но́вый new
нога́ foot, leg
нож knife
но́мер number, hotel room
нос nose
носи́ть (*imp.*), **нести́** (*imp.*), **понести́** (*pf.*) carry
носи́ться *or* **нести́сь** (*imp.*) "go around"
ночева́ть, переночева́ть (*pf.*) spend the night
ночёвка spending the night, night resting place
ночле́г night stop-over place, sleeping place
ночле́жник night lodger
ночно́й nocturnal
ночь night
 но́чью at night
ноя́брь November
нра́виться, понра́виться (*pf.*) like
нра́вственность morality
нра́вственный moral
ну well
нужда́ need
нужда́ться (*imp.*) need
ну́жно one ought to, one has to, it is necessary

ну́жный necessary
ны́не now
ня́нька nursemaid

О о

о, об about, against
о́ба both
обветша́лый decrepit, shabby
обвине́ние accusation, prosecution
обвиня́емый accused, guilty party
обвиня́ть, обвини́ть (*pf.*) accuse
обворо́вывать, обворова́ть (*pf.*) steal, rob
обду́мывать, обду́мать (*pf.*) think over, consider
обе́д lunch, dinner
обе́дающий diner
обе́денный luncheon, dinner, meal
обе́дня liturgy, mass
оберну́ть, обора́чивать (*imp.*) wrap
оберну́ться, обора́чиваться (*imp.*) turn around
обеспоко́ить, беспоко́ить (*imp.*) trouble, disturb, disquiet
обесси́ленный weakened, enervated
обе́т vow
обеща́ние promise
обеща́ть (*imp. and pf.*) promise
обива́ть, оби́ть (*pf.*) knock off, cover with, "hang around"
оби́да insult, offense
оби́дно insultingly, offensively
оби́женно insulted, offended
оби́женный insulted, offended
оби́лие abundance
обита́тель resident, inhabitant
оби́тель cloister
обихо́д daily existence, everyday use
о́блако cloud
о́бласть region, part of country, administrative unit
облегче́ние lightening, alleviate
облегчи́ть, облегча́ть (*imp.*) lighten, ease, relax
о́блик countenance
обло́жка cover
обману́ть, обма́нывать (*imp.*) deceive
обме́ниваться, обменя́ться (*pf.*) exchange
обменя́ть, меня́ть (*imp.*) exchange
обмере́ть, обмира́ть (*imp.*) become rigid
обнару́жить, обнару́живать (*imp.*) reveal, discover
обобра́ть, обира́ть (*imp.*) gather, collect

ободри́ть, ободря́ть (*imp.*) embolden, encourage, cheer up
обойти́, обходи́ть (*imp.*) go around, "make"
обойти́сь, обходи́ться (*imp.*) take place, "cost", turn out
обора́чиваться, оберну́ться (*pf.*) turn around
оборва́ться, обрыва́ться (*imp.*) break off
оборо́т turn, phrase
обраба́тывать, обрабо́тать (*pf.*) process, work
обра́дованный gladdened
обра́доваться, ра́доваться (*imp.*) rejoice
о́браз image, manner, icon
образе́ц model, specimen
образова́ние education
образо́ванный educated
образова́ть, образо́вывать (*imp.*) form, educate
обрамлённый framed
обрати́ть, обраща́ть (*imp.*) turn, direct
обрати́ться, обраща́ться (*imp.*) turn to, consult
обра́тно back
обра́тный reverse, return
обраще́ние address, exchange, manner
обре́з trimmed edge
в обре́з just enough
обрусе́вший russified
обры́зганный splashed, splattered
обрю́згший flabby, paunchy
обстоя́тельство circumstance
обстоя́ть (*imp.*) be in a state, "be"
обступи́ть, обступа́ть (*imp.*) surround
обсуди́ть, обсужда́ть (*imp.*) discuss
обсужда́ться, обсуди́ться (*pf.*) be discussed
обши́рный big
обшла́г cuff
общераспространённый widely distributed, popular
обще́ственный social
о́бщество society
о́бщий general
общи́на commune, society
объедини́ться, объединя́ться (*imp.*) be united, unite
объе́док food scrap, left-over
объезжа́ть, объе́хать (*pf.*) ride around, travel about
объяви́ть, объявля́ть (*imp.*) declare, "sound"
объясне́ние declaration, explanation

объясни́ть, объясня́ть (*imp.*) explain
объясня́ться, объясни́ться (*pf.*) declare, become clear
объя́тие embrace, hug
обыгра́ть, обы́грывать (*imp.*) win, beat
обыкнове́ние custom, usual
  по обыкнове́нию as usual
обыкнове́нно usually
о́быск search
обы́чай custom
обы́чный customary, usual
обя́зан owe, be obliged
обя́занность obligation
обяза́тельно obligatorily, without fail
овладе́ть, овладева́ть (*imp.*) possess, control
овчи́на processed sheepskin, sheep hide
огля́дка glance back, look
огляну́ться, огля́дываться (*imp.*) glance back, look around
оголённый bared, naked
ого́нь fire
огора́шивать, огоро́шить (*pf.*) confuse, stupify
огоро́д vegetable garden
огорче́ние distress, dismay
огорчи́ть, огорча́ть (*imp.*) distress
ограбле́ние robbery
огра́да fence, wall
огради́ть, огражда́ть (*imp.*) guard against, protect
ограни́чить, ограни́чивать (*imp.*) limit, restrict
ограни́читься, ограни́чиваться (*imp.*) be restricted to, limit oneself
огро́мный huge
оде́жда clothing
одержа́ть, оде́рживать (*imp.*) sustain a victory, prevail
оде́т dressed
оде́ть, одева́ть (*imp.*) dress
оде́ться, одева́ться (*imp.*) dress oneself
оди́н one
оди́ннадцать eleven
одна́жды once
одна́ко however
одновреме́нно simultaneously
одноку́рсник classmate
одноэта́жный one-storied
одобре́ние approval
одо́брить, одобря́ть (*imp.*) approve
одушевле́ние animation
оживи́ться, оживля́ться (*imp.*) become animated

оживлённо animatedly
ожида́ние expectation
ожида́ть (*imp.*) wait, expect
озагла́вленный entitled
озло́бленность maliciousness, malice
ознако́миться, знако́миться (*imp.*) become acquainted, acquaint oneself
означа́ть, озна́чить (*pf.*) designate, indicate, mean
ока́зывать, оказа́ть (*pf.*) display, render, exert
ока́зываться, оказа́ться (*pf.*) turn out to be, seem
ока́нчиваться, око́нчится (*pf.*) end
окла́д salary, frame
окно́ window
о́ко (*arch.*) eye
о́коло around
оконча́ние ending
оконча́тельно finally
око́нчить, ока́нчивать (*imp.*) end, finish
око́нчиться, ока́нчиваться (*imp.*) end
око́п trench
о́корок pork hock
окре́пнуть, кре́пнуть (*imp.*) regain strength
окрести́ть, крести́ть (*imp.*) christen, baptize
окре́стность neighborhood, environs
о́круг region, around
окру́га district
окружи́ть, окружа́ть (*imp.*) surround
октя́брь October
он he
она́ she
они́ they
оно́ it
опа́ла disgrace
опа́льный disgraced
опаса́ться (*imp.*) fear, be afraid
опасе́ние fear, dread
опа́сность danger
опеку́нский trustee, guardian
опера́ция operation
о́пера opera
описа́ть, опи́сывать (*imp.*) describe
опла́кивать (*imp.*) mourn
опозда́ть, опа́здывать (*imp.*) be late
опо́ра support
оппоне́нт opponent
оправда́ние justification, acquittal
оправда́ть, опра́вдывать (*imp.*) justify, acquit
определи́ть, определя́ть (*imp.*) define, determine

опроверга́ть, опрове́ргнуть (*pf.*) refute
оптимисти́чно optimistically
опти́ческий optical
опубликова́ть, опублико́вывать (*imp.*) publish
опуска́ться, опусти́ться (*pf.*) sink, degenerate, drop
опусте́ть, пусте́ть (*imp.*) become empty, deserted
опусти́ть, опуска́ть (*imp.*) sink, omit, lower, drop
опу́тать, опу́тывать (*imp.*) entangle
опу́шка border, edging, outskirts
о́пыт experience
о́пытный experienced
опя́ть again
опя́ть-таки but, again
ора́ть (*imp.*) yell
о́рган organ
организа́ция organization
организова́ть, организо́вывать (*imp.*) organize
о́рдер order, warrant
оригина́льный original
орке́стр orchestra
ору́дие tool, gun
ору́жие weapon
освежённый refreshed
освежи́ться, освежа́ться (*imp.*) refresh oneself, get refreshed
освеща́ть, освети́ть (*pf.*) illuminate, elucidate, light
освещённый lighted
освободи́ть, освобожда́ть (*imp.*) free
освобожде́ние liberation
осе́нний fall
о́сенью in the fall
оскорби́тельный insulting
оскорби́ться, оскорбля́ться (*imp.*) take offense, be offended
оскорбле́ние insult, abuse
осма́тривать, осмотре́ть (*pf.*) examine, inspect
осмо́тр inspection
осмотре́ться, осма́триваться (*imp.*) look around
осно́ва base, basis
основа́ние foundation
основа́ть, осно́вывать (*imp.*) found
основно́й basic
осо́бенно particularly, especially
осо́бенность peculiarity, feature
осо́бенный particular
особня́к private residence

осо́бо apart, especially
осо́бый special
оспа́ривать, оспо́рить (*pf.*) dispute
остава́ться, оста́ться (*pf.*) remain
оста́вить, оставля́ть (*imp.*) leave, reserve
остально́й remaining
остана́вливать, останови́ть (*pf.*) stop
остана́вливаться, останови́ться (*pf.*) stop
оста́ток remainder, remnant
оста́ться, остава́ться (*imp.*) remain
остзе́йский Baltic
о́стров island
остро́г jail, prison
осуди́ть, осужда́ть (*imp.*) condemn, censure, convict, find guilty
осужде́ние conviction, blame, judgment
осуществи́ть, осуществля́ть (*imp.*) realize
осы́пать, осыпа́ть (*imp.*) strew, scatter, shower
ось axle, axis
от from
отбира́ть, отобра́ть (*pf.*) take away, select, release, take out
отби́ть, отбива́ть (*imp.*) beat off, break off, defend
отвезти́, отвози́ть (*imp.*) bring
отверга́ть, отве́ргнуть (*pf.*) reject
отве́рстие opening
отвести́, отводи́ть (*imp.*) lead aside, allot, set aside
отве́т answer
отве́тить, отвеча́ть (*imp.*) answer
отве́тственность responsibility
отвеча́ть, отве́тить (*pf.*) answer
отвлечённый abstract
отвле́чь, отвлека́ть (*imp.*) distract
отвора́чиваться, отверну́ться (*pf.*) turn away
отврати́тельный repulsive
отвраще́ние disgust, revulsion
отвяза́ть, отвя́зывать (*imp.*) untie
отдале́ние removal, distance
отдалённый remote
отда́ть, отдава́ть (*imp.*) give back
отде́л section
отделе́ние separation, department, division
отделённый detached
отде́льный separate
отдохну́ть, отдыха́ть (*imp.*) rest
оте́ц father
оте́чественно patriotically
оте́чественный native

отéчество   native land, fatherland
отка́з   refusal, renunciation
  до отка́за   to overflowing
отказа́ть, ока́зывать (*imp.*)   refuse
отказа́ться, отка́зываться (*imp.*)   refuse, renounce
отклони́ть, отклоня́ть (*imp.*)   deflect, decline, reject
открове́нно   frankly
открыва́ться   open, be revealed
откры́тый   open, revealed
откры́ть, открыва́ть (*imp.*)   open
отку́да   whence
отлича́ться, отличи́ться (*pf.*)   differ from, be notable for, be distinguished
отли́чно   excellent, quite well
отложи́ть, откла́дывать (*imp.*)   put aside, put off, postpone
отлупи́ть, лупи́ть (*imp.*)   thrash
отлуча́ть, отлучи́ть (*pf.*)   deprive
отлуча́ться, отлучи́ться (*pf.*)   absent oneself
отмени́ть, отменя́ть (*imp.*)   abolish, repeal, revoke
отнести́, относи́ть (*imp.*)   carry away, relate to, take back
отнести́сь, относи́ться (*imp.*)   concern, "react"
относи́тельно   regarding
отноше́ние   attitude, relation
отны́не   henceforth
отня́ть, отнима́ть (*imp.*)   take away, remove
отобра́ть, отбира́ть (*imp.*)   select, take away, release, take out
отовсю́ду   from everywhere
отозва́ться, отзыва́ться (*imp.*)   echo, reflect, respond
отойти́, отходи́ть (*imp.*)   go away, leave, go away from
оторва́ть, отрыва́ть (*imp.*)   tear off, tear away
отосла́ть, отсыла́ть (*imp.*)   send away
отпа́сть, отпада́ть (*imp.*)   fall away
отпева́ние   requiem, funeral service
отпева́ть, отпе́ть (*pf.*)   sing a requiem service, hold a funeral service
отпере́ть, отпира́ть (*imp.*)   unlock, open
отпра́вить, отправля́ть (*imp.*)   send
отпра́виться, отправля́ться (*imp.*)   set out, set off
отправле́ние   "departure"
о́тпуск   holiday, furlough, leave
отпуска́ть, отпусти́ть (*pf.*)   let go, release

отрабо́тать, отраба́тывать (*imp.*)   work off (a debt), process, finish work
отрави́ть, отравля́ть (*imp.*)   poison
отрази́ться, отража́ться (*imp.*)   be reflected, have effect, reverberate
отры́вок   fragment, excerpt, snatch
отря́д   detachment
отсро́чка   postponement, delay
отста́вить, отставля́ть (*imp.*)   set aside, dismiss
отста́вка   dismissal, resignation, retirement
  вы́йти в отста́вку   retire
отстрани́ть, отстраня́ть (*imp.*)   push aside, remove, dismiss
отступи́ть, отступа́ть (*imp.*)   step back, retreat, deviate
отсу́тствие   absence
отсю́да   from hence, from here
отте́нок   shade, tint
оттере́ть, оттира́ть (*imp.*)   rub off, wipe off
отту́да   from there
отхо́д   departure
отходи́ть, отойти́ (*pf.*)   leave, go away from
отцо́вский   paternal, father's
отча́сти   partly
отча́янно   desperately, wildly
отча́янный   desperate
отчего́   why
о́тчество   patronymic
отчёт   account
  не отдава́я отчёта   unwittingly
отъе́зд   departure
отыгра́ться, оты́грываться (*imp.*)   win back
оты́скивать, отыска́ть (*pf.*)   search, find
отягчи́ть, отягча́ть (*imp.*)   make heavy, aggravate
офице́р   officer
офице́рский   officer
официа́льно   officially
официа́льный   official
охвати́ть, охва́тывать (*imp.*)   envelope, embrace, seize, grip
охо́та   wish, desire, hunting
охо́титься (*imp.*)   hunt
охо́тник   hunter
охо́тно   willingly
охра́на   protection, guard
охрани́тель   guardian, protector
охрани́ть, охраня́ть (*imp.*)   protect
охра́нка   security police
охри́пший   husky

оцени́ть, оце́нивать (*imp.*) appraise
оча́г hearth, breeding ground
очарова́ть, очаро́вывать (*imp.*) charm, enchant
очеви́дно obviously
о́чень very
очередно́й next in turn, usual, regular
о́чередь line, turn
о́черк essay, sketch
о́чи (*arch.*) eyes
очища́ться, очи́ститься (*pf.*) clean, clear, cleanse
очну́ться (*pf.*) regain consciousness, wake up
очути́ться (*pf.*) find oneself
ошиби́ться, ошиба́ться (*imp.*) make a mistake
оши́бка mistake, error
ощуща́ть, ощути́ть (*pf.*) feel
ощуще́ние sensation

П п

па́дать, упа́сть (*pf.*) fall
паж page
пай share
пала́та chamber, palace
па́лец finger
па́лочка (*dim.*) stick, baton
пальто́ coat
па́мятный memorable, memorandum
па́мять memory
панихи́да requiem
па́перть church porch, parvis
папуа́с Papuan
пара́граф paragraph
пара́д parade
пара́дный main, gala, official
парадо́кс paradox
парази́т parasite
пари́ bet
пари́к wig
парикма́хер barber
парламентёр envoy, negotiator
парохо́д steamer
парти́йный member of the (Communist) party, party
партиту́ра score, full score
па́ртия musical part, role
па́смурный cloudy, dull, overcast
па́спорт passport
пасс pass
Па́сха Easter, kind of Easter dish

пате́нт patent, license, charter
патриарха́льный patriarchal
патро́н cartridge, patron
патру́льный patrol
па́чка packet, cartridge clip
певе́ц singer
пе́вчий singing, choirboy, chanter
педанти́зм pedantism
пе́ние singing
пеня́ть, попеня́ть (*pf.*) reproach
пе́рвый first
перебива́ться, переби́ться (*pf.*) make ends meet
перебира́ть, перебра́ть (*pf.*) sort, go over, pick through
переверну́ть, переве́ртывать и перевора́чивать (*imp.*) turn over, turn
переверну́ться, переве́ртываться и перевора́чиваться (*imp.*) turn over
перевести́, переводи́ть (*imp.*) transfer, translate, defer, promote
переводи́ться, перевести́сь (*pf.*) be transferred, come to an end
перевора́чивать, переверну́ть (*pf.*) turn over
переворо́т revolution, upheaval
переговори́ть, перегова́ривать (*imp.*) discuss, talk over
переговоры negotiations, talks, discussions
пе́ред before
передава́ться, переда́ться (*pf.*) be inherited, go over to, transmit
переда́ть, передава́ть (*imp.*) pass, tell
переде́лать, переде́лывать (*imp.*) remake
пере́дняя antechamber, entry hall
пе́редо (*see* пе́ред)
передово́й foremost, advanced
перее́хать, переезжа́ть (*imp.*) cross over, move
пережи́ть, пережива́ть (*imp.*) experience, live through
перейти́, переходи́ть (*imp.*) go over, proceed, cross over, go past
переки́нуться, переки́дываться (*imp.*) exchange, spread, go over
перекрести́ться (*pf.*) cross oneself
перекреще́ние intersection
перелеза́ть, переле́зть (*pf.*) climb over, get over
перели́стывать, перелиста́ть (*pf.*) turn pages, leaf through
переме́на change, recess
перемени́ть (*pf.*) change, alter

переночева́ть, ночева́ть (*imp.*) spend the night

переоде́тый "disguised"

переоде́ться, переодева́ться (*imp.*) change clothes

перепада́ть, перепа́сть (*pf.*) fall, fall to one's lot, be falling lightly and intermittently

переписа́ть, перепи́сывать (*imp.*) copy, recopy

переполня́ть, перепо́лнить (*pf.*) overfill, crowd

переполоши́ться (*pf.*) get excited, "cry"

переправиться, переправля́ться (*imp.*) cross water

перепре́чь, перепряга́ть (*imp.*) reharness

перепры́гивать, перепры́гнуть (*pf.*) jump over, leap

перепря́тывать, перепря́тать (*pf.*) hide again

перепуга́ться, пуга́ться (*imp.*) be frightened, take fright

перерожде́ние regeneration, degeneration

переры́в interruption

перерыва́ть, переры́ть (*pf.*) dig up, dig over, dig through

пересма́тривать, пересмотре́ть (*pf.*) look over, revise, reexamine, inspect

пересмо́тр reexamination

пересоли́ть, переса́ливать (*imp.*) oversalt, overdo, "get out of hand"

перестава́ть, переста́ть (*pf.*) cease

переу́лок lane

перехвати́ть, перехва́тывать (*imp.*) intercept, borrow

переходи́ть, перейти́ (*pf.*) cross over, go past, go over, proceed

перечита́ть, перечи́тывать (*imp.*) reread

пери́од period

пе́сня song

пёстрый motley, particolored

петь, спеть (*pf.*), пропе́ть (*pf.*) sing

пе́тля noose

печа́ль grief

печа́льный sad, pathetic

печа́тать, напеча́тать (*pf.*) print, type, publish

печа́таться, напеча́таться (*pf.*) be printed

печа́тный printing, published

печа́ть seal, stamp, press, printing

пе́чка stove

пешко́м on foot

пиджа́к jacket

пикни́к picnic

пирова́ть (*imp.*) feast, carouse

пиро́г pie

писа́тель writer

писа́ть, написа́ть (*pf.*) write

пи́сьменный written

письмо́ letter

пита́ние feeding, food

пита́ться, напита́ться (*pf.*) feed on, live on

пите́йная drinking, tavern

пить, вы́пить (*pf.*) drink

пи́ща food

пия́вить (*imp.*) apply leeches, "bite"

пла́вать (*imp.*), плыть (*imp.*) swim, "sail"

пла́кать (*imp.*) cry

план plan, plane

пла́стика plastic movements, plasticity

пла́та pay, fee

плати́ть, заплати́ть (*pf.*), уплати́ть (*pf.*) pay

платóк shawl, handkerchief

пла́тье clothes

плац parade ground, square

пле́мя tribe

пле́нник (*arch.*) prisoner

плечо́ shoulder

пли fire!

плоти́на dam, "bridge"

пло́хо bad, poorly

плохо́й bad

площа́дка stair landing, plot, clearing

пло́щадь area, square

плыть (*imp.*), пла́вать (*imp.*) swim, "sail"

пляса́ть (*imp.*) dance

по along, according to

побе́г flight, escape

побе́да victory

победи́тель victor

победи́ть, побежда́ть (*imp.*) triumph, conquer

побежа́ть, бежа́ть (*imp.*) run

побесе́довать, бесе́довать (*imp.*) talk, chat, converse

поблагодари́ть, благодари́ть (*imp.*) thank

поближе a bit closer

побо́льше a bit larger

поборо́ть (*pf.*) overcome, conquer

побужда́ть, побуди́ть (*pf.*) impel, prompt, arouse

побыва́ть, быва́ть (*imp.*) be visiting, be (someplace), happen, be

по́вар cook

поведе́ние behavior

повезти́ (*pf.*) transport
повеле́ние command, decree
пове́рить, поверя́ть (*imp.*) check, believe
поверну́ть, повора́чивать (*imp.*) turn, swing
пове́сить, ве́шать (*imp.*) hang
повести́, вести́ (*imp.*), води́ть (*imp.*) lead, "start on"
по́весть tale
пове́шенный hanged man
пови́димому evidently, obviously
повинова́ться (*imp.*) obey
повле́чь (*pf.*) involve, result in, entail
повлия́ть, влия́ть (*imp.*) influence, have influence
по́вод occasion, ground, rein, cause
поворо́т turn
поворча́ть (*pf.*) grumble a little
поврежде́ние damage, injury
повторе́ние repetition
повтори́ть, повторя́ть (*imp.*) repeat
повторя́ться, повтори́ться (*pf.*) repeat
пога́снуть, га́снуть (*imp.*) go out, extinguish
поги́бнуть, ги́бнуть (*imp.*) perish
поглоти́ть, поглоща́ть (*imp.*) swallow up
погля́дывать (*imp.*) look
погна́ться, гна́ться (*imp.*) start to run after, chase
поговори́ть, говори́ть (*imp.*) talk a bit
пого́да weather
пого́жий fine
поголо́вно one and all, without exception
грани́чный border
погреба́ть, погрести́ (*pf.*) (*arch.*) bury
погребо́к (*dim.*) wine shop, cellar
погружа́ть, погрузи́ть (*pf.*) submerge
погуля́ть, гуля́ть (*imp.*) stroll
под under
подава́ться, пода́ться (*pf.*) give way, yield, to be served
пода́льше a bit farther
пода́ть, подава́ть (*imp.*) serve, give, "go" into, submit
подбега́ть, подбежа́ть (*pf.*) run up to
подва́л cellar, basement
подверга́ть, подве́ргнуть (*pf.*) subject
подвига́ться, подви́нуться (*pf.*) advance, move, move forward
подвижно́й mobile
подгни́ть, подгнива́ть (*imp.*) rot
подгото́вить, подготовля́ть и подгота́вливать (*imp.*) prepare
подда́ться, поддава́ться (*imp.*) yield

подде́рживать, поддержа́ть (*pf.*) support, maintain
подде́ржка support
подде́йствовать, де́йствовать (*imp.*) act, have an effect
поде́лать (*pf.*) do
подели́ться, дели́ться (*imp.*) divide into, share
по-де́тски childlike
подеше́вле a bit cheaper
подкла́дка lining
подкрепле́ние confirmation, reinforcement
подлежа́ть (*imp.*) be subject to
подложи́ть, подкла́дывать (*imp.*) lay under, add, put under
по́длый mean, base, "miserable little thing"
подми́гивать, подмигну́ть (*pf.*) wink
подмыва́ть, подмы́ть (*pf.*) wash
подмыва́ющий exciting
поднебе́сный subcelestial
подно́с tray
подня́ть, поднима́ть (*imp.*) lift, pick up
подня́ться, поднима́ться (*imp.*) rise, ascend
подо́бный similar
подобра́ть, подбира́ть (*imp.*) pick, sort, pick up
подогрева́ть, подогре́ть (*pf.*) warm up, warm over
подозрева́ть (*imp.*) suspect
подозре́ние suspicion
подозри́тельный suspicious
подойти́, подходи́ть (*imp.*) approach
подо́л hem
подоро́же a bit more expensive
подписа́ть, подпи́сывать (*imp.*) sign
подпи́ска subscription
подпи́счик subscriber
по́дпись signature
подпоро́ть, подпа́рывать (*imp.*) rip out
подпоя́сать, подпоя́сывать (*imp.*) put on a belt
подпры́гивать, подпры́гнуть (*pf.*) jump up, bounce
подрисова́ть, подрисо́вывать (*imp.*) touch up, apply cosmetics, draw on
подро́бность detail
подро́бный detailed
подря́д in succession, on end
подря́сник cassock, garment (of clergy)
подса́живаться, подсе́сть (*pf.*) sit next to, have a seat

подсве́чник candlestick, candleholder
подсказа́ть, подска́зывать (*imp.*) prompt, suggest
подстрели́ть, подстре́ливать (*imp.*) wound (by a shotgun)
подстри́чь, подстрига́ть (*imp.*) cut, trim, shave
подсуди́мый defendant, accused
подсу́нуть, подсо́вывать (*imp.*) shove, stick under
подсчита́ть, подсчи́тывать (*imp.*) calculate, count
подтверди́ть, подтвержда́ть (*imp.*) confirm
поду́мать (*pf.*) think a bit
поду́маться (*pf.*) occur to
поду́шка pillow
подхвати́ть, подхва́тывать (*imp.*) catch up
подходи́ть, подойти́ (*pf.*) approach
подходя́щий suitable
подчеркну́ть, подчёркивать (*imp.*) underline
подчинённость subordination
подчинённый subordinate
подшива́ть, подши́ть (*pf.*) hem, sew under, stitch up
подшути́ть, подшу́чивать (*imp.*) banter, play a joke on, mock
подъе́зд porch, entrance
подъезжа́ть, подъе́хать (*pf.*) ride up to
подъём lifting, ascent, enthusiasm
поеда́ние eating
поеда́ть, пое́сть (*pf.*) eat
по́езд train
пое́здка trip
пое́хать, е́хать (*imp.*), е́здить (*imp.*) go, travel, ride, "visit"
пожале́ть, жале́ть (*imp.*) regret, spare
пожа́ловать, жа́ловать (*imp.*) bestow, favor, visit
пожа́луй "if you like", it might be
пожа́луйста please
пожа́луйте "if you please"
пожа́р fire
пожела́ть, жела́ть (*imp.*) wish
поже́ртвование donation, sacrifice
пожило́й aged, elderly
пожима́ть, пожа́ть (*pf.*) press, shake
по́за pose
позва́ть, звать (*imp.*) call
позволя́ть, позво́лить (*pf.*) allow, permit
позвони́ть, звони́ть (*imp.*) ring
поздне́йший later
по́здно late
поздрави́тельный congratulatory

поздра́вить, поздравля́ть (*imp.*) congratulate
поздравле́ние congratulation
познако́миться, знако́миться (*imp.*) get acquainted
по́иск raid, search
пои́ть, напои́ть (*pf.*) give to drink
пойма́ть, лови́ть (*imp.*) catch
пойти́, идти́ (*imp.*), ходи́ть (*imp.*) go
пока́ for the present, while, good-by
показа́ние indication, testimony, evidence
пока́зывать, показа́ть (*pf.*) show
показа́ться, пока́зываться (*imp.*) show oneself, appear
покати́ть (*pf.*) set out rapidly, drive
покида́ть, поки́нуть (*pf.*) throw, leave, quit, throw down
поклоне́ние worship
поклони́ться, кла́няться (*imp.*) bow to, greet
покло́нник admirer, worshipper
поко́й rest, peace
поко́йный quiet, calm, deceased
поколе́ние generation
покори́ться, покоря́ться (*imp.*) submit
покорми́ть, корми́ть (*imp.*) feed
покрасне́ть, красне́ть (*imp.*) flush, redden
покрови́тель patron, protector
покру́чивать (*imp.*) twist a little
покрыва́ться, покры́ться (*pf.*) cover oneself
покры́ть, покрыва́ть (*imp.*) cover
поку́да for the present, until, when, while
полага́ть (*imp.*) consider, suppose
полго́да half a year
по́лдень noon
по́ле field
поле́зный useful
поле́зть (*pf.*) start to crawl, climb
поле́нница stack, woodpile
поли́тика policy, politics
полити́ческий political
полице́йский police, policeman
поли́ция police
полк regiment
по́лка shelf
полко́вник colonel
полково́й regimental
полне́йший sheer, utter, fullest
по́лный full
полови́на half
положе́ние position, "emancipation law"
положи́ть, класть (*imp.*) lay

полотéнце towel
полотнó linen
полторá one and a half
полубдéние half-awake
полувыражéние half-expression
полугóлый half-naked, seminude
полудúкий half-wild
полукрýгом semicircle
полумы́сль half-thought
полунóчь midnight
полуоткры́ть, полуоткрывáть (*imp.*) half-close, half-open
получáть, получúть (*pf.*) receive
получéние receipt, obtainment
полушутлúвый half-joking
полчасá half-hour
пóлчище horde
пóльза use
пóлька Polish girl
пóльский Polish
полюбúть (*pf.*) start to love
полюбовáться, любовáться (*imp.*) admire, enjoy
полюбопы́тствовать, любопы́тствовать (*imp.*) have curiosity, display curiosity
поля́к Pole
поля́рный polar
померéть, помирáть (*imp.*) die
помéрить, мéрить (*imp.*) measure, fit
помéститься, помещáться (*imp.*) be located, lodge, place oneself
помешáть, мешáть (*imp.*) prevent, hinder
помещéние space, dwelling area, mounting, room
помéщик landowner, estate owner
помéщичий landowner's, manor
помúлование pardon, mercy, reprieve
помúловать (*pf.*) pardon
помúмо besides, apart from
помирúться, мирúться (*imp.*) make peace, reconcile oneself
пóмнить (*imp.*) remember
помогáть, помóчь (*pf.*) aid, help
по-мóему in my opinion
помолúться, молúться (*imp.*) pray, implore
помолчáть (*pf.*) be silent for a while
помóщник helper, assistant
пóмощь aid
помчáться, мчáться (*imp.*) start to rush, dash, start to run, rush
понáдобиться (*pf.*) need
поневóле against one's will

понедéльник Monday
понемнóгу a little at a time
понестú, нестú (*imp.*), носúть (*imp.*) carry
понимáть, поня́ть (*pf.*) understand
понрáвиться, нрáвиться (*imp.*) like
поня́тие concept
поня́тно understandable
поня́ть, понимáть (*imp.*) understand
пообéдать, обéдать (*imp.*) have lunch, dine
пообещáть, обещáть (*imp.*) promise
поóдаль at some distance, aloof
поочерёдно in turn
попáсть, попадáть (*imp.*) hit, get to, fall into, "go"
попечúтель trustee, regent
попечúтельство trusteeship, regency
попúть (*pf.*) have a drink
поплатúться (*pf.*) pay for
поплевáть (*pf.*) spit
поплы́ть, плыть (*imp.*), плáвать (*imp.*) swim
попóвский priest's
попóлнить, пополня́ть (*imp.*) replenish, fill up
пополýдни in the afternoon
попóльзоваться (*pf.*) utilize, take advantage
попрáвить, поправля́ть (*imp.*) correct, repair
поправля́ться, попрáвиться (*pf.*) recover, repair, get better
пóприще profession, field
попросúть, просúть (*imp.*) request
попрощáться, прощáться (*imp.*) say farewell
попрóще a bit simpler
попря́таться (*pf.*) hide
попýтчик fellow traveller
попытáться, пытáться (*imp.*) attempt
попы́тка attempt
порá time, it is time (to)
поражáть, поразúть (*pf.*) strike, impress
пораздýмать (*pf.*) think over
поразúтельный striking
поразúть, поражáть (*imp.*) strike, impress
поразмы́слить (*pf.*) think over, reflect
порéз cut, slash
порешúть (*pf.*) decide
порóг threshold, rapids
порóда breed, rock
пóрознь apart, separately
порóй at times

поро́к vice

поро́ть, распоро́ть (*pf.*), вы́пороть (*pf.*) thrash, "talk"

порт port

порто́вый port

портре́т portrait

портье́ porter, doorman

поруче́ние commission, message, command

пору́чик lieutenant

поручи́ть, поруча́ть (*imp.*) entrust, order, charge

по́рция serving

поры́в outburst

поря́док order, way

поря́дочно fair amount, decently, not badly

посади́ть, сади́ть (*imp.*), сажа́ть (*imp.*) set, seat, plant, "appoint"

по-сво́ему in one's own way, in one's own fashion

посвящённый dedicated, an initiate, "initiated into the secret"

поселе́ние settlement

посели́ться, поселя́ться (*imp.*) settle

посереди́не in the middle

посети́тель visitor

посети́ть, посеща́ть (*imp.*) visit, attend

посеще́ние visit

посиде́ть (*pf.*) sit for a while, sit

поскака́ть (*pf.*) jump, gallop

поскоре́е quick, faster

поскуча́ть (*pf.*) be bored for a while

посла́ть, посыла́ть (*imp.*) send

по́сле after

после́дний last, latest

после́довательный consecutive, steadfast

после́довать, сле́довать (*imp.*) follow, ought, go, must

после́дствие consequence

посло́вица proverb

послу́шать, слу́шать (*imp.*) listen, obey

послу́шник novice

послу́шный obedient

послы́шаться, слы́шаться (*imp.*) be heard

посме́ть, сметь (*imp.*) dare

посмотре́ть, смотре́ть (*imp.*) look

посове́товать, сове́товать (*imp.*) advise

посове́товаться, сове́товаться (*imp.*) consult

посочу́вствовать, сочу́вствовать (*imp.*) sympathize, feel sorry, be sympathetic

поспеши́ть, спеши́ть (*imp.*) hurry

поспе́шно in a hurry, hastily

посреди́не in the midst, in the middle

посре́дник intermediary, mediator

посре́дством by means of

пост post, fast

поста́вить, ста́вить (*imp.*) stand, set, place

посте́ль bed

постепе́нно gradually

постоя́нно constantly

постоя́ть (*pf.*) stand for a short time

построе́ние formation

постро́йка structure

поступа́ть, поступи́ть (*pf.*) act, enroll, behave

поступле́ние entrance

посту́пок action, act

постуча́ть, стуча́ть (*imp.*) knock, pound

посыла́ть, посла́ть (*imp.*) send

посыла́ться, посла́ться (*imp.*) refer to, be sent

потащи́ть (*pf.*) start to drag

потерпе́вший victim

поте́ря loss

потеря́ть, теря́ть (*imp.*) lose

потихо́ньку slowly, quietly

потоло́к ceiling

пото́м afterwards

потому́ because

потороп́иться, торопи́ться (*imp.*) hasten

потре́бность need

потре́бовать, тре́бовать (*imp.*) demand, require

потяну́ть (*pf.*) start to pull, pull

потяну́ться (*pf.*) stretch

поуче́ние lecture, teaching

похвала́ praise

похвали́ть, хвали́ть (*imp.*) praise

похва́льный panegyric

похища́ть, похи́тить (*pf.*) steal

похо́жий resemble

по́хороны funeral

поцелу́й kiss

почему́ why

   почему́-то for some reason

почерпну́ть (*pf.*) get, draw from

почи́н beginning

почте́нный respected

почти́ almost

почто́вый postal, post horses

почу́вствовать, чу́вствовать (*imp.*) feel

пощади́ть, щади́ть (*imp.*) spare

поэ́зия poetry

поэ́ма poem
поэ́т poet
поэти́ческий poetic
поэ́тому therefore
появля́ться, появи́ться (*pf.*) appear
по́яс belt, waist
поясни́ть, поясня́ть (*imp.*) explain
прав right
пра́вда truth
правдоподо́бно probably, plausibly
правдоподо́бный plausible, probable
пра́ведник righteous man
прави́тель ruler, manager
прави́тельство government
пра́вить (*imp.*) rule, direct, drive
правле́ние government, administration
пра́во right, really
правове́дение jurisprudence
правово́й lawful
правосла́вный orthodox
пра́вый right, rightful
пра́здник holiday
пра́здновать, отпра́здновать (*pf.*) celebrate, "idle"
пра́ктика practice
практикова́ться, напрактикова́ться (*pf.*) practice
прах dust, ashes
пребыва́ние stay, sojourn, presence
пребыва́ть (*imp.*) be, abide
превозмога́ть, превозмо́чь (*pf.*) overcome, transcend
превосхо́дный excellent
превраще́ние transformation, conversion
пред before, in front of
предвари́тельно beforehand, in advance
предви́деть (*imp.*) foresee
предвкуша́ть (*imp.*) anticipate
предводи́тельство leadership
предлага́ть, предложи́ть (*pf.*) offer, propose
предложе́ние offer, suggestion, proposal
предме́т object
пре́док ancestor
предосторо́жность precaution
предписа́ние direction, instruction, order, prescription
предпи́сывать, предписа́ть (*pf.*) order, direct, prescribe
предположе́ние proposal, supposition
предположи́ть, предполога́ть (*imp.*) suppose
предпоче́сть, предпочита́ть (*imp.*) prefer

предприи́мчивость enterprise, entrepreneurship
предпринима́ть, предприня́ть (*pf.*) undertake
предприя́тие undertaking, enterprise
предрассу́док prejudice
председа́тель chairman
председа́тельство chairmanship
предсказа́ние prophecy, prediction
предска́зывать, предсказа́ть (*pf.*) foretell, predict
представи́тель representative
предста́вить, представля́ть (*imp.*) present, produce, represent
представле́ние presentation, performance
предста́вленный presented
предстоя́ть, предста́ть (*pf.*) be in prospect, lie in store, "be to"
предстоя́щий forthcoming
предупреди́ть, предупрежда́ть (*imp.*) warn, notify
предупреди́тельный preventive, precautionary, courteous
предупрежде́ние notice, warning
предъяви́ть, предъявля́ть (*imp.*) present, show
предыду́щий previous, preceding
пре́жде formerly
пре́жний former, previous
президе́нт president
презира́ть, презре́ть (*pf.*) despise
прекра́сный beautiful
прекрати́ться, прекраща́ться (*imp.*) stop, cease, curtail
прекраща́ть, прекрати́ть (*pf.*) stop, cease, curtail
пренебрежи́тельно scornfully, carelessly
преподава́ться (*imp.*) be taught
препя́тствие obstacle
пре́рвано interrupted, broken off
прерва́ть, прерыва́ть (*imp.*) interrupt, adjourn
пресле́довать (*imp.*) pursue
пресловы́тый notorious
преспоко́йно very quietly, imperturbably
престаре́лый aged
престо́л throne
преступле́ние crime
престу́пник criminal
претёрпенный suffered, endured
при in the time of, in the presence of, attached to
приба́вить, прибавля́ть (*imp.*) add
прибавле́ние addition, supplement

прибега́ть, прибежа́ть (*pf.*) come running, resort
приближа́ться, прибли́зиться (*pf.*) approach, grow near
приблизи́тельно approximately
прибыва́ть, прибы́ть (*pf.*) arrive, increase
прибы́тие arrival
приведённый brought, "offer"
привезти́, привози́ть (*imp.*) bring, convey
привести́, приводи́ть (*imp.*) bring, lead
приве́т regards
приве́тливый friendly, affable
приве́тствие greeting
приве́тствовать (*imp.*, past also *pf.*) greet, welcome
привлека́тельный attractive
привле́чь, привлека́ть (*imp.*) attract
приводи́ть, привести́ (*pf.*) bring, put
привози́ть, привезти́ (*pf.*) bring, convey
привы́кнуть, привыка́ть (*imp.*) be accustomed
привы́чка habit
привя́занный tied, bound
привяза́ть, привя́зывать (*imp.*) tie, fasten, tie up
пригласи́ть, приглаша́ть (*imp.*) invite
приглаше́ние invitation
пригляде́ться, пригля́дываться (*imp.*) watch, get accustomed, look
пригова́ривать, приговори́ть (*pf.*) sentence, condemn, repeat, pass sentence
при́говор sentence, verdict
пригоди́ться (*pf.*) come in handy, be of use
при́городный suburban, suburb
приго́рок hillock, knoll
пригото́вить, приготовля́ть (*imp.*) prepare
пригото́виться, приготовля́ться (*imp.*) prepare oneself
приготовле́ние preparation
пригото́вленный prepared
придава́ть, прида́ть (*pf.*) give, ascribe, assign
придво́рный court
придира́ться, придра́ться (*pf.*) find fault
приду́мать, приду́мывать (*imp.*) invent, think up, imagine
прие́зд arrival
прие́м reception, method, movement, ploy, acceptance
прие́мная reception room, waiting room
прие́хать, приезжа́ть (*imp.*) come, arrive
прижи́зненный during one's lifetime

призва́ние vocation, calling
призва́ть, призыва́ть (*imp.*) call, draft, summon
признава́ть, призна́ть (*pf.*) recognize
признава́ться, призна́ться (*pf.*) confess
при́знак sign, feature
призна́ние acknowledgment
призово́й prize
при́зрак phantom
призре́ть, призрева́ть (*imp.*) support, protect
призыва́ть, призва́ть (*pf.*) call, summon, draft
призыва́ться, призва́ться (*pf.*) be called upon
прийти́, приходи́ть (*imp.*) come, arrive
прийти́сь, приходи́ться (*imp.*) fit, be necessary
прика́з order, decree
приказа́ние order
приказа́ть, прика́зывать (*imp.*) order, command
прики́нуть, прики́дывать (*imp.*) try on, throw on, "calculate"
приключе́ние adventure
прико́вывать, прикова́ть (*pf.*) chain, rivet
прилипа́ть, прили́пнуть (*pf.*) stick, adhere
прили́чие decency
прили́чно decently, properly
приложи́ть, прикла́дывать (*imp.*) add, put, apply
примени́ть, применя́ть (*imp.*) use, practice
приме́р example
при́месь admixture, dash
приме́тить, примеча́ть (*imp.*) notice
примири́ться, мири́ться (*imp.*) be reconciled
примити́вно primitively
примыка́ть, примкну́ть (*pf.*) adjoin, border
принадлежа́ть (*imp.*) belong
принадле́жность belonging, equipment, membership
принести́, приноси́ть (*imp.*) bring, bring in
принима́ть, приня́ть (*pf.*) take, accept
принужда́ть, прину́дить (*pf.*) force
приня́ться, принима́ться (*imp.*) begin
приобрести́, приобрета́ть (*imp.*) acquire, get, gain
припа́сы supplies, provisions
припи́сывать, приписа́ть (*pf.*) add, attribute, ascribe

приплести́сь, приплета́ться (*imp.*) drag oneself along, stagger up

приплясывать (*imp.*) dance

приподня́ть, приподнима́ть (*imp.*) raise, lift

припо́мнить, припомина́ть (*imp.*) remember

припря́тать, припря́тывать (*imp.*) hide

приро́да nature

прискака́ть (*pf.*) come galloping along, gallop up

приско́рбие sorrow, distress

присла́ть, присыла́ть (*imp.*) send

прислу́га servant

присоединя́ться, присоедини́ться (*pf.*) be united, join

приспосо́бленный adapted

при́став police officer, inspector

пристава́ть, приста́ть (*pf.*) persist, worry, harry

при́стально fixedly, intently

приста́нище refuge

пристанодержа́тель keeper of a thieves' den

приступи́ть, приступа́ть (*imp.*) start, set about

присуди́ть, присужда́ть (*imp.*) sentence, condemn

прису́тствие presence

прису́тствование presence, attendance

прису́тствовать (*imp.*) be present, attend

прися́жный juror, lawyer

   прися́жные заседа́тели jury

пританцо́вывать (*imp.*) prance, dance up and down

притащи́ть, прита́скивать (*imp.*) drag

притворя́ться, притвори́ться (*pf.*) shut, close, pretend

прито́м besides

притупи́ть, притупля́ть (*imp.*) dull, deaden

притяза́ние claim, pretension

приуча́ть, приучи́ть (*pf.*) train, accustom

приходи́ть, прийти́ (*pf.*) come, arrive

приходи́ться, прийти́сь (*pf.*) fit, be necessary

прице́литься, прице́ливаться (*imp.*) take aim, aim

прича́стный "party"

причаща́ться, причасти́ться (*pf.*) receive communion

причём moreover

причёска haircut, hairdo

причи́на cause

прия́тель friend

прия́тельница friend

прия́тно pleasantly

прия́тный pleasant

про about, of, for

пробега́ть, пробежа́ть (*pf.*) run past

пробе́л omission, deficiency

пробива́ться, проби́ться (*pf.*) make one's way, force one's way

пробира́ться, пробра́ться (*pf.*) make one's way

про́бовать, попро́бовать (*pf.*) try

проболта́ться, проба́лтываться (*imp.*) loaf, blab

пробра́ться, пробира́ться (*imp.*) make one's way, get through

пробуди́ть, пробужда́ть (*imp.*) wake up, arouse

пробужде́ние awakening

пробурча́ть (*pf.*) mutter, grumble

прова́л downfall, gap, failure

провали́ться, прова́ливаться (*imp.*) fall through, collapse, fail, flop

проведе́ние carrying out, execution, conduct

прове́рить, проверя́ть (*imp.*) verify, check

провести́, проводи́ть (*imp.*) lead through, spend time, bring in

прови́нция province

провожа́ть, проводи́ть (*pf.*) accompany, follow, escort

проворча́ть (*pf.*) mutter, grumble

прогна́ть, прогоня́ть (*imp.*) drive away, drive out

прогре́сс progress

прогу́лка outing, excursion, stroll, walk, pleasure trip

продава́ть, прода́ть (*pf.*) sell

прода́жа sale

прода́ться, продава́ться (*imp.*) be on sale

продержа́ть, проде́рживать (*imp.*) hold (for a while), detain

продово́льственный food

продолжа́ть, продо́лжить (*pf.*) continue

продолжа́ться, продо́лжиться (*pf.*) continue

проду́мать (*pf.*) think over, think out

прое́кт project, scheme

прое́хать, проезжа́ть (*imp.*) go through, pass by

прое́хаться, проезжа́ться (*imp.*) go riding, take a trip

прожда́ть (*pf.*) wait for

прожива́ть, прожи́ть (*pf.*) squander, live, "be located", "spend"

про́за prose

прозаи́чно prosaically

прозаи́чный prosaic, commonplace

прозва́ть, прозыва́ть (*imp.*) name

прозвуча́ть (*pf.*) sound

прозе́ктор prosector, dissectionist

прозелети́зм proselytism

проигра́ть, прои́грывать (*imp.*) lose (game)

про́игрыш loss

произведе́ние work

произвести́, производи́ть (*imp.*) make, carry out, promote

произво́дство production, "docket"

произнести́, произноси́ть (*imp.*) pronounce, utter

произойти́, происходи́ть (*imp.*) happen

происхожде́ние origin

происше́дшее that had taken place, that which had happened

происше́ствие incident, event

пройти́, проходи́ть (*imp.*) pass, go past

проклина́ть, прокля́сть (*pf.*) curse

прокля́тый damned

прокра́дываться, прокра́сться (*pf.*) steal along, go in stealth

прокуро́р public prosecutor, procurator

прокути́ть, проку́чивать (*imp.*) go on a spree, squander

пролете́ть, пролета́ть (*imp.*) fly, fly by

проле́тка droshky, carriage

проло́г prologue

промелькну́ть (*pf.*) flash by, flash past

пронести́сь, проноси́ться (*imp.*) rush past

проника́ть, прони́кнуть (*pf.*) penetrate

проница́тельный acute, penetrating

проню́хать (*pf.*) sniff out

пропада́ть, пропа́сть (*pf.*) be lost

пропи́ска registration, inscription

пропита́ть, пропи́тывать (*imp.*) imbue

пропове́дание preaching, propagate

пропове́довать (*imp.*) preach

про́пуск permit, omission, expiration

пропускно́й admission

пропусти́ть, пропуска́ть (*imp.*) let through, allow

проре́зывать, проре́зать (*pf.*) cut through

просвеще́ние enlightenment, education

про́седь gray hair, grizzling

просиде́ть, проси́живать (*imp.*) spend time sitting, "serve"

проси́ть, попроси́ть (*pf.*) request

проскака́ть, проска́кивать (*imp.*) rush by, slip through, gallop through

проскользну́ть, проска́льзывать (*imp.*) creep through, slip

просло́йка stratum

прослу́шиваться, прослу́шаться (*pf.*) not to hear, miss, heed

просну́ться, просыпа́ться (*imp.*) wake up

проспа́ть, просыпа́ть (*imp.*) oversleep

проспе́кт major avenue

прости́ть, проща́ть (*imp.*) forgive

про́сто simply

просто́й simple

простота́ simplicity

простоя́ть, проста́ивать (*imp.*) spend time standing

просу́нуть, просо́вывать (*imp.*) push through, thrust

просуши́ть, просу́шивать (*imp.*) dry out

про́сьба request

протека́ть, проте́чь (*pf.*) flow, leak through, flow past

проте́ст protest

про́тив against

проти́вник opponent

проти́вный opposite, offensive, contrary

противоре́чить (*imp.*) contradict

протоко́л report, record, official record

протяже́ние distance

протяну́ть, протя́гивать (*imp.*) stretch, last, extend

проучи́ть, проуча́ть (*imp.*) teach, study, teach a lesson

профе́ссия profession

профе́ссор professor

проха́живаться, пройти́сь (*pf.*) stroll, saunter

проходи́ть, пройти́ (*pf.*) pass, go past

прохо́жий passer-by, passing

прохрипе́ть (*pf.*) snore through, rasp

процеду́ра procedure

проце́нт percentage, interest

проце́нтный interest-bearing

проце́сс trial, process

проче́сть (*pf.*), прочита́ть (*pf.*), прочи́тывать (*imp.*) read through

про́чий other

прочте́ние reading

проше́ние request

прошлого́дний last year's

про́шлое past

про́шлый past

прошмыгну́ть, прошмы́гивать (*imp.*) slip past

прошуме́ть (*pf.*) roar past, become famous

проща́нье farewell, leave-taking

проща́ться, прости́ться (*pf.*) take leave of, part, say farewell

проявле́ние manifestation

пря́мо directly

пря́таться, спря́таться (*pf.*) hide

псало́м psalm

псалты́рь psalm book, psalter

псевдони́м pseudonym

пти́ца bird

пти́чий bird

пу́блика public

публи́чно publicly

пугачёвщина peasant uprising in 1773

пуд unit of measure (36 pounds)

пуза́тый pot-bellied

пу́ля bullet

пункт point

пуска́ть, пусти́ть (*pf.*) let, allow, "fire", release, admit

пусто́й empty

пусть (one) should

путе́йский road, "transport"

путеше́ственник traveler

путеше́ствие journey

путь road

пу́хленький (*dim.*) plump, chubby

пу́шка gun, cannon

пчела́ bee

пы́шный splendid, rich

пье́са play

пья́нство drunkenness

пята́к 5-kopek coin, snout

пятёрка five, group of five, quintet

пя́теро five

пятна́дцать fifteen

пя́тница Friday

пятно́ spot, stain

пять five

пятьдеся́т fifty

Р р

раб slave

раболе́пный servile

рабо́та work

рабо́тать (*imp.*) work

рабо́чий worker's, worker

ра́бство slavery

равели́н ravelin

равно́ equally

равнозна́чущий equivalent

ра́вный equal

рад glad

ра́ди for the sake of

радика́льный radical

ра́достно joyously

ра́достный joyous

ра́дость joy

ра́доваться, обра́доваться (*pf.*) rejoice

раду́шно cordially

раду́шный cordial

раз one, once, since

разбива́ть, разби́ть (*pf.*) smash

разбира́ть, разобра́ть (*pf.*) take apart, analyze, make out, figure out

разбира́ться, разобра́ться (*pf.*) make one's way, unpack, investigate, understand

разби́тый broken

разби́ться, разбива́ться (*imp.*) break off

разбрести́сь, разбреда́ться (*imp.*) disperse, straggle

разбушева́ться (*imp.*) rage, become enraged

ра́зве indeed, really

разведе́ние breeding, cultivation, stock breeding

развива́ть, разви́ть (*pf.*) develop

разви́тие development

разви́ться, развива́ться (*imp.*) develop, untwist

разво́д divorce, posting (of guards), "parade"

развози́ть, развезти́ (*pf.*) convey

развра́т debauchery, corruption

развяза́ть, развя́зывать (*imp.*) unbind, be done with, untie

развя́зность casualness, looseness

разга́р flare, heat

разгля́дывать, разгляде́ть (*pf.*) make out, discern, inspect

разгне́ваться (*pf.*) become enraged, become angry

разгова́ривать (*imp.*) converse

разгово́р conversation

разговори́ться (*pf.*) get absorbed in talking

разда́ть, раздава́ть (*imp.*) give out

разда́ться, раздава́ться (*imp.*) resound, make way, sound

раздева́ться, разде́ться (*pf.*) undress

разделя́ть, раздели́ть (*pf.*) divide, share

раздражённый irritated

раздроби́ть, раздробля́ть (*imp.*) smash, fractionize

разду́мье meditation, hesitation, reflection

разжа́ловать (*pf.*) demote

разла́д disorder, discord

разлива́ться, разли́ться (*pf.*) spill, overflow, spill out

разли́чие difference

разли́чный different

разложи́ться, раскла́дываться (*imp.*) put in order, spread, decompose

разлучи́ть, разлуча́ть (*imp.*) separate

разма́х sweep, scope

разма́хивать, размахну́ть (*pf.*) wave, flutter

размахну́ться, разма́хиваться (*imp.*) wave, swing

разме́р size, dimension

размышле́ние reflection

размя́кнуть, размяка́ть (*imp.*) soften, go limp

разнести́, разноси́ть (*imp.*) convey, spread, "tear apart"

ра́зница difference

разногла́сие disagreement, discord

разнообра́зный diverse

ра́зный various

разня́ть, разнима́ть (*imp.*) separate

разобра́ть, разбира́ть (*imp.*) take apart, analyze, figure out, make out

разобра́ться, разбира́ться (*imp.*) unpack, investigate, understand, make one's way

разори́тельный ruinous

разреша́ть, разреши́ть (*pf.*) allow, permit

разреше́ние permission

разруше́ние destruction, decay

разру́шить, разруша́ть (*imp.*) destroy

разуме́ется of course

разу́мно wisely, reasonably, sensibly

разу́чивать, разучи́ть (*pf.*) learn, prepare to perform, rehearse

разъярённый infuriated, enraged

разыска́ть, разы́скивать (*imp.*) search, find, investigate

ра́ма frame, window frame

ра́мка (*dim.*) frame, limit

ра́мпа footlights

ра́на wound

ра́нить (*pf.*) wound

ра́неный wounded, wounded person

ра́нний early

ра́но early

ра́ньше earlier

раско́л split, schism

раскры́тый uncovered

раскупа́ть, раскупи́ть (*pf.*) sell out

раскупа́ться, раскупи́ться (*pf.*) be sold out

распада́ться, распа́сться (*pf.*) dissolve

распла́чиваться, расплати́ться (*pf.*) pay off, "squander"

распоряже́ние arrangement, order

распра́ва punishment, investigation

распродава́ться, распрода́ться (*pf.*) be sold

распростране́ние expansion, circulation, prevalence, distribution

распространи́ть, распространя́ть (*imp.*) distribute

распространи́ться, распространя́ться (*imp.*) spread, circulate

распусти́ть, распуска́ть (*imp.*) dismiss, undo, loosen, let get out of hand

распу́щен released, undisciplined, spoiled

расса́дник nursery, hotbed

рассве́т dawn

рассерди́ться, серди́ться (*imp.*) become angry

рассе́яться, рассе́яваться (*imp.*) scatter, disperse

расска́з story, tale

рассказа́ть, расска́зывать (*imp.*) tell

расска́зчица storyteller

рассле́дование investigation

рассл́ушать (*pf.*) make out, hear

рассл́ышать (*pf.*) hear distinctly, make out

рассма́тривать, рассмотре́ть (*pf.*) examine, inspect, see

рассма́триваться, рассмотре́ться (*pf.*) be examined

рассмотре́ние examination, inspection

расста́вить, расставля́ть (*imp.*) post

расста́ться, расстава́ться (*imp.*) part

расстегну́ть, расстёгивать (*imp.*) unfasten, unbutton

расстоя́ние distance

расстре́л, расстреля́ние execution, shooting

расстреля́ть, расстре́ливать (*imp.*) shoot

рассужда́ть, рассуди́ть (*pf.*) discuss

рассужде́ние judgment, discussion

рассчи́тывать, рассчита́ть (*pf.*) calculate, count, figure

растеря́ться, расте́риваться (*imp.*) be embarrassed, go to pieces, lose one's head

расти́, вы́расти (*pf.*) grow

расти́тельный plant, growing, vegetable

растолкова́ть, растолко́вывать (*pf.*) explain, interpret
расточа́ть, расточи́ть (*pf.*) waste, squander
растяну́ться, растя́гиваться (*imp.*) stretch, be stretched out
расхо́д expense, expenditure
расходи́ться, разойти́сь (*pf.*) part, diverge, break up
расшире́ние expansion, widening
ра́тник (*arch.*) soldier
ра́товать (*imp.*) fight, "speak"
рать army
рациона́льно rationally
реаги́ровать (*imp.*) react
реа́кция reaction
ребёнок child
ребя́та children
ребяти́шки (*dim.*) kids
ре́вность jealousy
револьве́р revolver
революцио́нный revolutionary
револю́ция revolution
регистрату́ра registration office
регистрацио́нный registration
реда́ктор editor
редакцио́нный editorial
реда́кция editorship, editorial office
ре́дко rarely
ре́зать, разре́зать (*pf.*) cut, slash
резервуа́р reservoir
ре́зкий hard, abrupt, sharp
резолю́ция resolution
резона́нс resonance
результа́т result
река́ river
ре́ктор rector
религио́зный religious
рели́гия religion
реме́нь strap, belt
реме́сленичество workmanship, "hack work"
ремесло́ trade
репети́ция rehearsal
репре́ссия repression
репута́ция reputation
рескри́пт rescript, order
рестора́н restaurant
рефо́рма reform
реформи́рованный reformed
речь speech, say
реша́ться, реши́ться (*pf.*) decide
реше́ние decision
решётка grating

реши́тельно decisively, absolutely
реши́ть, реша́ть (*imp.*) decide
риск risk
риско́ванный "questionable", risky
рискова́ть, рискну́ть (*imp.*) risk
рисова́ть, нарисова́ть (*pf.*) draw, sketch
рисова́ться (*imp.*) picture
рису́нок drawing, sketch
рито́рик rhetoric
ритуа́л ritual
ритуа́льный ritual
ров ditch, pit
ро́вно exactly
ро́вный even, flat
рог horn
рого́жа bast, matting
род kin, stock, gender
ро́дина native land
роди́тель father
роди́тельский parental
родни́к spring, source
родно́й native
ро́дственник relative
ро́дственница relative
родство́ kin, kinship
рожда́ть, роди́ть (*pf.*) bear, give birth, breed
рожде́ние birth
Рождество́ Christmas
ро́за rose
ро́зыск investigation, search
роково́й fateful
роль role
ро́пот murmur, complaint
роско́шный luxurious
ро́скошь luxury
Росси́я Russia
рост growth
рот mouth
ро́та company
ру́бище old, torn clothing, rag
рублёвый ruble
рубль ruble
руга́ть, вы́ругать (*pf.*) swear, curse
руга́ться, вы́ругаться (*pf.*) quarrel, abuse, swear
руже́йный arms
   руже́йный приём arms drill
ружьё rifle
рука́ hand, arm
рука́в sleeve
ру́копись manuscript
рукопожа́тие handshake
румя́ный rouged, red

рунд round, tour
русло channel
русский Russian
ручеёк (dim.) stream, brook
ручей stream
ручной hand
рыдать (imp.) sob
рысак trotting horse
рысь trot
рыть, вырыть (pf.) dig
рыться (imp.) dig
ряд row, series
рядом in a row, next to

С с

с with, from
сабля saber
саван shroud
сад garden
садиться, сесть (pf.) sit
салон salon
сам self
самовар samovar
самодержавие autocracy
саморазложение disintegration
самостоятельный independent
самоуверенный self-assured
самый very, most
сантиментальность sentimentality
сантиметр centimeter
сапёр sapper
сапог boot
саратовский Saratov
сатана devil
Сатурн Saturn
сахарин saccharine
сбегать (pf.) go to get
сберечь, сберегать (imp.) save, conserve
сбить, сбивать (imp.) knock off, throw off the track, knock away, knock down
сблизить, сближать (imp.) bring close together
сбор gathering, collection, preparation
сборник anthology
сборный all-star
сбрить, сбривать (imp.) shave
сбросить, сбрасывать (imp.) throw down, throw off
свадьба wedding
сватовство matchmaking, courting
сведение information, fact
свезти, свозить (imp.) convey, "take"
сверкнуть, сверкать (imp.) flash

свернуть, сворачивать (imp.) roll up, turn off, turn over
сверху from above
свести, сводить (imp.) lead, bring together, establish
свет light, world
светильня wick
светиться (imp.) burn, shine
светлый light
светский world, secular
свеча candle
свечка (dim.) candle
свидание meeting
свидетель witness
свидетельство evidence, document, certificate
свирепствовать (imp.) be or act savagely, rage
свирепый savage, fierce
свист whistle, whistling
свисток whistle
свобода freedom
свободный free
своекоштный privately supported, unsubsidized
своеобразный peculiar, unique
свой "my relatives"
свой own
свояченица sister-in-law
связать, связывать (imp.) tie, bind, connect
связь connection
святой holy
священник priest
священный divine, member of inner circle, holy
сговориться, сговариваться (imp.) agree, conspire, agree on a plan
сгореть, гореть (imp.) or сгорать (imp.) burn, burn out
сдаваться, сдаться (pf.) yield, surrender, give up
сдавить, сдавливать (imp.) suffocate, strangle
сдавленный restrained
сдать, сдавать (imp.) turn in, give change
сделать, делать (imp.) do, make
сделаться, делаться (imp.) become, happen, be done
сделка agreement, deal
сдержанность containment, restraint
сдержать, держать (imp.) delay, restrain, keep
себя self

севасто́польский Sevastopol
се́вер north
се́верный northern
сего́дня today
сего́дняшний today's
седо́й gray, white-haired
сезо́н season
сейча́с now
секре́т secret
секрета́рь secretary
се́кта religious sect
секта́нт sect member
секта́нтский sect
секу́нда second
секунда́нт second (in a duel)
селе́ние settlement
село́ village
семе́йство family
семинари́ст seminary student, "semina-tion"
    по-семина́рски "as a seminary student"
семь seven
се́мьдесят seventy
семья́ family
сена́т senate
сена́тор senator
сенова́л hay-storage structure
сенса́ция sensation
сен-симони́зм Saint-Simonism
сенте́нция sentence, verdict
сентя́брь September
серде́чный cordial, heart
серди́ться, рассерди́ться (*pf.*) become angry
се́рдце heart
серебро́ silver
сере́бряный silver
середи́на middle
се́ренький (*dim.*) gray
серту́к (сюрту́к) frock-coat
се́рый gray
се́рьги earrings
серьёзно seriously
серьёзность seriousness
серьёзный serious
сестра́ sister
сесть, сади́ться (*imp.*) sit down
се́тование complain, deplore
се́товать, посе́товать (*pf.*) complain
сече́ние section, cutting
сжать, сжима́ть (*imp.*) press, squeeze
сза́ди from behind
Сиби́рь Siberia
сига́ра cigar

сигна́л signal
сиде́ние seat, sitting
сиде́ть (*imp.*) sit
сий (*arch.*) this
си́ла strength
си́льно strongly
си́льный strong
симпати́чный sympathetic, attractive
си́ний dark blue
сино́д synod, Holy Synod
синьо́р signor
систе́ма system
сия́тельство Excellency (title)
сия́ть (*imp.*) shine, beam
сказа́ть, говори́ть (*imp.*) say, tell, speak
сказа́ться, ска́зываться (*imp.*) tell, report, be evident, express itself
ска́зка fairy tale, lie
скака́ть (*imp.*) leap, gallop
сканда́л scandal
ска́пливаться, скопи́ться (*pf.*) accumulate
скве́рный miserable, bad
сквозь through
ски́нуть, ски́дывать (*imp.*) throw off, throw together
склад storehouse
    по склада́м by syllables
скла́дно coherently, shapely
скла́дывать, сложи́ть (*pf.*) put together, put down, pile, fold
ско́лько how much, how many
    ско́лько-нибудь anything at all
сконфу́женно confused, confusedly
скопе́ц castrated person
скопи́ться, ска́пливаться (*imp.*) accumulate
скоре́е faster, rather, better
ско́ро quickly
скрепи́ть, скрепля́ть (*imp.*) fasten, confirm, seal
скрипа́ч violinist, fiddler
скри́пка violin, fiddle
скро́мно modestly
скро́мный modest
скрути́ть, крути́ть (*imp.*) twist, spin
скрыва́ть, скрыть (*pf.*) hide
скры́тый hidden
скуп parsimonious
скупо́й stingy
ску́пщик hoarder, "middleman"
сла́бость weakness
слабохара́ктерный spineless, of weak character

сла́бый weak
сла́вный glorious, nice, fine
славянофи́л Slavophile
сле́ва from the left, on the left
слегка́ lightly
след trace, track
следи́ть (*imp.*) observe, look after, follow
сле́дователь investigator
сле́довать, после́довать (*pf.*) follow, go, must, ought
сле́дственный investigative
сле́дствие consequence, investigation
сле́дующий next
слеза́ tear
сли́шком too
слове́сность literature
сло́вно like, as if
сло́во word
сло́жный complex, complicated
слой layer
слома́ться, лома́ться (*imp.*) break
слуга́ servant
слу́жба service
служе́бный service, auxiliary, "professional"
служе́ние service
служи́ть, послужи́ть (*pf.*) serve
слух hearing, rumor
слу́чай event
случа́йно accidentally, by chance
случа́йность accidentalness
случа́ться, случи́ться (*pf.*) happen
слу́шатель listener
слу́шать, послу́шать (*pf.*) listen, obey
слу́шаться, послу́шаться (*pf.*) obey, heed
слыха́ть и́ли слы́шать (*imp.*) hear
слы́шать, услы́шать (*pf.*) hear
слы́шаться, послы́шаться (*pf.*) be heard
сме́ло boldly
сме́лость boldness, daring
сме́на replacement, shift, change
сменя́ть, смени́ть (*pf.*) supplant
сме́ркнуться, смерка́ться (*imp.*) become twilight, become dark
смерть death
сме́ртный death
смета́на sour cream
смех laughter
смешно́й funny
смея́ться (*imp.*) laugh
смире́ние humility
смоли́ть, вы́смолить (*pf.*), осмоли́ть (*pf.*) tar, "smear"
смотре́ть, посмотре́ть (*pf.*) look

смочь, мочь (*imp.*) able, can, be able
смути́ть, смуща́ть (*imp.*) embarrassed, muddle
смути́ться, смуща́ться (*imp.*) become embarrassed, flustered
сму́тно unclearly, dimly
смуще́ние embarrassment, confusion
смысл sense, meaning
смы́то washed away
смычо́к fiddle bow, violin bow
смягче́ние softening
смяте́ние confusion, agitation
снабжённый equipped
снару́жи from the outside
снача́ла from the start
снег snow
сни́зу from below, from the bottom
снима́ть, снять (*pf.*) take off, remove, rent
снисходи́тельно condescendingly, leniently
сно́ва anew
сноси́ться, снести́сь (*pf.*) establish a connection, communicate
снотво́рный soporific
сноше́ние enduring, relation
снять, снима́ть (*imp.*) take off, remove, rent
соба́ка dog
соба́чка (*dim.*) dog
собесе́дник conversation partner
собира́ть, собра́ть (*pf.*) gather, prepare
собира́ться, собра́ться (*pf.*) get together, make ready, get ready
собла́зн temptation
собо́р cathedral, meeting
собра́ние meeting, assembly
собра́ть, собира́ть (*imp.*) gather, prepare
собра́ться, собира́ться (*imp.*) get together, make ready, get ready
со́бственно properly, actually
собственнору́чно done personally, in one's own hand
со́бственный own, personal
собы́тие event
сова́ owl
соверша́ться, соверши́ться (*pf.*) take place, happen, perform
соверше́нно completely, perfectly
соверши́ть, соверша́ть (*imp.*) do, make
соверши́ться, соверша́ться (*imp.*) happen, perform, take place
со́вестно ashamed
со́весть conscience

сове́т advice, council

сове́товать, посове́товать (*pf.*) advise, counsel

сове́тский Soviet

совеща́ние meeting, consultation

совпада́ть, совпа́сть (*pf.*) coincide

совраще́ние corruption, debauchery

совреме́нник contemporary

совреме́нный contemporary, modern

совсе́м quite, entirely

согла́сие agreement

согласи́ться, соглаша́ться (*imp.*) agree

согражда́нин cocitizen, countryman

согрева́ть, согре́ть (*pf.*) heat, warm

соде́йствие aid, assistance, cooperation

соде́йствовать (*imp.*) aid, assist, contribute

содержа́ние content

содержа́ть (*imp.*) contain, keep

соединя́ться, соедини́ться (*pf.*) unite, combine

сожале́ние grief, pity, regret

сожале́ть (*imp.*) regret, be sorry

сожи́тельство coresidence

созда́ние creation

созда́ть, создава́ть (*imp.*) create

созда́тель creator

сознава́ть, созна́ть (*pf.*) recognize

сознава́ться, созна́ться (*pf.*) confess

созна́ние consciousness

со́зыв convocation, invitation, authorization

соизволе́ние consent, approval

соизво́лить, соизволя́ть (*imp.*) consent, sanction

сойти́, сходи́ть (*imp.*) go down, come off, go off

сойти́сь, сходи́ться (*imp.*) meet, gather, agree, get acquainted, hit it off with, come together, be similar

солда́т soldier

со́лнечный sunny, sun

со́лнце sun

соло́ма straw

сомкну́ться, смыка́ться (*imp.*) merge, come together, rally

сомнева́ться (*imp.*) doubt

сомне́ние doubt

сон sleep, dream

со́нный sleep, dream, sleeping

соображе́ние conjecture

сообража́ть, сообрази́ть (*pf.*) conjecture, visualize, figure out

сообща́ть, сообщи́ть (*pf.*) inform, communicate, report

сообще́ние communication

соотве́тственно correspondingly, appropriate

соплеме́нник fellow tribesman, kinsman

сопровожда́ть (*imp.*) accompany, be in attendance on

сопровожде́ние accompaniment, company

сопряжённый concomitant

сорва́ть, срыва́ть (*imp.*) tear off

со́рок forty

сосе́д neighbor

сосе́дний neighboring

сосла́ться, ссыла́ться (*imp.*) refer, cite

соста́в composition, staff, constituency

соста́в прису́тствия presiding commission

соста́вить, составля́ть (*imp.*) constitute, form, compose

составле́ние compilation

состоя́ние state, prosperity, fortune

состоя́тельный well off financially, well founded

состоя́ть (*imp.*) consist, be

состоя́ться (*pf.*) take place

состря́пать, стря́пать (*imp.*) prepare food, concoct

сосу́д vessel, blood vessel

со́тня group of one hundred

сотру́дник collaborator, coworker

сохрани́ть, сохраня́ть (*imp.*) preserve

сочине́ние composition, essay, "works"

сочини́ть, сочиня́ть (*imp.*) compose

сочу́вственно sympathetically

сочу́вствовать (*imp.*) be sympathetic, sympathize, feel sorry

сою́з union

спаси́бо thank you

спада́ть, спа́сть (*pf.*) fall off

спа́льня bedroom

спать (*imp.*) sleep

спекта́кль theatrical performance

спекуля́ция speculation

спе́рва́ from the beginning, first

спесь haughtiness, hauteur

специали́ст specialist

специа́льно specially

спеши́ть, поспеши́ть (*pf.*) hurry

спина́ back, spine

спиритуалисти́ческий spiritual

списа́ться, спи́сываться (*imp.*) correspond, exchange letters

спи́сок list

сплавля́ться, спла́виться (*pf.*) fuse

сплохова́ть, плохова́ть (*imp.*) make a mistake, blunder, be negligent
споко́йно calmly, quietly
спокойный calm, quiet
споко́йствие calm, calmness
спор argument
спосо́бность talent, ability, aptitude
спосо́бствовать, поспосо́бствовать (*pf.*) aid, facilitate, contribute
спохвати́ться, спохва́тываться (*imp.*) suddenly recall, catch oneself
спра́ва from the right
справедли́во justly
спра́вка document, information, fact
справля́ться, спра́виться (*pf.*) cope, overcome, find out, inquire
спра́шивать, спроси́ть (*pf.*) ask
спря́тать, пря́тать (*imp.*) hide
спустя́ after, later
спу́танный confused, muddled, tangled
спу́тник fellow traveler, satellite
спя́щий sleeping, sleeper
сравне́ние comparison
сравни́тельно relatively
сравни́тельный relative, comparative
сра́зу immediately
среди́ amid
среди́на middle
сре́дний mid, average, central
средото́чие focal point, focus
сре́дство means, medicine
средь amid
срок term
сруби́ть, сруба́ть (*imp.*) cut away, build from logs, hew
ссыла́ться, сосла́ться (*imp.*) refer, cite
ссы́лка exile, reference
ссы́льный exiled person
ста́вить, поста́вить (*pf.*) set, stand, place
ста́виться, поста́виться (*pf.*) (be priced) to be considered
стака́н glass
стан "body", figure
станови́ться, стать (*pf.*) become, stand
ста́нция station
стара́ние effort
стара́ться, постара́ться (*pf.*) try
старе́ть, постаре́ть (*pf.*) grow old, age
ста́рец old man, elder
стари́к old man
стари́нный olden, old, antique
старообря́дец Old Believer
ста́роста elder, an official
стару́ха old woman

ста́рческий old man's
ста́рший senior
старшина́ elder
ста́рый old
статс-секрета́рь state secretary
стать, станови́ться (*imp.*) become, stand, begin
  с како́й ста́ти for what purpose
  во что́ бы то ни ста́ло come what may
статья́ article
стека́ться, сте́чься (*pf.*) merge, throng
стекло́ glass, glass pane
стёклышко (*dim.*) glass pane
стена́ wall
сте́нка (*dim.*) wall
сте́пень degree
степь steppe
стесня́ть, стесни́ть (*pf.*) "bother", constrict, confine
стиха́ть, сти́хнуть (*pf.*) become quiet, fall silent
стихи́ verses
сто hundred
сто́имость value, cost
сто́ить (*imp.*) cost
стол table
столб column, post
столе́тие century, centenary
столи́ца capital
столкнове́ние collision, clash
столь so, in such degree
сто́лько so much, so many
стон groan
стона́ть (*imp.*) groan
сторона́ side
стоя́ть (*imp.*) stand
  на чём свет стои́т "for all he was worth"
страда́ть, пострада́ть (*pf.*) suffer
стра́жа guard
стра́жник, страж provincial policeman, guard
страна́ country
страни́ца page
стра́нный strange
стра́стно stormily, passionately
стра́стный passionate, fervent
страсть passion
страх fear, awfully
стра́шно fearfully, terribly
стра́шный terrible
стрела́ arrow
стре́лочник switchman

стреля́ть (*imp.*) shoot
стремгла́в headlong
стреми́ться (*imp.*) strive
стремле́ние tendency, striving
стро́гий severe, strict
стро́гость severity
стро́ить, постро́ить (*pf.*) build
строй military drill
строка́ line
стру́йка (*dim.*) "touch"
стру́сить, тру́сить (*imp.*) lose courage
струя́ stream
стрясти́сь, стреса́ться (*imp.*) befall, happen
студе́нт student
студе́нческий student
студе́нчество university study, student body
стук knock
сту́каться, сту́кнуться (*pf.*) knock, strike
стул chair
ступа́ть, ступи́ть (*pf.*) step, "go"
стуча́ть, постуча́ть (*pf.*) knock, pound
стуча́ться, постуча́ться (*pf.*) knock (at the door), "seek admittance"
стыд shame
сты́чка quarrel, dispute
суббо́та Saturday
суд court
   стра́шный суд Judgment Day
суде́бный legal, law
суди́ть (*imp.*) judge, try
судно́ ship
судьба́ fate
судья́ judge
суети́ться (*imp.*) fuss, bustle
суждено́ fated
су́ка bitch
   су́кин сын sonofabitch
суме́ть, уме́ть (*imp.*) be able
су́мка bag
су́мма sum
су́нуть, сова́ть (*imp.*) shove
суп soup
суро́во sternly
су́тки twenty-four-hour period
сухо́й dry
суще́ственный essential
существо́ being (human)
существова́ние existence
существова́ть (*imp.*) exist
су́щность essense
схвати́ть, хвата́ть (*imp.*) seize
схи́ма schema (monastic habit)

сходи́ть, сойти́ (*pf.*) go down
сходи́ться, сойти́сь (*pf.*) come together, agree, be similar, meet, gather, get acquainted, hit it off with
сце́на stage, scene
сча́стие (сча́стье) happiness
счастли́вый happy
счёт account, bill
счита́ть, сосчита́ть (*pf*), счесть (*pf.*) count, calculate, consider
счита́ться, сосчита́ться (*imp.*) be considered, have an accounting
съёжиться, ёжиться (*imp.*) shrivel, cower
сыгра́ть, игра́ть (*imp.*) win, play, act
сын son
сыр cheese
сыскно́й detective
сы́тенький (*dim.*) satisfied, podgy
сы́тно full (as after a meal)
сы́щик detective
сюда́ hither
сюрпри́з surprise

Т т

таба́к tobacco
та́бель grades, report card
таи́нственно secretly
таи́ться (*imp.*) hide
тайко́м secretly
та́йна secret
так so, thus
та́кже also
тако́й such
тако́й-то such-and-such a person
такт tact, cadence
тала́нт talent
там there
танцме́йстер dancing teacher, dancing master
таска́ть (*imp.*), тащи́ть (*imp.*), вы́тащить (*pf.*) drag, drag out
та́ять melt
тверди́ть, вы́твердить (*pf.*) repeat, harp on, "learn"
твёрдо hard
твёрдый hard
твой your
творе́ние creation, creative work
тво́рческий creative
теа́тр theater
театра́льный theatrical
текст text
теку́честь flow, flux

теле́га cart
телегра́мма telegram
телефони́ровать, протелефони́ровать (*pf.*) telephone
те́ло body
темне́ть, потемне́ть (*pf.*) become dark, get dark
темни́ть (*imp.*) make dark, "bet"
темнота́ darkness
тёмный dark
темпера́мент temperament
те́ма topic, theme
тень shadow
теоло́гия theology
тепе́решний present
тепе́рь now
тёплый warm
терпели́во patiently
терпе́ние patience
терпе́ть, потерпе́ть (*pf.*) be patient, endure
терра́са terrace
терро́р terror
террори́ст terrorist
террористи́ческий terroristic
теря́ть, потеря́ть (*pf.*) lose
теря́ться, потеря́ться (*pf.*) get lost, become confused, lose oneself
те́сный narrow, tight, close
тётка aunt
тетра́дь notebook
тётушка (*dim.*) aunt
техни́ческий technical
тече́ние course
течь (*imp.*) flow
тёща mother-in-law
тип type
типи́чно typically, typical
тиски́ pressures
ти́хий calm, quiet
ти́хо quietly, calmly
тихо́нько quietly, slowly
тишина́ silence
то then
това́рищ comrade
това́рищество company, fellowship, comradeship
тогда́ then
тогда́-то at that time, then
тогда́шний at that time
то́ есть (т.е.) that is, i.e.
тождество́ identity, sameness
то́же also
толк meaning, sense

толкну́ть, толка́ть (*imp.*) push, strike
толкова́ние interpretation, explanation
толкова́ть (*imp.*) explain, talk
то́лком intelligently, clearly, "plainly"
толпа́ crowd
толпи́ться (*imp.*) cluster, crowd, form a crowd, throng
то́лстенький (*dim.*) fat, stoutish
то́лстый fat
то́лько only
то́лько-что just
том volume
томи́тельный tiresome
тон tone
то́нкий thin, subtle
топи́ть, потопи́ть (*pf.*) heat, drown
торго́вец trader, merchant
торго́вля trade
торже́ственный solemn
торжество́ triumph
торжествова́ть (*imp.*) celebrate, triumph
то́рмоз brake
торча́ть (*imp.*) stick up, loiter, hang about
тоска́ anguish
тост toast
тот that
то́тчас immediately
то́чечный "pointlike," "speck"
то́чка point, period
то́чно exactly
тошнота́ nausea
траге́дия tragedy
тради́ция tradition
тракт highway
тракти́р tavern
тракти́рщик tavern-keeper
трави́ть, вы́травить (*pf.*) poison
тра́тить, потра́тить (*pf.*) waste
тре́бование requirement, need, demand
тре́бовать, потре́бовать (*pf.*) demand, require
тре́боваться, потре́боваться (*pf.*) be necessary, require
трево́га alarm, anxiety
трево́жный alarming
трёзвый sober
трепа́ть, истрепа́ть (*pf.*) dishevel, tweak
тре́пет tremble
трепета́ние trembling, clapping
треск crackle, crash, chirping
тре́снуть, тре́скать (*imp.*) crack, hit, crackle
тре́тий third

треуго́лка three-cornered hat
три three
три́дцать thirty
тро́гать, тро́нуть (*pf.*) touch
тро́гаться, тро́нуться (*pf.*) touch, stir
тро́е three
тро́йка troika
тропа́ path
тропи́нка (*dim.*) path
тротуа́р sidewalk
тротуа́рный sidewalk
труд labor
труди́ться (*imp.*) labor
тру́дный difficult
труп corpse, body
тру́пный corpse, "post mortem"
тру́ппа company, cast
трут punk, tinder
тря́пка rag
ту́го tightly, slowly
туда́ there
тузе́мец native
тулу́п sheepskin coat
тума́н fog
тума́нность fogginess, mist
ту́мба curbstone, curb
тупи́к blind alley
   стать в тупи́к to be nonplussed
ту́скло dimly
ту́склый dull, dim
тут here
ту́ша carcass, fat person
тща́тельно carefully
тще́тно in vain
ты you (singular)
ты́каться, ткну́ться (*pf.*) bump into, poke
ты́сяча thousand
тюре́мный jail
тюрьма́ jail
тюфя́к matress, fat, apathetic person
тяжело́ hard
тяжёлый heavy
тяну́ть (*imp.*) draw, pull, stretch

У у

у by, at, near
убеди́тельно convincingly, earnestly
убеди́ть, убежда́ть (*imp.*) convince
убеди́ться, убежда́ться (*imp.*) convince oneself
убежде́ние conviction
убеждённо with conviction
убеждённый convinced
убе́жище refuge

убива́ть, уби́ть (*pf.*) kill
уби́йство murder
уби́йца murderer
убира́ться, убра́ться (*pf.*) put in order, leave, "go", get away
уби́ть, убива́ть (*imp.*) kill
убра́ть, убира́ть (*imp.*) put in order, remove
убы́ток damage, loss
уважа́ть (*imp.*) respect
уваже́ние respect
уведомля́ть, уве́домить (*pf.*) inform, advise
увеличе́ние enlargement
увели́чить, увели́чивать (*imp.*) increase
увели́читься, увели́чиваться (*imp.*) grow bigger, increase
увезти́, увози́ть (*imp.*) carry away, take away
уве́ренность assurance
уве́ровать (*pf.*) believe, trust
уверя́ть, уве́рить (*pf.*) assure, aver
увести́, уводи́ть (*imp.*) lead away
увида́ть и́ли уви́деть, ви́деть (*imp.*) see
увлека́ть, увле́чь (*pf.*) carry away, fascinate
увлека́ться, увле́чься (*pf.*) be carried away, fascinated
увлече́ние enthusiasm
уво́ленный released, discharged
увольни́тельный discharge
увяза́ть, увя́зывать (*imp.*) tie, coordinate
углуби́ться, углубля́ться (*imp.*) become deeper, bury oneself
угнета́юще oppressingly, oppressively
угова́ривать, уговори́ть (*pf.*) persuade, urge
у́гол corner
уголо́вный criminal
угрожа́ть (*imp.*) threaten
угрю́мо sullenly
угрю́мый morose, sullen
удава́ться, уда́ться (*pf.*) succeed, turn out
удали́ть, удаля́ть (*imp.*) remove
удали́ться, удаля́ться (*imp.*) be removed, withdraw
уда́р blow
уда́рить, ударя́ть (*imp.*) hit
уда́ча good luck, success
удержа́ть, уде́рживать (*imp.*) restrain
удержа́ться, уде́рживаться (*imp.*) restrain oneself

удиви́тельный amazing
удивле́ние amazement, surprise
удивлённый surprised
удивля́ться, удиви́ться (*pf.*) be amazed,
  be surprised
удовлетворе́ние satisfaction
удовлетвори́ть, удовлетворя́ть (*imp.*)
  satisfy
удовлетворя́ться, удовлетвори́ться (*pf.*)
  be satisfied
удово́льствие pleasure
удостове́рить, удостоверя́ть (*imp.*) testi-
  fy, attest
удостове́риться, удостоверя́ться (*imp.*)
  ascertain, "establish"
удуше́ние suffocation
удуши́ть, удуша́ть (*imp.*) strangle, suffocate
уе́зд district
уе́здный district
уезжа́ть, уе́хать (*pf.*) depart, going away
уж already, really
у́жас terror
ужа́сный terrible
уже́ already
уже́ли really, indeed
у́жин supper
узи́лище prison
у́зкий narrow
узнава́ть, узна́ть (*pf.*) recognize
уйти́, уходи́ть (*imp.*) go away, leave
ука́з order
указа́ние indication, direction, instruction
указа́ть, ука́зывать (*imp.*) point out
уклоня́ться, уклони́ться (*pf.*) avoid, decline
украи́нский Ukrainian
укра́сить, украша́ть (*imp.*) decorate
укрепи́ть, укрепля́ть (*imp.*) strengthen
укроще́ние pacification, taming
укрыва́ться, укры́ться (*pf.*) hide, take
  shelter
ули́ка evidence, proof
у́лица street
уле́чься, укла́дываться (*imp.*) lie down,
  pack
улови́ть, ула́вливать (*imp.*) catch, detect
улыба́ться, улыбну́ться (*pf.*) smile
улы́бка smile
ум mind
уме́ть, суме́ть (*pf.*) be able
уменьша́ться, уменьши́ться (*pf.*) dimin-
  ish, decrease
уме́ренно moderately

уме́ренный moderate
умере́ть, умира́ть (*imp.*) die
уме́рший deceased
у́мный intelligent
умоля́ть, умоли́ть (*pf.*) beseech, implore
у́мственный mental, intellectual
у́мысел design, intention
умы́ться, умыва́ться (*imp.*) wash oneself
унасле́довать (*pf.*) inherit
унести́, уноси́ть (*imp.*) bear off, carry
  away
университе́т university
университе́тский university
уничто́жить, уничтожа́ть (*imp.*) destroy,
  abolish
уноси́ть, унести́ (*pf.*) bear off, carry away
у́нтер noncommissioned officer
у́нтер-офице́р noncommissioned officer,
  warrant officer
уны́ние despondency
уня́ть, унима́ть (*imp.*) calm
упа́сть, па́дать (*imp.*) fall
упла́чивать, уплати́ть (*pf.*) pay
упомина́ть, упомяну́ть (*pf.*) mention
упо́рно stubbornly
употреби́ть, употребля́ть (*imp.*) use
употребле́ние use
управдо́м manager of the house
управля́ющий manager
упражня́ться (*imp.*) practice
упрёк reproach
упроси́ть, упра́шивать (*imp.*) entreat, urge
упро́чить, упро́чивать (*imp.*) strengthen,
  consolidate
ура́ hurrah
ура́внивать, уравня́ть (*pf.*) level, equalize
у́ровень level
уса́дьба country house, estate
усва́ивать, усво́ить (*pf.*) adopt, master
усе́рдие zeal
усе́рдно zealously, earnestly
усе́ять, усе́ивать (*imp.*) strew, sprinkle
уси́ленный concentrated
уси́ливаться, уси́литься (*pf.*) become
  stronger, strengthen, grow stronger
уси́лие effort
усло́вие condition
усло́вно conditionally
услы́шать, слы́шать (*imp.*) hear
усме́шечка (*dim.*) sneer
усме́шка sneer
усмире́ние appeasing, pacification
усмиря́ть, усмири́ть (*pf.*) pacify, suppress

усмотре́ние   discretion, judgment
успе́ть, успева́ть (*imp.*)   succeed, manage
успе́х   success
успе́шно   successfully
успе́шный   successful
успоко́ить, успока́ивать (*imp.*)   calm, soothe
успоко́иться, успока́иваться (*imp.*)   be calmed
уста́в   regulations, statute
уста́лость   tiredness
уста́лый   tired
установи́ть, устана́вливать (*imp.*)   establish
устоя́ть (*pf.*)   remain standing, resist
устра́ивать, устро́ить (*pf.*)   organize, "have"
устраня́ть, устрани́ть (*pf.*)   smooth, keep aside, smooth away
устро́йство   arrangement, structure
уступа́ть, уступи́ть (*pf.*)   yield
усы́   mustaches
усынови́ть, усыновля́ть (*imp.*)   adopt
утверди́тельно   affirmatively
утвержда́ть, утверди́ть (*pf.*)   affirm, assert, confirm
утвержде́ние   affirmation, statement, confirmation
утеше́ние   consolation
утеши́тельно   comfortingly
утеши́тельный   comforting
утомлённый   tired, wearied
утончённый   refined, subtle
утопа́ть (*imp.*)   drown, leave
у́тро   morning
у́тром   in the morning
уха́живать (*imp.*)   nurse, look after, tend
у́харь   daredevil, daring fellow
у́хо   ear
ухо́д   departure
уходи́ть, уйти́ (*pf.*)   leave, go away
уцеле́ть (*pf.*)   remain unhurt, untouched
уча́стие   share sympathy
уча́стник   participant, accessory
уча́сток   portion, area, lot
у́часть   lot, fate
уче́ние   instruction
учени́к, учени́ца   pupil, student
учёный   scholar
учи́лище   school
учи́тель   teacher
учи́ть, вы́учить (*pf.*)   learn, master, teach
учи́ться, вы́учиться (*pf.*)   study
учти́во   politely

учти́вый   polite
уще́рб   damage

Ф ф

фа́брика   factory
фабрика́нт   manufacturer, factory-owner
факт   fact
факульте́т   academic department, "department"
фа́лда   coattails
фами́лия   family name, last name
фамилья́рно   familiarly
фанта́зия   fantasy
февра́ль   February
фигу́ра   figure
физико-математи́ческий   physics-mathematics
физионо́мия   physiognomy, features
физи́ческий   physical
фило́соф   philosopher
филосо́фия   philosophy
филосо́фский   philosophical
фина́нсовый   financial
фи́рма   firm, company
флаг   flag
флане́левый   flannel
фли́гель-адъюта́нт   aide-de-camp
фойе́   foyer
фона́рь   lantern
фо́рма   form, uniform
фо́рмула   formula
формули́ровать, сформули́ровать (*pf.*)   formulate
фра́за   phrase
фрак   swallowtails
франк   frank
франкёров   Francoeur
Фра́нция   France
францу́з   Frenchman
францу́зский   French
фунт   pound
фура́жка   forage cap, cap
футля́р   case
фью́ть   all gone

Х х

хала́т   robe
хара́ктер   character
характе́рный   characteristic
хвала́   praise
хва́статься, похва́статься (*pf.*)   boast
хвата́ть, схвати́ть (*pf.*)   seize, suffice
хво́рост   dry branches, brushwood

хвост   tail
хи́жина   hut
хи́мия   chemistry
хи́щник   predator
хи́щный   predatory
хладнокро́вие   cold-bloodedness, indifference
хладнокро́вно   cold-bloodedly, coolly
хлеб   bread
хло́пнуть, хло́пать (*pf.*)   hit, bang, clap
хлопота́ть, похлопота́ть (*pf.*)   bustle, plead
хлопотли́вый   fussy, harassing
хму́рый   gloomy, sullen
ход   course, motion, play
хода́тайство   intercession
ходи́ть (*imp.*), идти́ (*imp.*), пойти́ (*pf.*)   walk, go, come
хожде́ние   walking, journey, travel
хозя́ин   host, master
хозя́йка   hostess, mistress, "wife"
хозя́йский   owner's, "master's"
хозя́йственный   owner's, domestic business, economic
хозя́йство   household
холе́рный   cholera
холодо́к (*dim.*)   cold, cool place
холо́дный   cold
хор   choir
хори́ст   chorus member
хорони́ть, похорони́ть (*pf.*)   bury
хоро́шенький (*dim.*)   good, good-looking
хороше́нько   thoroughly
хоро́ший   good
хорошо́   good
хоте́ть (*imp.*)   want
хоте́ться (*imp.*)   feel like
хоть   even
хотя́   even
хохота́ть (*imp.*)   laugh
хра́брость   bravery, courage
храм   temple
храни́ть, сохрами́ть (*pf.*)   preserve, save
хри́пло   hoarsely
хри́плый   hoarse
христиани́н   Christian
христиа́нский   Christian
ху́до   evil
худо́жественный   art, artistic
худо́жник   artist
худо́й   thin, bad
худоща́вый   thin
ху́дший   worst
ху́же   worse

Ц ц

цари́ть (*imp.*) (*arch.*), ца́рствовать (*imp.*)   reign
цари́ца   tsarina, queen
ца́рский   tsarist
царь   tsar
цвет   color
цвето́к   flower
целе́бный   healthful, healing
целико́м   as a whole, completely
це́лостный   whole, unified
це́лый   whole
цель   aim, goal
цена́   price
цензи́рование (*arch.*)   censoring
це́нзор   censor
цензу́ра   censorship, censoring
цензу́рный   censor's, censorship
цени́ть (*imp.*)   value
це́нность   value
центр   center, central
центра́льный   central
церемо́ния   ceremony
церковнославя́нский   Church Slavonic
церко́вный   church
це́рковь   church
цика́да   cicada
цикл   cycle
цили́ндр   top hat, cylinder
цыно́вка   matting, mat
цырю́льник   barber

Ч ч

чай   tea
ча́йный   tea
час   hour
часо́вня   chapel
часово́й   guard, sentry
ча́стный   private
ча́сто   often
часть   part, unit
часы́   watch
ча́шка   cup, goblet
чеки́ст   member of Cheka (political police)
чело́   forehead
челове́к   person
челове́чек (*dim.*)   little man, little fellow
челове́ческий   human
челове́чество   humanity
чемода́нчик (*dim.*)   small trunk, bag
черда́к   attic
черда́чный   attic

чередова́ться (*imp.*) alternate
че́рез through
черни́ла ink
черни́ть, зачерни́ть (*pf.*) blacken
чёрный black
чёрт devil
черта́ feature
че́стный honorable
честь honor, "salute"
че́тверть quarter
четвёртый fourth
четы́ре four
четы́рнадцать fourteen
чи́нно in prescribed order, decorously
чино́вник official
число́ number, date
чи́стка purge, cleaning
чистосерде́чный pure-hearted, sincere
чи́стый pure, "upper-class"
чита́тель reader
чита́ть, прочита́ть (*pf.*), проче́сть (*pf.*) read
член member
чре́во womb, maw
чрезвыча́йка headquarters of Cheka (political police)
чрезвыча́йно extremely
чрезвыча́йный extraordinary
чте́ние reading
что what, that
чтоб in order
что́бы in order
что́-либо anything
что́-нибудь anything
что́-то something
чувстви́тельность sensitivity
чу́вство feeling
чу́вствовать, почу́вствовать (*pf.*) feel
чуде́сный marvelous
чу́дный marvelous
чу́до miracle, marvel
чу́ждо alien
чужо́й someone else's, somebody else's, foreign
   чужа́я сторона́ strange place
чула́н storeroom, closet
чу́ткий keen, sensitive
чуть a little, just, barely
   чуть ли не almost
чутьё sense, feeling

Ш ш

ша́баш Sabbath
шаг step

шага́ть, шагну́ть (*pf.*) step, walk
ша́гом step by step
шально́й prankish, stray, "easy"
шанс chance
ша́пка cap
шар globe, balloon
ша́рканье foot rustling, shuffling
шата́ться, шатну́ться (*pf.*) waver, ramble aimlessly, reel
шве́дский Swedish
шёв see шов
шёлковый silken
шепта́ть, шепну́ть (*pf.*) whisper
шерсть wool
шесть six
шестьдеся́т sixty
ше́я neck
ши́ворот collar
ши́канье hissing
шика́рный elegant
шине́ль overcoat, greatcoat
шипе́ние hissing
ши́пка thorn, frame
широ́кий wide
шкап cupboard, cabinet
шко́ла school
шко́льный school
шку́ра hide, skin
шлейф train
шнуро́к cord, tassel, lace
шов seam
шоки́ровать (*imp.*) shock
шо́потом in a whisper
шпа́га sword
шпио́н spy
шпио́нство espionage, spying
шта́тский civilian
штибле́ты boots, gaiters
шту́ка thing
што́пор corkscrew
штукату́рить, отштукату́рить (*pf.*) plaster
штукату́рка plaster
штык bayonet
шум noise
шуме́ть (*imp.*) make noise
шу́мный noisy
шу́тка joke

Щ щ

щеголя́ть (*imp.*) dress elegantly
щека́ cheek
щёчка (*dim.*) cheek
щу́пать, пощу́пать (*pf.*) feel, squeeze

Э э

экзальти́рованный exalted
экза́мен exam
экземпля́р copy
экипа́ж carriage, crew
эконо́мия economy, financial matters
экономи́ческий economic
экспе́рт expert
эксперти́за expert opinion, expertise
эксцентри́ческий eccentric
электри́ческий electric
эманципа́ция emancipation
энерги́ческий energetic
энтузиа́зм enthusiasm
эпизо́д episode
эпо́ха epoch
эсе́р Socialist Revolutionary
эска́дра fleet, squadron
эскадро́н squadron
эскорти́ровать (*imp.*) escort
эсто́нец Estonian
эсто́нский Estonian
э́тот this
эх okay
эшафо́т punishment platform, scaffold, execution platform

Ю ю

юг south

ю́жный southern
юмористи́ческий humorous
ю́мор humor
ю́нкерский Junker's, officer's
ю́ность youth
ю́ноша youth, youthful
ю́ношеский youth
ю́ношество youth
ю́ный young
юри́ст jurist
юсти́ция justice

Я я

я I
яви́ться, явля́ться (*imp.*) appear
явле́ние phenomenon
я́вно clearly
яд poison
яде́ние (*arch.*) food, eating
язы́к language, tongue
яйцо́ egg
янва́рь January
я́ркий clear, bright
я́рус story, tier
я́рый violent
я́сно clearly
я́сный clear
я́щик drawer

A	1
B	2
C	3
D	4
E	5
F	6
G	7
H	8
I	9
J	0